B2

西班牙语语法和词汇 ④
Aprende Gramática y Vocabulario

修订本

〔西〕弗朗西斯卡·卡斯特罗·比乌德斯　编著
〔西〕哈维尔·卡尔瓦霍　插图
李静　译

上海译文出版社

Aprende Gramática y Vocabulario 4

© Francisca Castro Viúdez y Pilar Díaz Ballesteros, 2020

图字：09-2006-614号

图书在版编目（CIP）数据

西班牙语语法和词汇 . 4 /（西）弗朗西斯卡·卡斯特罗·比乌德斯编著；李静译 . —修订本 . —上海：上海译文出版社，2021.4
ISBN 978-7-5327-8752-4

Ⅰ. ①西… Ⅱ. ①弗… ②李… Ⅲ. ①西班牙语—语法—教材 ②西班牙语—词汇—教材 Ⅳ. ① H34

中国版本图书馆 CIP 数据核字（2021）第 061323 号

西班牙语语法和词汇4（修订本）
[西] 弗朗西斯卡·卡斯特罗·比乌德斯 编著 李静 译
责任编辑/庄雯 美术编辑/胡枫 张擎天

上海译文出版社有限公司出版、发行
网址：www.yiwen.com.cn
201101 上海市闵行区号景路159号B座
上海宝山译文印刷厂有限公司印刷

开本787×1092 1/16 印张14 字数300,000
2022年2月第1版 2022年2月第1次印刷
印数：0,001-3,000册

ISBN 978-7-5327-8752-4/H·1521
定价：55.00元

本书专有出版权归本社独家所有，非经本社同意不得转载、摘编或复制
如有质量问题，请与承印厂质量科联系。T：021-56433744

Presentación

La serie *Aprende gramática y vocabulario* presenta al estudiante de español todos los temas de gramática explicados de forma muy clara y con la práctica correspondiente para conseguir su asimilación.

Se trata de una serie de libros de teoría y práctica que se inscriben dentro de las directrices del *Marco común europeo de referencia*. Sus cuatro tomos, cuidadosamente graduados, corresponden a los niveles de referencia A1, A2, B1 y B2. La idea que subyace en la obra que presentamos es que la competencia gramatical resulta indispensable para lograr la competencia comunicativa, es decir, para que los usuarios de español sean capaces de comunicarse en contextos socialmente significativos. Por tanto, el fin principal que se persigue es ayudar a los estudiantes de español a conseguir una buena base gramatical y léxica que les permita desenvolverse en diferentes situaciones de comunicación.

Aprende gramática y vocabulario 4 se compone de 26 temas de gramática, 5 unidades de repaso y 10 de vocabulario, y presenta la materia necesaria para alcanzar los objetivos descritos en el *Marco común europeo de referencia* para el nivel B2.

Cada unidad de la parte de **Gramática** está estructurada en varias secciones:

Situaciones. Se describen con un lenguaje claro y accesible las funciones esenciales de la estructura, y se ejemplifican con el fin de proporcionar al estudiante claves para el uso de dicha estructura.

Hay, además, una tarea de reconocimiento de la situación con el ejemplo, a fin de estimular la búsqueda del significado de las formas.

¿Cómo es? Se presentan los paradigmas lingüísticos de forma clara y estructurada, para facilitar su asimilación y consulta.

Práctica. Las actividades se presentan escalonadas metodológicamente, de tal manera que las primeras se centran en el reconocimiento y la práctica de la forma, y las últimas llevan al alumno a la producción lingüística en contextos cada vez más amplios, a medida que progresa el aprendizaje.

La parte de **Vocabulario** consta de una primera actividad que sirve de presentación y reconocimiento del léxico concreto de un campo, presentado en contexto, seguido de actividades variadas para lograr la asimilación de las palabras.

Por último, se incluyen un índice de conjunciones y nexos, una tabla con los verbos regulares e irregulares más frecuentes y una clave de las actividades.

Aprende gramática y vocabulario puede utilizarse como material complementario para la clase o para el autoaprendizaje, ya que la inclusión de la clave de las actividades al final de los libros permitirá al estudiante comprobar su propio aprendizaje.

LA AUTORA

前言

《西班牙语语法和词汇》系列丛书涵盖所有语法点，解释清晰，附配套练习，便于掌握，使用人群为学习西班牙语的学生。

该丛书遵循"欧洲语言共同参考框架"的指导思想，理论与实践相结合，共分四册，循序渐进，分别对应框架中的 A1、A2、B1、B2 四个水平等级。我们的编写宗旨为：语法是语言交际的基础，只有掌握语法，西班牙语使用者才能在不同的社会语境下互相交流。因此，我们的主要目的是帮助西班牙语学生打好扎实的语法和词汇基础，使他们在不同的交流场景下能够将语言使用自如。

《西班牙语语法和词汇 4》包括 26 个语法单元、5 个复习单元和 10 个词汇单元，选取的内容可对应"欧洲语言共同参考框架"中的 B2 水平等级。

每个**语法**单元由以下部分组成：

语法点：介绍基本结构，基本用法，语言清晰易懂，举例典型，重点突出。

此外，例句场景一目了然，句子含义迎刃而解。

搭配：介绍基本搭配，条理清晰，方便掌握与查询。

习题：由浅至深，系统分明。先机械替换，再逐步引导学生在更多不同语境下举一反三。

词汇单元先列出特定场景中的同类型词汇，加以解释，再附以不同的练习以便掌握。

全书的最后部分为连接词或联系词索引、规则动词与常见不规则动词变位表及习题答案。

《西班牙语语法和词汇》可作为课后参考书，也可用于自学，根据书后的习题答案自测学习成果。

编者

Contenido 目录

Gramática
语法

第1单元　*Había una vez una niña que se llamaba…*
Tiempos del pasado 表示过去的时态

Situaciones 语法点

1. 简单过去时（**Pretérito indefinido**）

▶ 表示过去某个时刻发生的、已经结束的动作。例如：

*El sábado pasado **vi** una película buenísima en la tele.* 上周六，我在电视上看了一部非常好的电影。

▶ 表示发生在过去、持续一段时间或重复进行的动作和行为，说话人知道动作已结束。例如：

*Ernesto **trabajó** en la empresa de su padre durante muchos años.* 埃内斯托在他父亲的公司里工作了许多年。

*El año pasado Lucía **fue** tres veces a ver el Museo del Prado.* 去年，露西娅参观了三次普拉多博物馆。

2. 现在完成时（**Pretérito perfecto**）

▶ 表示未结束的时间段里已经发生的动作。例如：

*Esta semana no **he tenido** tiempo de ir a la compra* (= Hoy es sábado). 这周我没空去买东西。（今天是星期六）

▶ 表示刚刚完成的动作，时间持续到当下。例如：

A. *¿Sabes dónde está Pepe?* 你知道贝贝在哪儿吗？
B. *Sí, lo **he visto** ahora mismo en la escalera.* 知道，我刚刚在楼梯上看到他。

*Últimamente no **he salido** mucho, no tengo ganas.* 最近，我不太出门，不怎么想出门。

▶ 表示在不确定的过去时间里发生的事情或经历，可以指瞬间动作，也可以指生活经历。例如：

*¿Te has enterado? A María Rosa le **han dado** el premio de la Crítica por su novela.* 你知道吗？玛丽亚·罗莎的小说被授予了评论奖。

*Mi tío Ernesto **ha ganado** muchos premios de poesía, le gusta mucho escribir.* 我叔叔埃内斯托拿过许多诗歌奖，他非常喜欢写作。

*Nunca **he visto** un chico tan tacaño como Fernando.* 我从来没见过像费尔南多这么抠门的小伙子。

▶ 和副词 *siempre* 连用，表示尚未结束的动作。例如：

*Yo siempre **he estado** muy unido a mi hermano mayor (y lo sigo estando).* 我和大哥总是很亲（现在依然如此）。

▶ 以上均为西班牙的西班牙语用法。在拉丁美洲，现在完成时的用法有所不同。

■ 请选出适当的动词变位形式，并将句子与图片对应。

1. *Mi tío Ernesto **ha ganado** / **ganó** muchos premios de poesía, le gusta mucho escribir.* _____

2. *Mi tío Ernesto, el que murió el año pasado, **ha ganado** / **ganó** muchos premios de poesía.* _____

3. 过去未完成时（**Pretérito imperfecto**）

▶ 和其他罗马语族的语言一样，西班牙语里的过去未完成时主要表示过去未完成的动作或状态。此外，过去未完成时还用于：

▶ 习惯性动作。表示对过去习惯的描述。例如：
***Comían** a las tres.* 那时候，他们三点钟吃午饭。/ *Nunca **bebían** cerveza.* 那时候，他们从不喝啤酒。

▶ 描述。陈述时，过去未完成时描述主要动作发生的场景。例如：
*La noche **era** oscura y **llovía** sin parar. El viento **arrastraba** las hojas de los árboles. Asomada a la ventana, Elena se estremeció.* 夜漆黑一片，雨下个不停。风将树叶刮落在地。埃莱娜将头伸出窗外，瑟瑟发抖。

▶ 当时正在进行的动作。例如：
*Cuando **venía** por la calle de la panadería, he visto a Ana que **salía** del banco.* 我往回走，经过面包店那条街的时候，看见安娜正从银行走出来。

▶ 间接引语。转述他人传递给我们的信息（或向我们提出的问题）时，用过去未完成时。例如：
*Roberto me dijo que esta película **era** muy buena.* 罗贝托告诉我这部电影棒极了。/ *El profesor nos preguntó si **teníamos** prisa.* 老师问我们是不是赶时间。

▶ 替代条件式简单时。口语中，往往用过去未完成时替代条件式简单时。例如：
*Me encanta esta moto, si tuviera dinero me la **compraba**/**compraría**.* 这辆摩托车我很喜欢，我要是有钱，一定买下它。

4. 过去未完成时／简单过去时（**Pretérito imperfecto / Pretérito indefinido**）

▶ 如果没有特定的时间状语，通常情况下，简单过去时表示某一时刻已经完成的动作，过去未完成时表示尚未完成的、习惯性和重复性的动作。例如：
*Joana **cantaba** bien.* 乔安娜过去歌唱得一直很好。
*Joana **cantó** bien.* 那天，乔安娜歌唱得很好。

▶ 陈述时，过去未完成时解释、描述主要动作发生的场景和原因。例如：
*No **comí** más porque no **podía**.* 我没再多吃，因为我吃不下了。

▶ 和某些动词连用时，两种时态分别表示动作已完成（简单过去时）和不清楚动作是否已完成（过去未完成时）。例如：

*Yo **tenía** que ir a llevar unos papeles a Juan (pero al final no se los llevé).* 当时，我得去把几份文件交给胡安（可是最后我没去）。

*Yo **tuve** que llevarle unos papeles a Juan (y se los llevé).* 我必须去把几份文件交给胡安（我去交给他了）。

■ 请用适当的动词填空。

Hace muchos años, en un país lejano vivía ⁽¹⁾ *un matrimonio que* _____ ⁽²⁾ *un hijo tan pequeño que todo el mundo lo* _____ ⁽³⁾ *Garbancito. Un día la mamá de Garbancito* _____ ⁽⁴⁾ *patatas para la comida y él* _____ ⁽⁵⁾ *ir a comprarlas, pero la madre le* _____ ⁽⁶⁾ *que* _____ ⁽⁷⁾ *demasiado pequeño.*

5. 过去完成时（**Pretérito pluscuamperfecto**）

▶ 表示在过去动作之前已经完成的动作。例如：

*La profesora se enfadó con nosotros porque no **habíamos hecho** los deberes.* 老师生我们的气了，因为我们没有完成家庭作业。

▶ 用于间接引语。例如：

*Alicia me contó que **había encontrado** trabajo.* 阿莉西亚跟我说她找到工作了。

▶ "现在之前"时间范围内发生的动作，尤指经历。例如：

*¡Qué piso tan impresionante! Nunca en mi vida **había visto** un piso tan suntuoso como ése.* 多么壮观的套房啊！我从没见过那么豪华的套房！

Práctica 习题

A **Elige la forma más adecuada.** 请选出适当的动词变位形式。

1. El viernes por la noche me *robaron / robaban* el bolso cuando *salía / he salido* de la discoteca. Un joven se *acercó / acercaba* corriendo, me *agarraba / agarró* el bolso que *llevé / llevaba* colgado del hombro y *salió / salía* corriendo otra vez.

2. Tania *quería / quiso* comprarse unos zapatos nuevos para la fiesta, pero no encontró ninguno de su número. Al final *fue / iba* a la fiesta con unos zapatos viejos.

3. El verano pasado, Celia se *equivocaba / equivocó* de tren y *cogió / cogía* uno que *fue / iba* al sur, en lugar del suyo.

4. Cuando me *casé / casaba* con Sara, *hacía / hizo* poco tiempo que me *separé / había separado* de mi anterior mujer, Lola.

5. Ayer *llamó / ha llamado* Ernesto y *dijo / decía* que no *pudo / podía* venir a comer con nosotros porque *estuvo / estaba* muy ocupado.

6. En la televisión *han dicho / decían* que *ha habido / había* un accidente de tráfico en la carretera de Burgos en el que *han muerto / murieron* tres personas.

7. Este año *ha habido / hubo* más accidentes que el año pasado.

8. A. ¿Cuántas veces *ibas / has ido* a la semana al gimnasio cuando *practicabas / has practicado* aeróbic?

B. Sólo tres: lunes, miércoles y viernes.

9. Andrés y yo nos *hemos comprado / compramos* un piso hace dos meses porque antes *vivíamos / vivimos* de alquiler y no *ahorrábamos / hemos ahorrado* nada.

10. Luisa *ha salido / salía* del trabajo una hora antes porque *quería / ha querido* ver a una amiga que está en el hospital.

11. Mis hijos siempre *han ido / fueron* a la enseñanza pública, Juan está estudiando Bachillerato, y Elena, primero de Derecho en la Universidad.

B **Escribe un cuestionario dirigido a jóvenes de veinte años sobre sus experiencias vitales. Incluye preguntas sobre las actividades del recuadro.** 请参照下列方框中的项目，编写一份针对二十岁年轻人生活经历的问卷调查表（使用现在完成时）。

escribir un poema	subir en avión	tener novio/a	beber alcohol	montar en moto
conducir un coche	salir al extranjero	tener un hijo	salir en la televisión	ganar un premio

1. *¿Has escrito un poema alguna vez?*   6. _____
2. _____   7. _____
3. _____   8. _____
4. _____   9. _____
5. _____   10. _____

Aquí están las respuestas de Miguel. Completa sus afirmaciones con el verbo en pretérito perfecto o indefinido. 以下是米格尔的回答。请将动词变为现在完成时或简单过去时，把回答补充完整。

1. No, nunca _____ ningún poema, no soy nada romántico.

2. Sí, pero sólo una vez. _____ al avión para ir a la boda de mi primo en Canarias.

3. Claro, hasta ahora _____ tres novias.

4. Sí, pero sólo _____ dos veces el año pasado: en mi cumpleaños y en Navidad.

5. No, nunca _____ en moto.

6. Sí, _____ el coche de mi padre varias veces últimamente.

7. No, nunca _____ al extranjero.

8. Claro que no _____ ningún hijo, soy muy joven.

9. Sí, _____ en la televisión hace dos años en un concurso.

10. Sí, _____ muchos premios en mi colegio, en atletismo. Es que corro mucho.

C Elige la opción más adecuada. Alguna vez sirven las dos. 请选出适当的动词变位形式，有时两者皆可。

1. A. ¿*Has probado / Habías probado* alguna vez el gazpacho andaluz?

   B. No, ¿qué es exactamente?

2. A. ¿*Habías estado / Has estado* alguna vez en París?

   B. No, esta es la primera vez que vengo.

3. Marifeli nunca *había visto / ha visto* leones marinos.

4. ¡Qué puesta de sol tan increíble! Nunca *he visto / había visto* algo tan bonito.

5. A. ¿Qué te parece Mallorca? ¿*Habías estado / Has estado* antes aquí?

   B. Sí, *había venido / vine* en 2002 con mis padres.

6. Hoy me *he encontrado / había encontrado* con Leonor en el mercado y me *había dicho / ha dicho* que su marido *ha tenido / había tenido* un accidente de coche.

7. Antes de conocer a Javier, nunca me *he enamorado / había enamorado* de verdad.

8. Cuando la policía *ha llegado / había llegado* al banco, los ladrones ya *han escapado / habían escapado*.

D Completa las frases con el verbo adecuado (pretérito perfecto, pretérito indefinido, pretérito imperfecto o pretérito pluscuamperfecto). 请将括号内的动词变为适当的时态（现在完成时、简单过去时、过去未完成时或过去完成时）填空。

1. El policía le *preguntó* a María si _____ al presunto asesino y María respondió que _____ vecino suyo y que lo _____ varias veces en la escalera. (preguntar, conocer, ser, ver)

2. Un turista _____ el viernes pasado en un accidente, al volcar la barca en la que _____ con otras treinta y cuatro personas en aguas del océano Atlántico. (morir, viajar)

3. Elena ya _____ varias veces en Brasil. (estar)

4. Cuando _____ en la universidad de Roma, me _____ ir todos los días a la plaza de España, a ver a la gente. (estudiar, gustar)

5. Ernesto _____ dos novelas en los últimos años pero no _____ éxito, nunca _____ dinero con ellas. (escribir, tener, ganar)

6. Cuando Laura _____, mi hijo no _____ en casa. (llamar, estar)

7. Cuando Lucía _____ a Mario, éste todavía no _____ los estudios. (conocer, terminar)

E **Completa la biografía de Charles Chaplin, "Charlot", con los verbos del recuadro en pretérito indefinido o pretérito imperfecto.** 请将给出的动词变为简单过去时或过去未完成时，把"夏尔洛"，即查尔斯·卓别林的生平补充完整。

conquistar hacer nacer ser (2) embarcar ocurrir (2) ver olvidar actuar salir reír estar

Con su sombrero, su bastón, sus zapatos enormes y estropeados y su bigote, Charles Chaplin *conquistó*[(1)] el mundo entero. Sus aventuras y desgracias _____[(2)] reír a personas de todos los países. Es uno de los artistas más populares.

_____[(3)] el 16 de abril de 1889 en un barrio pobre de Londres. Sus padres _____[(4)] artistas en modestas salas de fiestas. Al morir su padre, su madre se _____[(5)] obligada a ingresar a sus hijos (Charlie y su hermano Sydney) en un asilo de huérfanos. Charlot no _____[(6)] nunca los malos momentos que pasó allí. Cuando _____[(7)], hizo varios trabajos para mantenerse: vendedor de periódicos, fabricante de juguetes, soplador de vidrios.

El día que _____[(8)] en el Coliseum de Londres, el público se _____[(9)] a carcajada limpia, y desde entonces su carrera _____[(10)] meteórica. En 1919 _____[(11)] para América y el cine mudo, que entonces _____[(12)] empezando lo convirtió en la estrella más importante. Continuamente se le _____[(13)] nuevos trucos para hacer reír y lo conseguía. El disfraz que le ha hecho famoso en todo el mundo se le _____[(14)] en París, en 1915: de cintura para arriba va vestido de caballero y de cintura para abajo como un vagabundo.

rodar	morir	declinar	trasladarse	estar (2)	hacer
haber	llegar	conocer	tener (3)	casarse	

Su principal talento _____[(15)] en la mímica: la manera de coger el sombrero para saludar, sus andares de payaso cansado, sus ojos redondos e ingenuos y, sobre todo, su bigote.

En 1921 _____[(16)] su primera gran película (*El chico*). De esta época son también, *La quimera del oro*, *Tiempos modernos*, *El vagabundo*.

Cuando _____[(17)] el cine hablado la estrella de Charlot _____[(18)] un poco, porque su arte _____[(19)] basado en la ausencia de palabras. Pero en 1940 _____[(20)] otra gran oportunidad: *El gran dictador*, filme en el que representa el papel de un pobre judío perseguido por los nazis, al cual, por su parecido con Hitler, utilizan para sustituir al Führer.

Después _____[(21)] *La condesa de Hong-kong*, *Un rey en Nueva York* y una gran película, *Candilejas*.

En su vida personal _____[(22)] de todo, se casó varias veces con mujeres hermosas: Mildred Harris, Lita Grey, Paulette Goddard. En el año 1943 cuando _____[(23)] a Oona O´Neill, que _____[(24)] entonces dieciocho años, treinta y seis menos que Charlot, _____[(25)] y _____[(26)] siete hijos. La familia _____[(27)] a vivir a Suiza en 1953 y allí _____[(28)] el gran artista en 1977.

第2单元 *No me llames a las cinco, estaré descansando.*
Estar + gerundio *Estar* + 副动词

Situaciones 语法点

1. *Estar* + 副动词

▶ 表示动作在过去、现在或将来正在进行，强调动作的持续。例如：

Ayer **estuve hablando** *con Pepe de nuestros problemas.* 昨天，我和贝贝谈了我们的问题。

Cuando **estaba hablando** *con Pepe, llamó su jefe varias veces.* 我和贝贝说话的时候，他的领导打了好几次电话过来。

Esta mañana **hemos estado trabajando** *en el nuevo proyecto de reforma.* 今天上午，我们忙着制定新的改革计划。

No me llames a las cinco, a esa hora **estaré descansando**. 五点钟别给我打电话，那时候我正在休息。

2. *Hablo / Estoy hablando*

▶ 用陈述式现在时，描述习惯性动作、传递信息或普遍真理。例如：

Ricardo **sale** *de trabajar a las cinco.* 里卡多五点下班。/ *María* **habla** *tres idiomas correctamente.* 玛丽亚会正确地说三门语言。

▶ 用动词短语 *estoy* + 副动词，描述在说话时（或那一时期）正在进行的动作。例如：

A. *Hola, Juan, ¿qué haces?* 你好！胡安，做什么呢？

B. *Pues,* **estoy limpiando** *un poco la casa.* 嗯，我正在把屋子稍微打扫一下。

3. *Estuve hablando / Hablé   He estado hablando / He hablado*

▶ 动词短语强调动作的持续，两种情况（用或不用动词短语）用于同样的时间上下文中。例如：

Ayer **estuve hablando** / **hablé** *con el profesor de Mario y me dijo que va muy bien.* 昨天，我找马里奥的老师谈了谈，他跟我说马里奥表现很好。

Esta mañana **he estado limpiando** / **he limpiado** *la casa.* 今天早上，我把屋子打扫了一下。

4. *Estaba hablando / Hablaba*

▶ 动词短语表示动作正在进行，过去未完成时也有同样的用法（详见第1单元），因此，许多情况下，两种形式意思相同。例如：

Yo **estaba leyendo** / **leía** *el periódico cuando me llamaron del hospital.* 医院给我打电话的时候，我正在看报纸。

当陈述非常具体的日常行为时，往往用动词短语。上一个例句中，第一种形式更为常用。

► *Estaba* + 副动词不能用于陈述过去的习惯性动作。例如：

Antes ~~estaba estudiando~~ más de dos horas al día, ahora sólo estudio una. 过去，我每天学习两
         estudiaba   小时以上；现在，我每天只学习一小时。

5. *Hablaré / Estaré hablando*

► 将来未完成时除了表示将来的行为，还可以表示猜测（详见第 4 单元）。例如：

Dentro de cincuenta años cualquiera **podrá** *viajar a la Luna.* 五十年后，也许每个人都能到
月球上旅行了。

► 动词短语表示进行中的将来动作、或估计现在正在进行的动作（详见第 4 单元）。例如：

Me voy de vacaciones, mañana a estas horas **estaré tomando** *el sol en la playa.* 我要去度假，
明天这个时候，我就在海滩上晒太阳了。

A. ¿Dónde está la niña? 小女孩在哪儿？ *B. No te preocupes,* **estará jugando** *en su habitación.*
别担心，她大概正在自己房间里玩着呢！

6. 不能构成动词短语的动词

► 构成动词短语的动词通常为表示"活动"的可持续动词。
以下动词不能构成动词短语：

  – *ser, estar, poder, haber, ir, venir, regresar, volver, parecer*
  – 表示思维活动的动词，如 *saber, odiar, amar*
  – 不描述动作的动词

► 如果说话人想描述一个动作或强调动作的正在进行和发生频率，通常不能构成动词短语的
动词也可以构成动词短语。例如：

Pedro **está yendo** *mucho últimamente al médico. Parece que no se encuentra bien de salud.* 佩
德罗近来老去看医生，好像身体不太好。

■ 请选出适当的动词变位形式，并将句子与图片对应。

1. *Hum… qué bien* **huelen / están oliendo** *estas flores.* ___*b*___
2. *El perro* **huele / está oliendo** *la droga en la maleta.* _____
3. *Estoy cansada, ayer* **trabajé / estuve trabajando** *hasta las tantas.* _____

¿Cómo es? 搭配

> **Presente** 陈述式现在时
>
> Estoy / estás / está / estamos / estáis / están + *hablando / comiendo / viviendo*
>
> **Pretérito perfecto** 现在完成时
>
> He estado / has estado / ha estado   + *hablando / comiendo / viviendo*
> hemos estado / habéis estado / han estado
>
> **Pretérito imperfecto** 过去未完成时
>
> Estaba / estabas / estaba / estábamos / estabais / estaban + *hablando / comiendo / viviendo*
>
> **Pretérito indefinido** 简单过去时
>
> Estuve / estuviste / estuvo / estuvimos / estuvisteis / estuvieron + *hablando / comiendo / viviendo*
>
> **Futuro** 将来未完成时
>
> Estaré / estarás / estará / estaremos / estaréis / estarán + *hablando / comiendo / viviendo*

Práctica 习题

A **Elige la forma más adecuada.** 请选出适当的动词变位形式。

1. A. Hola, Olga, ¿qué tal el domingo?

   B. Bien, *estuve viendo* / *estaba viendo* una película de Amenábar con Eduardo. Me encantó. ¿Y tú?

   A. Yo no *estuve saliendo* / *salí*. Cuando *estuvimos mirando* / *estábamos mirando* el periódico para ir al cine, Pepe se *puso* / *estuvo poniendo* enfermo y nos *estuvimos quedando* / *quedamos* en casa.

2. A. ¿Qué te pasa?, tienes mala cara.

   B. En los últimos meses *he estado trabajando* / *estuve trabajando* mucho. Es que desde el verano *he trabajado* / *estoy trabajando* en un proyecto muy interesante, pero muy largo y duro. Y el jueves me *estuvo llamando* / *llamó* el jefe para decirme que teníamos que entregarlo ya. Así que no *estoy durmiendo* / *duermo* por las noches para acabarlo.

3. Mira, Luis, ahí están Diego y Miranda. ¿Tú *piensas* / *estás pensando* que *salen* / *están saliendo* juntos?

4. A. Mario, hijo, ¿por qué no estudias?

   B. Tranquila, mamá, *estoy pensando* / *pienso* en el examen.

5. A. ¿Has visto qué morena está Gema?

   B. Sí, es que *ha estado tomando / estaba tomando* el sol en la playa.

6. ¡Qué pena de Planeta! Si no *estamos haciendo / hacemos* algo pronto, nuestros nietos no *sabrán / estarán sabiendo* qué es un árbol.

7. Estoy contentísima. Me voy esta tarde de viaje a los Alpes a esquiar. Mañana a esta misma hora *esquiaré / estaré esquiando*.

8. A. Carmen, cariño, ¿te *está faltando / falta* mucho?

   B. No, ya *termino / estoy terminando* de planchar.

9. Antes Nicolás *estaba viviendo / vivía* con sus padres en el pueblo, pero desde hace poco vive en un piso compartido en Valencia.

10. Cuando yo *estaba conociendo / conocí* a mi marido, él *estuvo haciendo / estaba haciendo* la tesis doctoral.

11. Estoy harto, el teléfono *ha estado sonando / ha sonado* toda la mañana y no *he estado terminando / he terminado* el trabajo que tenía que hacer.

B Completa el diario de esta estudiante con los verbos correspondientes. Tienes que utilizar la perífrasis *estar* + gerundio seis veces. 请将给出的动词变为适当的变位形式，把这位女学生的日记补充完整，*estar* + 副动词需要用六次。

Mi diario

Son las doce de la noche y (escribir) *estoy escribiendo* (1) en el cuarto de baño para no molestar a mi compañera de habitación. (Estar) _____ (2) contenta porque (aprender) _____ (3) mucho inglés en este curso, pero (estar) _____ (4) cansadísima. Hoy (hablar) _____ (5) en clase de las diferencias culturales y (ser) _____ (6) muy interesante. Yoshie, la chica japonesa, dice que ella (sentirse) _____ (7) muy incómoda cuando la gente la (tocar) _____ (8). Es que en su cultura las personas mantienen más distancia entre ellas. En cambio, Mario, el italiano, dice que a él los ingleses le (parecer) _____ (9) muy fríos y distantes. Claro, es que los mediterráneos (ser) _____ (10) muy afectivos. A mí también me parecen fríos los nórdicos. Cuando (salir) _____ (11) de la clase, Mario (acercarse) _____ (12) y me (invitar) _____ (13) a un café. Hemos ido a un pub y allí (hablar) _____ (14) de nuestra vida hasta las once. (Quedar) _____ (15) con él para mañana otra vez. Creo que (enamorarse) _____ (16) de Mario poco a poco.

第3单元 *Callaos, no oigo la tele.*
Imperativo 命令式

Situaciones 语法点

1. 命令式可承担多种功能

▶ 用法如下：

a) 命令。例如：***No te muevas*** *de aquí.* 你呆在这儿别动！

b) 指令。例如：*Antes de echar las patatas,* ***quita*** *el aceite.* 放入土豆前，先把油去掉。

c) 请求。例如：***Compra*** *tú el periódico, yo no puedo.* 你去买一下报纸，我去不了。

d) 劝告或建议。例如：***Toma*** *un vaso de leche y acuéstate.* 喝杯牛奶，睡吧。

e) 宣传产品。例如：***Venga*** *a ver nuestras rebajas, son las mejores.* 过来看看我们的大减价商品，质量一流。

2. 命令式＋人称代词

▶ 肯定命令式中，人称代词置于命令式动词之后，与之连写，必要时需加上重音符号以保持动词重读音节不变。例如：

Rosa, ***ponle*** *crema protectora al niño.* 罗莎，给孩子擦护肤霜。

Yo no he pagado el taxi, ***págalo*** *tú.* 我没付出租车费，你付了吧。

▶ 如果直接宾语代词（即宾格代词）和间接宾语代词（即与格代词）同时使用，与格代词在前，宾格代词在后。例如：

Carmen, mi reloj está en la cocina, ***tráemelo****, por favor.* 卡门，我的表在厨房，麻烦你给我把
　　　　　　　　　　　　　　　(OI) (OD)　　　　　　　　　　　　它拿过来。

▶ 否定命令式中，代词全部置于命令式动词之前。例如：

No te sientes *en esa silla, está sucia.* 你别坐在那张椅子上，那张椅子脏。

A. ¿Le doy el bombón a Clara? 我把糖果给克拉拉？

B. No, ***no se lo des*** *todavía.* ***Dáselo*** *después de comer.* 别，现在先别给她，吃完饭再给她。

▶ 对于代词式动词而言，如果人称是 vosotros（你们），省去词尾 *-d*。例如：

María, Carlos, ***levantados****, ya son las once.* 玛丽亚、卡洛斯，起床了，已经十一点了。
　　　　　　　　levantaos

然而，原形动词后接代词替代命令式的用法非常普遍。例如：

Callaros*, por favor, que no se oye nada.* 你们别说了，什么都听不到。

▶ 通常，原形动词替代命令式对所有人发指令的用法相当常见，如食谱和一些机器的使用说明书。例如：

Primero, ***pelar*** *las patatas, luego* ***encender*** *el fuego y* ***poner*** *la sartén con un vasito de aceite.*
Cuando el aceite esté caliente, ***echar*** *las patatas...* 首先将土豆去皮，接着点火，在平底煎锅里放一小勺油。等油热了，放入土豆……

■ 请将下列句子与图片对应。

1. *Callaros, no oigo la tele.*   _d_

2. *Date prisa, se va el tren.*   _____

3. *Abrid el libro por la página 30.*   _____

4. *Pónganos dos cafés, por favor.*   _____

¿Cómo es? 搭配

	Hablar		Comer		Abrir	
	肯定命令式	否定命令式	肯定命令式	否定命令式	肯定命令式	否定命令式
tú	habl **-a**	no habl **-es**	com **-e**	no com **-as**	abr **-e**	no abr **-as**
Vd.	habl **-e**	no habl **-e**	com **-a**	no com **-a**	abr **-a**	no abr **-a**
vosotros, -as	habl **-ad**	no habl **-éis**	com **-ed**	no com **-áis**	abr **-id**	no abr **-áis**
Vds.	habl **-en**	no habl **-en**	com **-an**	no com **-an**	abr **-an**	no abr **-an**

Irregulares 不规则变位动词

一般说来，命令式的不规则动词变位规律同陈述式现在时，*vosotros* 人称除外。

	Presente 陈述式现在时	Imperativo 命令式	
jugar	j**ue**go	(tú)	j**ue**ga / no j**ue**gues
		(Vd.)	j**ue**gue / no j**ue**gue
		(vosotros, -as)	jugad / no juguéis
		(Vds.)	j**ue**guen / no j**ue**guen
pedir	p**i**do	(tú)	p**i**de / no p**i**das
		(Vd.)	p**i**da / no p**i**da
		(vosotros, -as)	pedid / no pidáis
		(Vds.)	p**i**dan / no p**i**dan

（详见第一册第19单元和第二册第24单元）

Práctica 习题

A Completa la tabla. 请将下列表格填写完整。

	Hacer		Decir		Cerrar		Ir	
	afirmativo	negativo	afirmativo	negativo	afirmativo	negativo	afirmativo	negativo
tú	haz	*no hagas*	_____	no digas	cierra	_____	ve	_____
Vd.	_____	no haga	diga	_____	cierre	_____	_____	no vaya
vos.	haced	_____	_____	no digáis	_____	no cerréis	id	_____
Vds.	_____	no hagan	_____	_____	cierren	_____	_____	_____

B Escribe en forma negativa. 请将下列句子变为否定句。

1. Cómprala _____.
2. Envíaselo _____.
3. Pruébalas _____.
4. Hazlos _____.
5. Tráela _____.
6. Pruébalo _____.
7. Ciérrala _____.
8. Dámela   *No me la des.*
9. Díselo _____.
10. Págamelas _____.
11. Pónselo _____.
12. Dígamelo _____.
13. Dásela _____.
14. Dánoslas _____.

C Completa la tabla. Imperativo + verbo reflexivo. 请用命令式＋代词式动词将表格填写完整。

1. *Siéntate.*	No te sientes.	7. Callaos.	_____.
2. Cásate.	_____.	8. _____.	No te acuestes.
3. _____.	No os peinéis.	9. Levantaos.	_____.
4. Preocúpate.	_____.	10. _____.	No te bañes.
5. Relájense.	_____.	11. Túmbese.	_____.
6. Báñate.	_____.	12. _____.	No os decidáis.

D ¿Quién lo dice? Relaciona cada imperativo con la situación correspondiente. 谁说了这句话？请将下列命令式句子和对应的场景连线。

1. ¡Ponte el abrigo!, hace frío.
2. ¡Date prisa, llegamos tarde!
3. ¡Ten cuidado, no corras!
4. ¡Tráigame la sal, por favor!
5. ¡Espera un momento, ahora voy!
6. ¡Sal de aquí ahora mismo!
7. ¡No me digas!
8. Clara, ¡no toques eso!

a) Un cliente a un camarero en un restaurante.
b) Una madre a su hija pequeña.
c) Alguien a quien están llamando.
d) Alguien muy enfadado echando a otra persona.
e) Alguien que ha recibido una noticia sorprendente.
f) Alguien a otra persona que va conduciendo un coche.
g) Alguien a otra persona que va a salir a la calle.
h) Alguien a su compañero antes de una cita.

E Responde siguiendo el modelo. 请仿照例句，用命令式回答下列问题。

1. ¿Le digo lo de tu boda a María?   *Sí, díselo ya. / No, no se lo digas todavía.*
2. ¿Les pongo los abrigos a los niños? _____.
3. ¿Le traigo el periódico a tu padre? _____.
4. ¿Le doy la merienda al enfermo de la habitación 12? _____.
5. ¿Te traigo más patatas para la tortilla? _____.
6. Niños, ¿os cuento un cuento? _____.
7. ¿Le regalo a Pedro otro CD de Shakira? _____.
8. ¿Os cuento lo que me ha dicho Lucía? _____.
9. ¿Os pago el recibo del alquiler ya? _____.
10. ¿Os explico lo que pasó ayer en la fiesta? _____.

F Completa las frases con el verbo en imperativo. 请用给出动词的命令式填空。

1. *Perdone*, ¿podría decirme cómo se va a la plaza Mayor? (perdonar, Vd.)
2. A ver, vamos a empezar, _____ el libro por la página 59. (abrir, vos.)
3. Antes de entrar, _____ salir. (dejar, Vds.)
4. Para accionar la alarma, _____ la palanca. (bajar, Vds.)
5. _____ en el sorteo de una olla a presión último modelo. (participar, Vd.)
6. Si tienes problemas de dinero, _____ a vernos. (venir, tú)
7. _____ ya tu plaza en la universidad. (reservar, tú)
8. _____ ya del aire acondicionado y no _____ nada hasta otoño. (disfrutar, pagar, tú)
9. Si no sabe dónde invertir, _____ que le asesoremos. (dejar, Vd.)

G Completa los consejos con uno de los verbos del recuadro. 请用方框中的动词把下列建议填写完整。

| salir refrescarse <u>evitar</u> beber |
| cuidar dejar utilizar(2) proteger(2) |

CÓMO ACTUAR ANTE EL CALOR

La Cruz Roja recomienda qué hacer ante las altas temperaturas.

1. *Evite* grandes esfuerzos físicos.
2. _____ líquidos en abundancia, evite las bebidas alcohólicas.
3. _____ cada vez que lo necesite.
4. _____ de la exposición directa del sol. No _____ a la calle en las horas centrales del día.
5. _____ ropa clara, transpirable y _____ la cabeza con gorros.
6. Nunca _____ a los niños o ancianos encerrados en el coche.
7. En la playa y la piscina, _____ cremas protectoras para evitar quemaduras.
8. _____ especialmente la hidratación de los niños y las personas mayores o enfermas.

第4单元 *Si no contesta, es que habrá salido a algún recado.*

Futuro imperfecto y futuro perfecto. Expresión de probabilidad 将来未完成时和将来完成时，将来时表示猜测

Situaciones 语法点

1. 将来未完成时 (futuro imperfecto)

▶ 将来未完成时用来表示：

  a) 陈述将来发生的事情。例如：*Roberto **volverá** mañana de sus vacaciones.* 罗贝托明天度假归来。

  b) 对将来的预测。例如：*Pronto **podremos** ir de vacaciones a la Luna.* 不久，我们就能去月球度假了。

  c) 对将来的承诺。例如：*¿Me prestas 100 euros? Te los **devolveré** a fin de mes.* 请借给我一百欧元好吗？月底一定还你。

    *Si apruebas todo, te **regalaré** una videoconsola nueva.* 要是你全及格了，我送你一台新的电子游戏机。

2. 将来完成时 (futuro perfecto)

▶ 将来完成时表示在将来时间已经完成的动作。例如：

*Mañana a estas horas yo ya **habré hecho** el examen de Derecho Civil.* 明天这个时候我已经考完民法考试了。

*A las diez de la noche Pedro ya **se habrá enterado** de la noticia.* 晚上十点，佩德罗已经知道消息了。

3. 表示猜测的将来时 (futuro de probabilidad)

▶ 将来未完成时和将来完成时都可以"表示猜测"：将来未完成时表示对现在情况的猜测，将来完成时表示对刚刚过去的时间里或不确定的过去时间里发生情况的猜测。例如：

A. *¡Qué raro!, hoy no ha venido José a clase.* 太奇怪了！今天何塞没来上课。

B. ***Estará** enfermo.* 他大概病了。

C. *O **habrá ido** a ver a su ex jefe, va todos los jueves.* 要不就去看他以前的领导了，他每周四都去。

■ 卡洛斯有个八个月大的孩子，孩子哭个不停，全家人围在边上，不知道他究竟怎么了。请用给出的词汇写下他们的猜测。

tener hambre   estar mojado   dolerle la tripa / la boca
no tener sueño   estar aburrido

Tendrá hambre.

_____

_____

_____

_____

¿Cómo es? 搭配

Futuro imperfecto 将来未完成时	Futuro perfecto 将来完成时	
hablaré	habré	
hablarás	habrás	
hablará	habrá	+ hablado
hablaremos	habremos	
hablaréis	habréis	
hablarán	habrán	

Práctica 习题

A **Relaciona cada situación con su conjetura.** 请将下列状况与猜测连线。

1. ¿Has visto? Rocío está muy delgada.

2. Me duele el estómago.

3. Hace tres días que mi madre no llama.

4. Óscar no ha aprobado ninguna asignatura.

5. He visto a Lucía y no me ha saludado.

6. Los vecinos se han comprado un chalé carísimo.

7. Andrés no ha ido hoy a trabajar.

8. Federico no tiene nunca dinero.

a) No le gustará estudiar.

b) Se lo gastará en tonterías, porque gana bastante.

c) Habrá ido al médico.

d) Les habrá tocado la lotería.

e) Habrá hecho alguna dieta especial.

f) Habrás comido algo que te ha sentado mal.

g) Estará ocupada, no te preocupes.

h) No te habrá visto, hombre.

B **Elige la opción correcta (futuro imperfecto / futuro perfecto).** 请选出适当的动词变位形式（将来未完成时或将来完成时）。

1. No puedo quedar contigo mañana a las cinco porque a esa hora no *terminaré* / *habré terminado*.

2. Los carpinteros tienen que venir el martes. Para entonces, los pintores *pintarán* / *habrán pintado* el salón.

3. Te *traeré* / *habré traído* el libro de García Márquez el miércoles que viene. Yo creo que para entonces ya lo *habré leído* / *leeré*.

4. Estoy ahorrando para comprarme un piso. Si cada mes ahorro 300 euros, para dentro de cinco años *tendré / habré tenido* suficiente para empezar a buscar algo.

5. Venga a verme otra vez dentro de 15 días, para entonces ya *habrán llegado / llegarán* los resultados de sus análisis.

6. Cuando termine este proyecto, me *iré / habré ido* a descansar a la playa.

7. Si necesitamos dinero, se lo *habremos pedido / pediremos* a mis padres.

8. Cuando tú llegues del trabajo, yo ya *habré acostado / acostaré* a los niños, y *podremos / habremos podido* cenar tranquilamente.

9. Si los precios de los pisos siguen subiendo, nunca *tendré / habré tenido* suficiente para comprarme uno y casarme.

10. El fuego ha empezado hace 2 horas y va muy rápido, cuando los bomberos lleguen, ya se *quemará / habrá quemado* todo el almacén.

C **Escribe una conjetura para cada situación.** 请对以下每个状况写出一种猜测。

1. Mira cuánta gente hay hoy en la parada del autobús.

   Habrá problemas de tráfico.

2. ¡Qué raro! He llamado varias veces a mis padres y no contestan.

   _____ (salir)

3. Juan, son las cinco y veinte y Clara no ha llegado aún del colegio.

   _____ (quedarse en el parque)

4. ¡Vaya! El ordenador no se enciende.

   _____ (estar averiado)

5. Hace tiempo que no veo a los vecinos del segundo derecha.

   _____ (estar de vacaciones)

6. ¡Qué raro!, este año Fátima no me ha felicitado en mi cumpleaños.

   _____ (olvidársele)

7. Últimamente el jefe está muy raro, no sonríe, ha adelgazado.

   _____ (estar estresado)

D Completa los titulares de periódico con uno de los verbos del recuadro en futuro. 请用方框中动词的将来时态把下列新闻标题填写完整。

| tener | iniciar | comprobar | suministrar | renunciar | ofrecer |

EL PRESIDENTE *iniciará*[(1)] su viaje a Rabat el próximo martes.

VILLANUEVA _____[(2)] TREN EN EL OTOÑO PRÓXIMO, PERO SIN ENLACE DIRECTO A LA CAPITAL.

El jefe de la oposición _____[(3)] a la presidenta un pacto sobre la reforma de la financiación.

Una inspección de la UE _____[(4)] si las obras de la autopista respetan la normativa medioambiental.

El Canal _____[(5)] agua reciclada a varios municipios para el riego.

Los trabajadores de la empresa han dicho: "No _____[(6)] a nuestros derechos".

E Mira los dibujos y completa las frases. Utiliza los verbos del recuadro. 请使用方框中的动词，看图完成下列句子。

| estar | ser | tener | casarse |

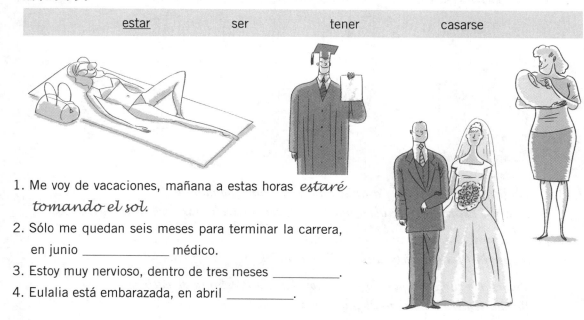

1. Me voy de vacaciones, mañana a estas horas *estaré tomando el sol.*
2. Sólo me quedan seis meses para terminar la carrera, en junio _____ médico.
3. Estoy muy nervioso, dentro de tres meses _____.
4. Eulalia está embarazada, en abril _____.

25

第5单元 *Estaría ocupada.*
Verbo en condicional 动词的条件式简单时

Situaciones 语法点

▶ 动词的条件式简单时用来表示：

a) 劝告或建议。例如：

*Yo que tú no esperaría más, lo **llamaría** y lo **pediría** una explicación.* 我要是你，就不等了，直接给他打电话，要个说法。

***Deberías** salir más, no te quedes solo en casa, es peor.* 你应该多出门，别老一个人待在家里，那样更糟。

b) 对过去情况的猜测。例如：

A. *El domingo por la tarde llamé a Sara y no me contestó.* 星期天下午，我给莎拉打电话，没人接。

B. ***Estaría** en el cine, le gusta ir todos los domingos.* 她多半看电影去了，她每个星期天都爱去看电影。

c) 转述在直接引语中用将来未完成时表述的信息。例如：

Pedro: *"No te preocupes, mañana haré yo la comida".* 佩德罗："别担心，明天我来做饭。"

Sofía: *Pedro me dijo ayer que **haría** él la comida, que no me preocupara.* 索菲亚："佩德罗昨天跟我说让我别担心，他来做饭。"

■ 请选出正确的动词变位形式，并将句子与图片对应。

1. A. *No sé qué le pasará / **pasaría** a Toby: no come, no ladra…*

   B. ***Estará / Estaría** deprimido o enfermo.* ***Deberás / Deberías** llevarlo al veterinario.* ___b___

2. A. *¿Has visto lo delgada que está Paloma?*

   B. *Sí, **haría / habrá** hecho alguna dieta especial.* _____

3. A. *¿Sabes que el viernes pasado el director llamó a Pérez a su despacho?*

   B. *Bueno, **tendrá / tendría** alguna pregunta que hacerle, es normal.* _____

¿Cómo es? 搭配

对现在情况的猜测 → 动词用将来未完成时
A. *¿Qué hora es?* 现在几点钟？
B. *No sé, **serán** las dos y cuarto.* 我不知道，也许是两点一刻。

对刚刚过去或不确定的过去时间里情况的猜测 → 动词用将来完成时
A. *He llamado a mi madre por teléfono y no contesta.* 我刚刚给我妈妈打电话，她没接。
B. *No te preocupes, **habrá salido**.* 你别担心，她可能是出门了。

对过去情况的猜测 → 动词用条件式简单时
A. *Ayer Enrique no fue a trabajar.* 昨天恩里克没去上班。
B. ***Estaría** enfermo.* 他可能是生病了。

Práctica 习题

A **Escribe el verbo en la forma adecuada: futuro imperfecto, futuro perfecto, condicional.** 请将下列动词变为适当的形式：将来未完成时、将来完成时、条件式简单时。

1. Enrique me dijo que *llegaría* más tarde, que tenía que acompañar a su hijo al médico. (llegar)

2. A. Es raro, ¿tú sabes por qué se han divorciado Carmen y Luis?
   B. No sé, _____ mal, digo yo. (llevarse)

3. A. Elena ha dejado la empresa donde trabajaba y ahora no hace nada, ¿qué te parece?
   B. Bueno, no le _____ aquel trabajo, ¿no? (gustar)

4. A. Fíjate, Carlos antes iba a todas partes con su amigo José y ahora va solo siempre.
   B. Sí, es verdad, _____. (discutir)

5. A. Estoy preocupada porque mi hija Teresa no quiere seguir en la universidad, quiere ser actriz.
   B. Bueno, yo que tú no me _____, a lo mejor es una actriz estupenda. (preocuparse)

6. A. ¿Sabes qué le pasa a Óscar?
   B. No sé, ¿por qué lo dices?
   A. Es que está raro, no duerme, no come…
   B. No te preocupes, _____. (enamorarse)

7. Cuando mi hija Clara termine la universidad, yo ya _____. (jubilarse)

8. ¡Qué raro!, han llamado a la puerta, ¿quién _____ a estas horas? (ser)

9. A. El perro del quinto no para de ladrar, ¿qué le _____? (pasar)
   B. _____ solo y _____ hambre. (estar, tener)

Repaso | 复习 I

A **Completa la entrevista periodística con los verbos en la forma adecuada.** 请用给出动词的适当变位形式将新闻采访补充完整。

A Chus Lago (Vigo, 1964) no hay montaña que se le resista. Su primer hito relevante fue el Everest, pero también ha pisado las cumbres del Annapurna, el Cho Oyu o el Pobeda. Ahora piensa atravesar la Antártida y abrir una nueva ruta.

P. ¿Cómo (empezar) _____ (1) su relación con la montaña?

R. (Ser) _____ (2) desde niña. En el colegio (haber) _____ (3) una sección de montaña y (apuntarse) _____ (4) con una mochila barata y sin saco de dormir. Unos días (bajar, nos.) _____ (5) a una cueva, otros días (pisar, nos.) _____ (6) la nieve, y otros, (escalar, nos.) _____ (7) un poquito.

P. Creo que su padre también le influyó mucho…

R. Cuando (ser) _____ (8) pequeña, (tener, nos.) _____ (9) la costumbre los domingos de ir por la mañana al mar y por la tarde al monte. Siempre (ser) _____ (10) muy buen deportista: el último salto mortal lo (hacer) _____ (11) con cincuenta años.

P. Durante la subida a un pico como el Everest, ¿queda tiempo para pensar en algo que no sea la misma ascensión?

R. Recuerdo exactamente todo lo que (pensar, yo) _____ (12) el día en que (llegar) _____ (13) a la cima, y luego el descenso. Los últimos veinte pasos los (ir) _____ (14) dando por todas aquellas personas, inconvenientes y

situaciones que me (impedir) _____ (15) alcanzar la cima. Y cuando (llegar) _____ (16) al final, me dije: no, es demasiado bello este momento… Y cuando (estar) _____ (17) sólo a dos pasos, (pensar) _____ (18) que no (llegar) _____ (19), porque (llevar) _____ (20) tanto tiempo pensando en este objetivo y ahora se (ir) _____ (21) a esfumar … Me (sentir) _____ (22) triste y al mismo tiempo muy contenta.

P. ¿Algún momento especialmente duro?

R. Recuerdo el año 91, cuando en el Annapurna nos (caer) _____ (23) las avalanchas y no (ver, nos.) _____ (24) nada y no (saber) _____ (25) si habían acabado o no. El verano de 2003, (estar) _____ (26) toda una noche esperando a que mi compañero volviera al punto donde yo (estar) _____ (27). Cuando lo (ver) _____ (28) aparecer me dije: no sé si podré soportar otra noche como esta.

P. ¿Queda tiempo para el humor?

R. Sí, claro… Como aquel tibetano que (llevar, nos.) _____ (29) como ayudante de cocina en una expedición; cuando todo el mundo (estar) _____ (30) muy delgado, este hombre no (hacer) _____ (31) más que engordar. Mientras (dormir, nos.) _____ (32), él (comer) _____ (33) jamón. O el caso de un americano al que nos (encontrar) _____ (34) y que dijo que (ver) _____ (35) al yeti.

B De las frases siguientes, once son incorrectas. Encuéntralas y corrígelas. 下列句子中有 11 句是不正确的，请找出不正确的句子，并改正。

1. Ayer mi familia y yo *estábamos* pescando todo el día en el río.   *1. estuvimos.*

2. Los niños han estado peleándose y gritando todo el día. _____

3. Antes mi marido estaba fumando mucho. _____

4. Mis tíos estaban viviendo en París muchos años. _____

5. Mis tíos se conocían cuando estaban viviendo en París. _____

6. Paco me dijo que estaba trabajando en esa empresa hasta marzo. _____

7. Cuando estuvimos hablando con el médico, llegó una enfermera
para llevárselo a Urgencias. _____

8. Ayer he estado jugando al tenis con Elena. _____

9. Me estuve encontrando con Rodolfo y me dijo que estaba harto de todo. _____

10. Anoche estuvimos cenando en casa de los Martínez. _____

11. Luis se rompió una pierna mientras esquiaba. _____

12. A. ¿Qué tal te ha ido el verano?
B. Bien, viajamos por Europa todo el mes de julio. _____

13. Óscar estaba trabajando conmigo mucho tiempo en mi departamento. _____

14. Ayer, cuando el Real Madrid estuvo ganando por uno a cero,
Raúl se cayó y, al final, perdieron. _____

C Elige el verbo adecuado y forma el imperativo. 请选择适当的动词，变为命令式填空。

Consejos en los procesos catarrales

1. *Haga* vahos durante 10 minutos al menos tres veces al día. (hacer / respirar)

2. En caso de congestión nasal, _____ en la nariz suero fisiológico o agua de
sal, al menos tres veces al día. Para preparar el agua de sal, _____ medio
litro de agua con una cucharada pequeña de sal. (quitarse / echarse, enfriar / hervir)

3. _____ gárgaras con agua de bicarbonato o con agua de limón con
miel, por la mañana y por la noche. (hacer / dar)

4. _____ beber líquido abundante. (procurar / dejar)

5. No _____ en sitios cerrados y contaminados. (salir / entrar)

6. _____ la cabecera de la cama y _____ un cojín debajo del colchón para
que disminuya la tos. (subir / bajar, poner / quitar)

7. _____ cuidado al estornudar o toser, puede contagiar a la persona que tiene
enfrente. (quitar / tener)

第6单元 *El actor, la actriz.*
El género 阳性与阴性

Situaciones 语法点

1. 表示人和动物的名词有阴阳性之分

▶ 情况有以下几种：

　　a) 阴阳性可依据词尾辨别。通常，阳性名词以 *-o* 结尾，阴性名词以 *-a* 结尾。例如：*el hermano / la hermana; el cerdo / la cerda*

　　b) 阴阳性形式完全不同。例如：*el caballo / la yegua; el padre / la madre*

　　c) 阴阳性形式完全相同，阴阳性依据冠词辨别。例如：*el / la colega; el / la cónyuge; el / la testigo; el / la atleta; el / la amante; el / la criminal; el / la paciente*

　　d) 不少表示动物的名词，阴阳性形式完全相同，必须在名词之后加上 *macho*（公的）或 *hembra*（母的）以示区别。例如：*la ballena (macho / hembra); el gorila (macho / hembra); la serpiente (macho / hembra); la rana (macho / hembra); la mula (macho / hembra)*

2. 表示职业的名词

▶ 受社会语言学的影响，职业名词的阴阳性没有一定之规，尤其对于不久前刚刚开始有女性从事的职业而言。

　　a) 常见词尾。例如：*el camarero / la camarera; el profesor / la profesora; el pianista / la pianista; el cantante / la cantante; el dependiente / la dependienta; el alcalde / la alcaldesa*

　　b) 某些名词的阴性形式有两种正确写法。例如：*el médico / la médico – la médica; el juez / la juez – la jueza; el presidente / la presidente – la presidenta; el jefe / la jefe – la jefa; el asistente / la asistente – la asistenta*

　　c) 某些以 *-o* 结尾的名词阴性形式不变；例如：*el modelo / la modelo; el piloto / la piloto*

3. 表示无生命事物的名词

▶ 通常为阳性的有：

　　a) 以 *-o* 结尾。例如：*el pueblo, el libro, el dedo, el bocadillo, el dormitorio*

b) 以 *-a* 或 *-ma* 结尾。例如：*el mapa, el planeta, el día, el idioma, el problema, el tema, el crucigrama, el diploma, el enigma, el fantasma, el pijama, el poema, el clima, el panorama, el drama, el yoga, el tranvía*

c) 星期、月份和数字。例如：*el lunes, abril lluvioso, el tres*

▶ 通常为阴性的有：

a) 以 *-a* 结尾。例如：*la mesa, la ventana, la diadema, la manzana, la cama, la rama, la ciruela*

b) 几乎所有以 *-d* 结尾的名词。例如：*la ciudad, la juventud, la verdad, la pared*

c) 绝大部分以 *-ión* 结尾的名词。例如：*la habitación, la nación, la región, la lección* (excepto: *el avión, el camión*)

4. 阴阳性变换词义的名词

a) 词形相同，词义不同。例如：*el policía / la policía; el guía / la guía; el parte / la parte; el orden/ la orden; el cólera / la cólera*

b) 词尾不同，词义不同。例如：*el ramo / la rama; el bolso / la bolsa; el manzano / la manzana*

■ 请写出相应的定冠词。

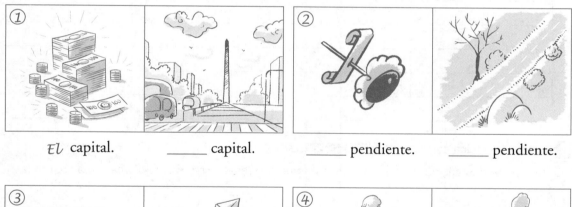

_El_ capital. _____ capital. _____ pendiente. _____ pendiente.

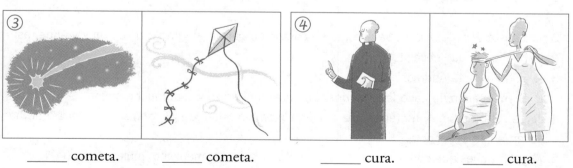

_____ cometa. _____ cometa. _____ cura. _____ cura.

¿Cómo es? 搭配

Formas especiales para el femenino y el masculino 阴阳性不规则形式		
el actor / la actriz	el gallo / la gallina	el príncipe / la princesa
el caballo / la yegua	el hombre / la mujer	el rey / la reina
el carnero / la oveja	el marido / la mujer	el toro / la vaca
el conde / la condesa	el padrino / la madrina	el yerno / la nuera

Práctica 习题

A **Escribe los nombres del recuadro en su sitio.** 请将方框中的名词填入相应的位置。

luz   hotel   carne   coche   reacción   poema   pijama   moto   teorema   foto
problema   sal   diploma   colección   paisaje   garaje   viaje   virtud   crucigrama   idioma

Masculino		Femenino	
El hotel		La luz	

B **Subraya la opción correcta.** 请选出适当的阴阳性形式。

1. Como me gustan mucho las flores, mi marido me regala *un ramo / una rama* casi todas las semanas.

2. ¿Te gusta *el bolso / la bolsa* que me he comprado para ir al gimnasio? Es muy grande, así me cabe todo lo que necesito.

3. A. ¿Qué tal está Andrés?

   B. Bien, acaban de hacerle *una cura / un cura* en el brazo y está mucho mejor.

4. Jorge está muy mal, ha tenido mala suerte y ha perdido todo *el capital / la capital* que había invertido en el negocio.

5. Miguel, tienes que cortar otra vez *un ramo / una rama* del manzano, molesta mucho.

6. A. ¿Qué le vas a regalar a Carmen para su cumpleaños?

   B. Pues *un bolso / una bolsa*. Es que vi *uno / una* muy *bonito / bonita, negro / negra* y de piel y se *lo / la* compré.

7. A. ¿Qué te pasa?

   B. Que he perdido *un pendiente / una pendiente* de los que me regaló Ignacio para mi cumpleaños.

8. Eugenio contrajo *el cólera / la cólera* cuando estuvo trabajando como cooperante en África.

9. Domingo, por favor, ¿puedes pasarme *el guía / la guía* telefónica? Tengo que buscar un número.

10. Yo no soy maniático, pero me gusta *el orden / la orden*.

11. ¿Quién se ha comido *la ciruela / el ciruelo* que había encima de la mesa?

12. A. ¿Qué le ha pasado a tu perro?

    B. Pues rodó por *un pendiente / una pendiente* y se fracturó la pata.

13. Y, entonces, mi padre dijo: "Aquí *el cabeza / la cabeza* de familia soy yo", y nos quedamos sin habla.

14. *El guía / La guía* que nos tocó en el Museo del Prado era muy majo.

C Relaciona las tres columnas de modo que concuerden en género y número. 请根据性数配合连线。

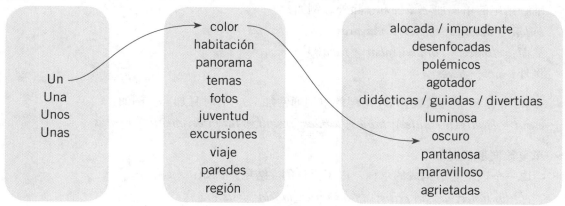

	color	alocada / imprudente
	habitación	desenfocadas
	panorama	polémicos
Un	temas	agotador
Una	fotos	didácticas / guiadas / divertidas
Unos	juventud	luminosa
Unas	excursiones	oscuro
	viaje	pantanosa
	paredes	maravilloso
	región	agrietadas

D Forma frases con los elementos de la actividad anterior. 请用上一题中的单词造句。

E Completa los recuadros *A* y *C* con los artículos adecuados (*el, la, los, las, un, una*) y el recuadro *B* con los artículos y las terminaciones correctas. 请用适当的冠词 (*el, la, los, las, un, una*) 将方框 **A** 和方框 **C** 填写完整，用适当的冠词和正确的词尾形式将方框 **B** 填写完整。

A En *el* (1) juicio celebrado _____ (2) jueves pasado por _____ (3) asesinato de _____ (4) pianista argentina, _____ (5) testigo declaró que su marido no era _____ (6) criminal y que _____ (7) pianista tenía _____ (8) amante italiano que pudo ser _____ (9) homicida.

B Jacinto y Bárbara tienen cuatro hijos, Pedro, _____ (1) mayor, es pilot_____ (2), Rosalía, _____ (3) segunda, es director_____ (4) de banco, Celia, _____ (5) tercera, es biólog_____ (6) y Carlos, _____ (7) último, no hace nada, bueno, sí, está estudiando para ser act_____ (8).

C _____ (1) alcalde de _____ (2) ciudad dice que _____ (3) motos son _____ (4) problema para _____ (5) circulación debido a _____ (6) velocidad que llevan _____ (7) motoristas.

第7单元 *He recibido dos faxes de Miguel.*
El número 单数与复数

Situaciones 语法点

1. 复数的构成

▶ 元音结尾的单词加 *-s*。例如：

silla → sillas; *golpe → golpes*; *bebé → bebés*; *sofá → sofás*

例外：*no → noes* / 字母表中的字母(*a → aes*)

▶ 辅音结尾的单词加 *-es*，*x* 和 *t* 除外。例如：

balón → balones; *mayor → mayores*; *reloj → relojes*

然而：*clímax → clímax*; *robot → robots*

例外：*fax → faxes*

▶ *-í* 和 *-ú* (*i* 和 *u* 为重读音节) 结尾的单词通常加 *-es*，有时只加 *-s*。例如：

esquí → esquís (o *esquíes*); *tabú → tabúes*; *iraquí → iraquíes*; *menú → menús*

▶ 单复数同形情况如下：

— 由一个以上音节构成的单词，以不重读的 *s* 结尾。例如：

  el / los lunes; *la / las crisis*; *el / los virus*; *la / las dosis*…

— 不少来自于拉丁语和希腊语的单词。例如：*ultimátum, réquiem, quórum, déficit, superávit, accésit*

但是，常用的拉丁语和希腊语外来词单复数并不同形。例如：*álbum → álbumes*; *currículum → currícula / currículos / currículum*; *referéndum → referendos / referéndum*

2. 复合词的复数形式

▶ 大部分复合词的复数形式变化规律同非复合词。例如：

altavoz → altavoces; *salvoconducto → salvoconductos*

▶ 由名词＋名词构成的复合词，只需将前一个名词变为复数即可。例如：

hombres rana, años luz, perros policía, horas punta, páginas web, bebés probeta, palabras clave, ciudades dormitorio, situaciones límite…

▶ 由动词＋复数名词构成的复合词，单复数形式不变。例如：*el / los abrelatas*; *el / los cumpleaños*; *el / los guardaespaldas, pasamontañas, portarretratos, portaviones, quitanieves*

■ 请将下列单词与图片对应。

①   ②   ③   ④

a) Hombres rana.
b) Portarretratos.
c) Guardaespaldas.
d) Pasamontañas.
e) Portaviones.
f) Quitanieves.

⑤   ⑥

3. 只作单数或复数的名词

▶ 指对称物品的名词原则上应该用复数，不过，用单数的情况越来越普遍。例如：*los pantalones* (o *el pantalón*); *las tijeras* (o *la tijera*); *los alicates* (o *el alicate*)

▶ 有些名词只用作单数。例如：*caos, gentío, norte, sur, este, oeste, oriente, occidente, levante, ecuador, salud, sed*

▶ 有些名词只用作复数。例如：*afueras, agujetas, bienes, cosquillas, cimientos, finanzas, honorarios, modales, natillas, tinieblas, vacaciones*

4. 单复数配合的特例

▶ *Mayoría, mitad, grupo, parte, resto, tercio, totalidad* 等名词应该后接单数动词变位形式，但是，后接复数动词变位形式的情况非常普遍，*alguno / ninguno de* 也是如此。例如：
La mayoría de los alumnos aprobó / aprobaron aquel examen. 大部分学生通过了那次考试。

■ 请将这些名词填在相应图片的下方：*altavoz, abrelatas, tragaperras, champú anticaspa*。

1. _____ 2. _____ 3. _____ 4. _____

¿Cómo es? 搭配

Formación del plural 复数的构成	Cuando la palabra termina en 单词结尾形式	Ejemplos 例子
+ s	非重读元音 -é -ó -t	rosa → rosas café → cafés capó → capós robot → robots
+ es	辅音（x 和 t 除外） -í -ú	calor → calores iraquí → iraquíes tabú → tabúes
不变	非重读元音＋s （非单音节单词） -x	análisis → análisis clímax → clímax

Expresiones con palabras que sólo se usan en plural 与只有复数形式的单词构成的短语		
De bruces	De veras	En volandas
A rastras	Con creces	Volver a las andadas
A hurtadillas	A sabiendas	A expensas (de otro)

Práctica 习题

A **Completa la tabla.** 请将下列表格填写完整。

1. camión	*camiones*	11. _____	chalés
2. disfraz	_____	12. iraní	_____
3. mes	_____	13. _____	tesis
4. déficit	_____	14. _____	menús
5. sofá	_____	15. _____	análisis
6. _____	trenes	16. país	_____
7. _____	ballets	17. carné	_____
8. _____	mamás	18. _____	álbumes
9. régimen	_____	19. fax	_____
10. tijera	_____	20. _____	souvenirs

B Completa las frases con palabras de la actividad anterior. 请用上一题中的单词填空。

1. Rocío, trae los *álbumes* de fotos, que vamos a enseñárselos a Jorge.

2. Rápido, date prisa, que vamos a perder el _____ para A Coruña.

3. Eugenia debe tener algún problema médico, porque todos los meses se hace un _____ de sangre.

4. Carlos, dice el jefe que tenemos que averiguar por qué hay tantos _____ en las cuentas del mes pasado.

5. Los diferentes _____ políticos de este país no han solucionado los problemas económicos ni sociales.

6. A nosotros nos gusta mucho ir todos los días a ese restaurante porque tiene unos _____ muy variados.

7. Ayer estuvimos viendo un espectáculo de _____ de una compañía rusa y nos pareció soberbio.

8. Julia, tráeme las _____ de cortar el pescado, están en el primer cajón.

9. Eduardo está muy ocupado, este mes de junio tiene que terminar su _____ doctoral.

10. Los dátiles _____ son de los mejores del mundo.

11. Ha llamado un cliente muy enfadado porque dice que ha mandado varios _____ reclamando que le demos de alta en la compañía y no le hemos contestado. ¿Qué le digo?

12. Carlos, no compres ya más _____, tenemos la casa llena de recuerdos de todos los sitios donde vamos, ya no caben más.

C Relaciona. 连线。

1. Caerse / Darse de bruces.

2. Sentir algo de veras.

3. Llevar a alguien en volandas.

4. Volver a las andadas.

5. Hacer algo a hurtadillas.

6. Hacer algo a sabiendas.

7. Hacer algo a rastras.

8. Hacer algo a expensas de otro.

9. Conseguir algo con creces.

a) Hacer algo que ya se había hecho antes.

b) Caer dándose en la cara.

c) Lograr algo sobradamente.

d) Hacer algo sabiendo lo que se hace.

e) Hacer algo a costa de otra persona.

f) Hacer algo en secreto, sin que te vean.

g) Sentir algo de verdad, sinceramente.

h) Llevar a alguien por el aire, sin tocar el suelo.

i) Hacer algo obligado.

第8单元 *Hay que ver lo que habla tu mujer.*
Uso y ausencia de artículos. Artículo lo 用冠词与不用冠词，冠词 *LO*

*本单元的学习可结合第三册第27单元

Situaciones 语法点

▶ 定冠词 (*el, la, los, las*) 用于：

　　a) 谈及已知的、或之前提到过的人或物。例如：

　　　　La abuela se ha marchado de vacaciones al hotel de la playa. 奶奶到海边旅馆度假去了。

　　b) 用集合名词、不可数名词和抽象名词来表示"整体"的事物时。例如：

　　　　El café me pone nervioso. 咖啡会使我兴奋。

　　　　¿En qué año terminó la dictadura de Franco? 佛朗哥的独裁统治是哪一年结束的？

▶ 不定冠词 (*un, una, unos, unas*) 用于：

　　a) 第一次提到的人或物。例如：*Estuvimos en un hotel precioso.* 我们住在一家很好的宾馆。

　　b) 与不可数名词连用，使之变为可数名词。例如：

　　　　Yo voy a tomar un refresco y una bolsa de patatas fritas. 我去喝杯饮料，吃袋炸薯片。

　　c) 和被形容词修饰的抽象名词连用。例如：

　　　　Tengo hambre. 我饿了。

　　　　Tengo un hambre espantosa. 我饿得要命。

▶ 不使用冠词的情况：

　　指一类物品或一类人。例如：

　　Todavía no tengo coche, quizá el año que viene compre uno. 我还没有车，也许明年会买一辆。

▶ 中性冠词 *lo* 用于：

　　a) 形容词或副词前，使之名词化，用以表示特点、性质或数量。例如：

　　　　Lo importante es que se haya recuperado después del accidente. 重要的是事故发生后他康复了。

　　　　Lo mejor de esa película son los actores. 那部电影最好的地方在于演员演得好。

　　b) 指前面提到过的情形、事实、句子或想法。例如：

　　　　Pregúntale lo que pasó ayer en su trabajo. 你问他昨天上班时发生了什么事。

　　c) 置于 *No te imaginas*、*No sabes* 等之后，与形容词或副词连用，使之名词化，表示强调。例如：

　　　　No te imaginas lo mal que lo pasamos el otro día en casa de Juan y lo que habló su mujer, madre mía, no paró en toda la tarde. 你完全想像不出那天我们在胡安的家里过得多么糟糕，他妻子说的那些话，我的妈呀，一下午说个不停。

　　　　No sabes lo lejos que está el restaurante ese. 你不知道那个餐馆有多远。

　　　　No puedes imaginarte lo guapa que es Clara. 你想像不出克拉拉有多漂亮。

■ 请用适当的冠词填空，有一处不需要填。

1. Ella: *Voy a ponerme _____ bufanda,*
hace _____ frío horrible.
Él: *Yo nunca llevo _____ bufanda, me*
resulta muy incómodo.

2. Él: *¿Por qué vamos otra vez a ese restaurante?*
¡Con _____ poco que me gusta!
Ella: *_____ curioso es que fuiste tú _____*
que hizo _____ reserva.

¿Cómo es? 搭配

Artículo lo 冠词 lo

lo + 形容词 / 副词：
***Lo** barato sale caro.* 贪便宜，得不偿失。
lo + de:
*¿Sabes **lo** de Julio?* 你知道关于胡里奥
的事吗？
lo que:
***Lo** que dice el periódico no es verdad.*
报纸上说的不是事实。

Expresiones 固定表达法

dentro de **lo** posible

en **lo** sucesivo

lo nunca visto

a **lo** lejos

lo antes posible

Práctica 习题

A **Forma frases, como en el ejemplo.** 请仿照例句改写句子。

1. Mi hijo mayor come mucho.   *No puedes imaginarte lo que come mi hijo mayor.*

2. La novia de Ángel es muy guapa. _____.

3. Eduardo y María viven muy lejos. _____.

4. Paola y Mario viajan mucho. _____.

5. Laura está muy nerviosa por el
   examen de conducir. _____.

6. La hija de Pedro dibuja muy bien. _____.

7. Ernesto conduce fatal. _____.

8. Este autobús es muy lento. _____.

9. Rosalía es muy trabajadora. _____.

B **Completa con el artículo adecuado. En seis ocasiones no hay que poner artículo.** 请用适当的冠词填空，其中六处不必填。

1. A. ¿Habéis visto la última película de Pedro Almodóvar?

   B. No, pero me gustaría verla, _____ mes pasado vi en vídeo _____ película suya muy interesante, tenía _____ título muy divertido, ¿cómo era? Ah, sí, *Mujeres al borde de* _____ *ataque de nervios.*

   A. Sí, _____ mejor de esa película son _____ actrices, hacen _____ interpretación excelente.

2. Yo no uso _____ detergente para lavar la ropa, prefiero _____ jabón, que es más ecológico.

3. A. Tenemos que reservar _____ buen restaurante para _____ cena de Navidad, ¿alguna idea?

   B. _____ domingo fuimos Juan y yo a _____ indonesio que nos gustó mucho, ¿queréis que reserve allí? ¿Os gusta _____ comida indonesia?

4. A. Ayer te invitó Laura a su casa, ¿no? ¿Qué te pareció?

   B. _____ pasamos muy bien. _____ casa no me gustó mucho, hay _____ humedad en _____ paredes, _____ suelo está muy mal y _____ pintura también, pero bueno, ya sabes lo que dice ella, que con _____ poco que gana no puede comprar otra cosa. _____ mejor de todo es que tiene _____ luz estupenda porque es _____ último piso.

5. A. ¡Mira _____ tarde que es! Voy a coger _____ taxi y me marcho enseguida.

   B. Pues yo me voy en _____ metro, no tengo dinero para _____ taxis.

6. A. ¿Cuánto paga José de alquiler?

   B. _____ 600 euros. _____ piso está bastante bien, tiene _____ 50 m^2, pero está en _____ zona muy céntrica.

   A. Pues es más grande que _____ mío y yo pago más.

7. A. _____ otro día me encontré con Juanjo, no sabes _____ envejecido que está. Casi no tiene _____ pelo y ha engordado mucho.

   B. Pues _____ mío es peor, fíjate en _____ delgado que estoy, me voy a quedar en _____ huesos.

8. Mi hijo mayor estudia _____ Medicina en la Universidad Complutense. Dice que es _____ carrera muy difícil y que tardará siete u ocho años en terminarla.

9. A. Ayer vi a María con su nuevo novio, no te imaginas _____ guapo que es, _____ bien que habla, _____ simpático que parece... ¡Menuda suerte!

   B. Pues tiene _____ que se merece, porque ella también es estupenda.

10. A. ¿Te gusta este pantalón?

    B. Sí, pero _____ blanco se ensucia enseguida, ¿por qué no te compras otro? Mira, _____ rojo que tiene esa señora es muy bonito.

    A. No, yo prefiero _____ blanco.

    B. Haz _____ que quieras pero luego no digas _____ de siempre, que no te avisé.

C **Relaciona las dos partes de estos refranes tradicionales españoles.** 请将下列西班牙语谚语连线。

1. Lo bueno, si breve,   a) lo que puedas hacer hoy.

2. Lo que mal empieza,   b) sale caro.

3. Lo barato   c) dos veces bueno.

4. Lo mejor   d) todo lo que reluce.

5. No quieras para los demás   e) mal acaba.

6. No dejes para mañana   f) está por llegar.

7. No es oro   g) lo que no quieras para ti.

D **Completa con el artículo adecuado. En un caso no es necesario ponerlo.** 请用适当的冠词填空，有一处不必填。

El día en que lo iban a matar, Santiago Nasar se levantó a las 5.30 de _____ (1) mañana para esperar _____ (2) buque en que llegaba el obispo. Había soñado que atravesaba _____ (3) bosque de higuerones donde caía _____ (4) llovizna tierna, y por _____ (5) instante fue feliz en _____ (6) sueño, pero al despertar se sintió por completo salpicado de cagada de pájaros. "Siempre soñaba con _____ (7) árboles", me dijo Plácida Linero, su madre, evocando 27 años después _____ (8) pormenores de aquel lunes ingrato.

" _____ (9) semana anterior había soñado que iba solo en _____ (10) avión de papel de estaño que volaba sin tropezar por entre _____ (11) almendros", me dijo. Tenía una reputación muy bien ganada de intérprete certera de _____ (12) sueños ajenos, siempre que se los contaran en ayunas, pero no había advertido ningún augurio aciago en esos dos sueños de su hijo, ni en _____ (13) otros sueños con árboles que él le había contado en _____ (14) mañanas que precedieron a su muerte.

Tampoco Santiago Nasar reconoció _____ (15) presagio.

Gabriel García Márquez, *Crónica de una muerte anunciada*

第9单元 *Se comió él solo toda la paella.*
Pronombres personales 人称代词

Situaciones 语法点

1. *Quedar / Quedarse*

▶ 不少动词加代词和不加代词时，意思或部分改变，或完全改变。例如：

A. *¿Has escrito a la aseguradora?* 你给保险公司写信了？ B. *No, no* **me he acordado**. *Escribiré ahora.* (acordarse de) 没有，我忘了，这就写。

Los abogados de las dos partes **acordaron** *suspender las negociaciones por unos días.* (acordar) 双方律师议定谈判中止几天。

2. *Se me ha olvidado telefonear a mi jefe*

▶ 用 *se + me / te / le / nos / os / les* 结构，说话人意在表达施事主语行事的无心。例如：

He olvidado *las llaves en casa.* (= asumo toda la responsabilidad del olvido) 我把钥匙忘在家里了。（我愿意承担全部责任）

Se me han olvidado *las llaves en casa.* (= a pesar de mi voluntad) 钥匙我忘在家里了。（实属无心）

3. 加自复代词表示强调

a) *Comerse un bocadillo*

▶ 使用自复代词(*me, te, se, nos, os, se*)，或强调数量，或仅强调动作。例如：

Para de comer, hijo, ya **te has comido** *diez chuletas. Te vas a poner enfermo.* 别再吃了，儿子，你已经吃了十块排骨了，你会撑出病来的。

¿Quién **se ha comido** *mi bocadillo? Lo dejé aquí encima y ahora no está.* 谁把我的三明治给吃了？我明明放在这上面的，现在没了。

¿Sabes? Jaime y Paloma **se han comprado** *un apartamento en la playa, al lado de Benidorm.* 你知道吗？海梅和帕洛玛在贝尼多姆附近的海边买了套房子。

这些句子中的自复代词一旦省略，句子本身虽然不错，本国人听起来会觉得别扭。用法类似的动词还有：*beber(se), tomar(se), gastar(se), leer(se), estudiar(se), aprender(se), comprar(se)*。

b) *Ir / irse venir / venirse salir / salirse dormir / dormirse*

▶ 对行为动词而言，自复代词更强调动作的过程，而非结果。例如：

El tren **salió** *a las siete en punto.* 火车七点整开。

Roberto **se salió** *del cine porque se encontraba mal.* 罗贝托觉得不舒服，离开了电影院。

4. 代词复指

▶ 如果直接宾语和间接宾语置于动词之前，必须用相应的代词复指。例如：

Esta película ya la he visto tres veces. 这部电影我看过三遍。

¿A vosotros no os parece bien que vayamos al Museo antes de comer? 午饭前去博物馆，难道你们觉得不好？

▶ 此外，间接宾语复指的情况相当常见。例如：

Me lo han dicho a mí. 他们这么对我说的。

Dásela a María. 你把这个给玛丽亚。

¿Les has preguntado a los chicos si quieren venir al cine? 你问过小伙子们愿意来看电影吗？

■ 请将下列句子和图片对应。

1. *Elena rompió el jarrón en una discusión con su marido.*   c

2. *El jarrón se rompió con el aire.*   _____

3. *A Natalia se le rompió el jarrón cuando estaba limpiándole el polvo.*   _____

Práctica 习题

A **Elige la forma adecuada.** 请选择适当的形式。

1. Julián ___*b*___ muy bien el tiempo que estuvo en Vietnam: aprendió el idioma y se casó con una vietnamita.

     a) se aprovechó de   b) aprovechó

2. A sus padres no _____ nada bien que se fuera a vivir con su novio antes de casarse.

     a) les sentó   b) se sentaron

3. Como no tenía dinero, no tuvo más remedio que _____ el reloj de oro de su abuelo.

     a) empeñarse en   b) empeñar

4. Yo creo que los jóvenes de ahora _____ de la política más que antes.

     a) se pasan   b) pasan

5. El otro día _____ con Ernesto en el autobús y me dijo que te diera recuerdos.

    a) me encontré   b) encontré

6. Por favor, no _____ ahí, es el lugar de la profesora.

    a) sientes   b) te sientes

7. Al final, ¿en qué _____ con Antonio? ¿Vamos o no a la playa?

    a) te has quedado   b) has quedado

8. ¿Qué _____ en el bolsillo?

    a) le llevas   b) llevas

9. Mi hermano _____ tres años.

    a) me lleva   b) se lleva

10. Juan no quería estudiar Derecho, pero su padre _____ y tuvo que hacerle caso.

    a) empeñó   b) se empeñó

B **Sustituye las palabras subrayadas por el pronombre correspondiente para que las frases sean correctas. Ten cuidado con la posición de los pronombres.** 请用适当的代词替代划线部分，并注意代词的位置。

1. A. ¿Diga?

   B. Hola, Julia, tu madre está en la oficina y no tiene las llaves

     de casa, tienes que llevar las llaves a tu madre antes de las cuatro, ¿vale?   *se* *las*

   A. Vale, papá, no te preocupes, llevaré las llaves a mi madre.   _____ _____

2. ¿Le has dado las fotos a Paco? Te dije que le dieras las fotos a Paco.   _____ _____

3. El otro día llevaba la cartera en el bolsillo de atrás y me robaron

   la cartera. Tengo que ir a la comisaría a denunciar el robo.   _____

4. A. ¿Le has enviado los libros a Rocío?

   B. No, le enviaré los libros a Rocío mañana, hoy no puedo.   _____ _____

5. A. ¡Vaya restaurante tan malo! ¿Quién ha recomendado a ti este restaurante?   _____ _____

   B. Recomendó a mí este restaurante Susana. Dijo a mí que era muy bueno.   _____ _____ _____

6. A. Paloma, Rosa dice que quiere ver a ti.   _____

   B. Sí, pero yo no quiero ver a Rosa, estoy enfadada con ella.   _____

7. A. Pedro, ¿dónde está mi diccionario de inglés?

   B. Le presté tu diccionario de inglés a Joaquín.   _____ _____

   A. Pues pídele el diccionario de inglés a Joaquín porque lo necesito yo.   _____ _____

8. A. ¿Le has dado las llaves de la casa de la playa a tu hermano?   _____ _____

   B. No, no he visto a mi hermano desde el viernes.   _____

   A. Pues da las llaves de la casa a tu hermano cuando venga esta tarde.   _____ _____

C En todas las frases hay un error o falta un pronombre. Encuéntralo y corrígelo. 以下每句都错用或漏用了代词，请找出错误并改正。

1. Jacinto recogió los platos sucios y llevó a la cocina.   *y los llevó*

2. Olalla fue a EE.UU. a estudiar el bachillerato y ya no volvió a España.   _____

3. Rafa y Mayte compraron un coche a su hijo porque acabó los estudios
   con muy buenas notas.   _____

4. ¿A quién se ha ocurrido aparcar ese camión aquí? No podemos pasar.   _____

5. El director general de industria que visitó la fábrica le interesó por
   los procesos de producción de maquinaria agrícola.   _____

6. ¿Has preguntado a Roberto que si va a venir con nosotros al fútbol?   _____

7. Paola es la mayor, se lleva tres años a Pablo.   _____

8. ¿Has llevado las camisas a Luisa para que las planche?   _____

9. ¿Te has dado cuenta de que Diego parece mucho a su padre?   _____

10. Yo no sé si Juan estudia algo, le pasa todo el día en el ordenador.   _____

11. El domingo nos salimos de casa con retraso y llegamos tarde al aeropuerto. _____

12. No tenemos agua porque ayer alguien bebió la última que quedaba.   _____

13. Mi vecino es ludópata. Todos los fines de semana va al casino y gasta el
    sueldo en jugar.   _____

14. ¿A ti parece bien que Ángel se vaya todos los sábados a jugar al casino? _____

15. Yo, a mis amigos no llamo todos los días, pero les escribo correos y estoy
    pendiente de ellos.   _____

16. Este libro no te lo lleves, por favor, no he leído todavía.   _____

17. Nos quedamos con Álex y Elena en vernos el día de Navidad, pero al final
    no pudimos vernos porque Álex se puso enfermo.   _____

18. Natalia y Tatiana tenían que arreglar papeles para ir a EE.UU. y arreglaron
    gracias a un amigo en la embajada.   _____

19. Para Navidad a la profesora de religión regalaron una *Biblia* en piel.   _____

20. A los chicos se explicó la situación económica de la familia cuando
    terminaron de cenar.   _____

D Completa las conversaciones con los verbos del recuadro y los pronombres correspondientes. Recuerda que necesitas siempre dos pronombres: *se + me / te / le / nos / os / les.* 请用方框中动词的适当变位形式和相应的代词将下列对话补充完整。注意，均需要两个代词：*se + me / te / le / nos / os / les*。

estropear (2)	olvidar (4)	perder (2)	pasar	escapar

Ana: Hola, Carlos, ¿qué tal el día?

Carlos: ¿El día? Mejor no hablar. Ha sido un desastre. Nada más salir de casa *se me ha estropeado*[(1)] el coche, y he tenido que llamar a la grúa. Quería llamar al jefe para decirle que iba a llegar tarde, y resulta que _____[(2)] coger el móvil de casa. Luego _____[(3)] el autobús de las once y diez y he llegado al trabajo tardísimo, el jefe estaba hecho una furia, claro.

Ana: Bueno, chico, descansa, mañana será otro día.

Celia: Laura, ¿qué te pasa?, ¿no tienes nada que hacer?

Laura: Pues sí, tengo un montón de cosas que hacer, lo que pasa es que _____[(4)] las gafas en casa y no veo nada, también _____[(5)] el ordenador y encima, _____[(6)] un informe muy importante que tengo que entregarle a Rodrigo esta tarde.

Celia: Lo mejor es que tomes un vaso de agua y respires hondo, ya verás como todo se arregla.

Andrés: ¿Tú sabes qué le pasa a Óscar? Está un poco raro.

Diego: Pues no sé, pero yo creo que está enamorado. Últimamente he visto que _____[(7)] lo que le digo y no me llama. El otro día _____[(8)] que teníamos un examen y no lo hizo. También _____[(9)] los apuntes, no sabe dónde los tiene.

Andrés: Pues a ver si _____[(10)] pronto, si no, va a acabar mal.

E Relaciona las dos partes. 请连接下列句子的两个部分。

1. Olvidó   a) de llamar a sus amigos por su cumpleaños.

2. Ella nunca se olvida   b) el móvil en la mesilla de noche.

1. Enrique sale   a) de la oficina a las siete.

2. Enrique siempre se sale   b) por la puerta de atrás.

1. El año pasado fuimos   a) en cuanto acabó la función.

2. Nos fuimos del teatro   b) a Viena a conocer a sus padres.

1. La gente todavía se ríe   a) de las películas de Charlot.

2. La gente está harta y ya no le ríe   b) los chistes a Fernando.

1. Hasta ahora se ha tomado   a) antibióticos.

2. Eduardo nunca ha tomado   b) lo que le ha mandado el médico.

F Completa el cuento con los pronombres correspondientes. 请用适当的代词将下列故事补充完整。

La gallina (cuento popular de Chile)

Pues andaba un día por ahí Pedro Urdemales cuando *se* (1) compró una gallina muy bonita. Pero como tuvo que salir de viaje, ___(2) ___(3) dejó al rey para que ___(4) cuidara. El rey ___(5) llevó al gallinero.

A los pocos días, la princesa ___(6) vio, y ___(7) pareció tan hermosa y apetitosa que ___(8) entraron ganas de comér ___(9) ___(10). El rey ___(11) dijo que no era de ellos, y que mejor eligiera otra de las que había en el gallinero. Pero la princesa se encaprichó de esa y dijo que, o ___(12) comía esa gallina o no comería nada hasta morir de hambre. La llantina fue tan grande que el rey, que no podía ver sufrir a su hijita, aceptó matar a la gallina de Urdemales, y la princesa ___(13) ___(14) comió hecha estofado.

Pasó algún tiempo cuando Pedro Urdemales regresó para buscar su gallina y ___(15) encontró con que ___(16) ___(17) había comido la hija del rey. Cuando ___(18) reclamó, el rey ___(19) ofreció pagár ___(20) ___(21) a muy buen precio, pero Pedro vio la oportunidad de hacer un buen negocio y no aceptó.

—O me dan la gallina, o ___(22) llevo a la princesa que ___(23) ___(24) comió.

Y así ___(25) empeñó y reclamó hasta que el rey ___(26) entregó a la princesa.

Pedro ___(27) metió en un saco, ___(28) ___(29) echó al hombro y ___(30) largó por esos mundos hasta que, después de mucho andar llegó a una cabaña donde vivía una viejecita.

—Señora, ¿tiene usted un poco de agua para este viajero? — ___(31) preguntó.

—Toma esta calabaza y acérca ___(32) hasta el arroyo que no corre lejos de aquí. — ___(33) respondió ella.

Pedro dejó el saco y ___(34) dirigió al arroyo, momento que la viejecita, que era muy curiosa, aprovechó para mirar lo que llevaba en el saco.

Al abrirlo, reconoció a la princesa y decidió cambiar ___(35) por un perro muy bravo que tenía. Escondió a la princesa y, cuando llegó Pedro, ___(36) hizo la inocente.

Pedro regresó, ___(37) dio las gracias y ___(38) echó el saco al hombro para proseguir su viaje.

Mientras caminaba, el perro ___(39) movía en el saco, y Pedro ___(40) decía:

—Ya, no ___(41) inquietes, que pronto vamos a llegar y verás como ___(42) gustará.

Y así todo el viaje.

Por fin llegaron a la casa de Pedro, y cuando éste abrió el saco, el perro bravo saltó, ___(43) mordió las pantorrillas y escapó.

A Pedro ___(44) dio mucha rabia y tristeza, pues lo que creía un buen negocio se convirtió en la burla de una vieja.

Y cuentan los que lo saben que ___(45) entró tanta pena que hasta murió.

Cuentos y leyendas hispanoamericanos, ANAYA

第10单元 *Por mí, que diga lo que quiera.*
Preposiciones 前置词

*本单元的学习可结合第三册第8、9单元

Situaciones 语法点

1. 前置词 *a* 用于：

▶ 引导指人的直接宾语。例如：*Vimos **a** tu hermana en el cine.* 我们在电影院看见你妹妹了。

▶ 引导间接宾语。例如：*No les des eso **a** los niños.* 你别把这个给孩子。

▶ 表示时间。例如：*Nos vamos, Juan, volveremos **a** las 3.* 我们走了，胡安，我们三点回来。

▶ 表示地点。

 – 表示移动的方向。例如：*¿**A** dónde vamos?* 我们去哪儿？

 – 表示方位。例如：***A** la derecha, **a** la izquierda, **al** norte, **al** sur, **a** la salida, **a** las afueras.*

▶ 和 *estar* + 数字连用，例如：*Hoy estamos **a** 20 de enero.* 今天是1月20日。/ *Estamos **a** 30 kilómetros de Valencia.* 我们距瓦伦西亚30公里。/ *¿**A** cuánto están las naranjas?* 今天橙子怎么卖？

2. 前置词 *con* 用于：

▶ 表示陪伴。例如：*¿**Con** quién vas al cine?* 你和谁去看电影？

▶ 表示工具。例如：*Lo puso **con** un martillo y unos clavos.* 他用锤子和几根钉子把它钉上去了。

▶ 表示方式。例如：*Hazlo **con** más cuidado, por favor.* 做这件事情你多加小心。

3. 前置词 *de* 用于：

▶ 表示产地或来源。例如：*Mi profesora es **de** Buenos Aires.* 我的老师是布宜诺斯艾利斯人。

▶ 表示种类、材质、内容。例如：*Un vestido **de** fiesta* 一件礼服，*una mesa **de** madera* 一张木头桌子，*una lata **de** sardinas* 一罐沙丁鱼

▶ 表示所有权、著作权。例如：*¿**De** quién es este bolso?* 这个包是谁的？/ *Ese libro es **de** García Márquez.* 那本书是加西亚·马尔克斯写的。

▶ 表示原因。例如：*Llorar **de** alegría* 高兴得哭了，*morirse **de** pena* 悲伤得去世了，*gritar **de** rabia* 气愤得叫了起来

4. 前置词 *durante* 用于：

▶ 表示时间的持续。例如：***Durante** el año pasado se han vendido más coches que en los dos años anteriores.* 去年一年里卖出的汽车比前两年都多。

5. 前置词 *en* 用于：

▶ 表示地点。例如：*¿Comemos mañana **en** tu casa?* 明天我们去你家吃饭？/ *Los platos están **en** la mesa.* 饭菜在桌子上。

▶ 表示时间。例如：***En** esa época yo no tenía trabajo.* 那段时期，我没工作。/ *Vuelvo **en** 5* *minutos.* 我五分钟后回来。

▶ 表示交通工具。例如：*¿Vas al trabajo en autobús?* 你乘公共汽车去上班?

▶ 表示方式。例如：*Hablar en alto* 高声说话，*estar en silencio* 沉默不语，*ir en pantalón corto* 穿短裤去

6. 前置词 *por* 用于:

▶ 表示方式。例如：***Por** fax* 发传真，*por teléfono* 打电话，*por correo* 寄邮件

▶ 表示理由、原因。例如：*Te pasan esas cosas **por** ser tan confiada.* 他们把那些东西交给你，因为你值得信任。/ *Gracias **por** venir.* 谢谢你能来。

▶ 表示大致时间或一天中的部分时间。例如：*Me cambié de casa **por** mayo.* 我五月前后搬家。/ ***Por** la mañana* 上午，***por** la tarde* 下午，***por** la noche* 晚上

▶ 表示地点。例如：*Cruza **por** el paso de peatones, es menos peligroso.* 走人行横道过街不那么危险。/ *Me encanta pasear **por** El Retiro.* 我喜欢在丽池公园散步。

▶ 被动语态中置于施事主语前。例如：*El ladrón fue descubierto **por** unos niños que jugaban a la puerta del edificio.* 小偷被几个在大楼门口玩耍的孩子发现了。

▶ 相当于 *sin*。例如：*No te vayas, queda mucho **por** hacer.* 你别走，还有许多事要做。

7. 前置词 *para* 用于:

▶ 表示目的。例如：*He venido a España **para** encontrar un trabajo mejor.* 我来西班牙为了找一份更好的工作。

▶ 表示时间。例如：*Lo tendré terminado **para** el viernes.* 周五我可以把这个做完。

▶ 与行为动词连用，表示地点，即前进的方向或目的地。例如：*Voy **para** el barrio, ¿quieres que te lleve?* 我要去区里，你想让我带你一起去吗?

8. *Por mí* / *Para mí*:

▶ *Por mí* 置于意见之前，相当于 "*me da igual*（我无所谓）"。例如：***Por mí**, que diga lo que quiera, no me importa su opinión.* 我无所谓，他爱怎么说怎么说，我可不在意。

▶ 用 *para mí*，说话人陈述个人观点。例如：***Para mí**, que Juan está mintiendo, lo veo en su cara.* 我觉得，胡安在撒谎，我从他脸上看出来的。

■ 请用适当的前置词填空。

1. *Ábrelo _____ cuidado, no quiero que se rompa.*

2. *No hables tanto, en el cine hay que estar _____ silencio.*

3. *No quiero que veas más esas películas, después no puedes dormir porque te mueres _____ miedo.*

4. A. *¿Sabes que Joaquín no va a venir a tu cumpleaños?*

   B. *_____ mí, como si no vuelvo a verlo, me importa muy poco.*

¿Cómo es? 搭配

Verbos con preposición 与前置词连用的动词	
alegrarse **de** / **por** algo	divorciarse **de** alguien
asustarse **de** / **por** algo	encontrarse **con** / **a** alguien
atreverse **a** hacer algo	enfadarse **con** alguien **por** algo
avisar **a** alguien **de** algo	hablar **de** algo **con** alguien
coincidir **con** alguien **en** algo	luchar **por** algo
comenzar **a** hacer algo	pedir algo **a** alguien
confiar **en** alguien	perdonar **a** alguien
chocarse **con** / **contra** algo	obligar **a** alguien **a** hacer algo
cruzarse **con** alguien	quedar **con** alguien **en** un sitio **para** hacer algo.
dedicarse **a** alguien / hacer algo	
despedirse **de** alguien	quedar **en** algo
discutir **con** alguien **de** / **por** algo	quejarse **de** / **por** algo
disculparse **con** alguien **por** algo	saludar **a** alguien

Expresiones con preposición 前置词短语	
a causa de	a fuerza de
a principios de	a lo largo de
a mediados de	a partir de
a finales de	a excepción de
a favor de	

Práctica 习题

A **Completa con la preposición adecuada.** 请用适当的前置词填空。

1. A. ¿Por qué estás tan enfadado con Antonio?

   B. Pues mira, me encontré _____ él _____ la calle, estaba _____ dos metros de mí y ni siquiera me saludó.

   A. ¿Y tú lo saludaste _____ él?

   B. Pues no, pero estaba seguro _____ que él lo haría primero.

2. El hermano _____ Jaime empezó a trabajar _____ una empresa _____ transportes y _____ poco tiempo lo despidieron _____ tener ninguna razón.

3. A. ¿Has visto _____ Elena últimamente?

   B. Sí, hablé _____ ella ayer, me dijo que va a invitarte _____ la fiesta _____ cumpleaños _____ su hija mayor.

4. La empleada _____ correos le entregó el paquete _____ la vecina _____ el quinto, pero ella le contó _____ la policía que no había estado _____ casa _____ todo el día. Sin embargo, unos niños la vieron _____ la terraza regando las plantas, aproximadamente _____ las 12 _____ el mediodía. Esa fue la razón _____ la que la policía decidió interrogar _____ la vecina _____ la comisaría.

5. No me gusta su forma _____ trabajar, lo hace todo _____ prisas, _____ fijarse, _____ importarle nada. No me extraña que el jefe esté harto _____ él.

6. A. ¿Has avisado ya _____ la canguro _____ que venga esta noche?

   B. No, se lo he dicho _____ mi hermana y me ha prometido que vendría _____ media hora.

7. Pasear _____ la playa _____ anochecer, _____ cruzarme _____ nadie, es lo que más me gusta _____ verano.

8. A. ¿Sabes que Paula ha discutido _____ Sergio y han dejado _____ salir juntos?

   B. _____ mí como si no vuelven a verse, estoy cansada _____ sus peleas.

9. Iba _____ 100 por hora, _____ el cinturón, y cuando frenó se dio un golpe tremendo _____ el cristal. Además, poco antes le habían puesto una multa _____ aparcar _____ doble fila.

10. A. ¿_____ dónde vas _____ Zamora?

    B. Esta vez iré _____ Salamanca, es un poco más largo pero tengo que pasar _____ ahí _____ ver _____ mis suegros.

11. A. ¿_____ quién es este regalo?

    B. Es _____ María, se lo compré _____ aprobar todas las asignaturas en junio.

12. A. ¿Cuándo vas a terminar el trabajo _____ la facultad?

   B. Lo tendré terminado _____ el viernes, así que si quieres podemos quedar el sábado.

   A. _____ mí que no lo terminas ni el domingo. Tú no sabes lo largo que es.

13. A. Pepe, ¿qué te queda? ¿Cuándo nos vemos?

   B. Dentro _____ media hora, me quedan 3 camisas _____ planchar.

14. Los vigilantes de seguridad discutieron _____ el jefe porque quiso obligarlos _____ trabajar más horas de las que les corresponden. Dos días después se disculpó _____ ellos porque lo amenazaron _____ convocar una huelga si no respetaba sus derechos.

B **Selecciona la opción correcta.** 请选出适当的前置词短语。

1. Iremos a veros *a finales de / a través de* noviembre, seguramente el último fin de semana.

2. Lleva la blusa tan ajustada que parece que está *a punto de / a favor de* estallar.

3. No me gusta cómo te comportas con Juan, *a costa de / en vez de* tranquilizarlo, lo pones mucho más nervioso.

4. La ingresaron *a causa del / a partir del* alcohol, pero poco después descubrieron que tenía una enfermedad muy grave.

5. *A fuerza de / A lo largo de* los años he aprendido que es mejor conservar los pocos amigos que tienes que intentar encontrar otros nuevos.

6. Llegamos al aeropuerto después de los atentados, *en medio de / a mediados de* grandes medidas de seguridad.

7. Alberto votó *a favor del / en torno al* partido del gobierno porque le dan miedo los cambios.

C **Los verbos *quedar* o *quedarse* admiten varias preposiciones. Completa las frases siguientes con las preposiciones correspondientes.** 动词 *quedar* 和 *quedarse* 可以和好几个前置词搭配使用，请用适当的前置词填空。

1. El perro no se movió, se quedó _____ la puerta del bar _____ que su dueño salió.

2. Rafa, he llamado a Mayte y hemos quedado _____ que iremos juntos _____ Guadalajara y allí nos separaremos.

3. Lo siento, Paola, no puedo salir contigo porque he quedado ya _____ Adela _____ ir _____ compras.

4. A. Jaime, ¿_____ qué has quedado _____ Celia?

   B. _____ que nosotros vamos _____ el coche y ellos van _____ autobús.

   A. Y ¿_____ qué hora has quedado?

   B. _____ las 8 _____ la puerta del Ayuntamiento _____ el pueblo.

D Completa estas citas con la preposición adecuada. 请用适当的前置词将下列名言补充完整。

Es difícil decir quién nos hace *en*(1) la vida más daño, si nuestros enemigos _____(2) su peor intención, o nuestros amigos _____(3) la mejor.

Bulwer-Lytton

La sal _____(4) la vida es la amistad.

Vives

Los amigos, como los dientes, los vamos perdiendo _____(5) los años, no siempre _____(6) dolor.

Cajal

La amistad es un comercio _____(7) interés _____(8) iguales.

Goldsmith

Debes reprender _____(9) secreto _____(10) tu amigo y alabarlo _____(11) público.

Vinci

El que busca un amigo _____(12) defectos se queda _____(13) amigos.

Proverbio turco

Cuando la pobreza entra _____(14) la puerta, el amor se escapa saltando _____(15) la ventana.

Fuller

El misterio _____(19) el amor es más profundo que el misterio _____(20) la muerte.

Oscar Wilde

Hay que ser un artista para comprender _____(16) otro. Los críticos _____(17) arte no se parecen _____(18) los grandes pintores.

Norman Mailer

Me gusta la fiesta cuando no obliga _____(21) los amigos, _____(22) la mañana siguiente, _____(23) mirarse avergonzados.

Walton

Yo no enseño _____(24) quien no se esfuerza _____(25) comprender.

Confucio

53

Repaso II 复习 II

A Completa las frases con las palabras de los recuadros. 请用方框中的短语将下列句子补充完整。

lo necesario	lo posible	lo suficiente	lo imprescindible	lo justo

1. A. ¿Puedo usar tu tarjeta de crédito? Tengo que comprar unos libros.

   B. Vale, pero gasta sólo *lo necesario*, este mes estamos un poco mal de dinero.

2. A. ¿Qué te pasa? Tienes muy mala cara.

   B. Es que últimamente no duermo _____, me acuesto muy tarde y tengo que levantarme demasiado temprano.

3. Qué suerte tiene Elena, estudia sólo _____ para aprobar y siempre tiene suerte, sin embargo, yo, me paso la vida estudiando y mira, acabo suspendiendo.

4. A. Creo que no voy a poder ir a casa en Navidad, mamá, tengo mucho trabajo.

   B. Haz todo _____, cariño, a tu padre y a mí nos haría mucha ilusión.

5. Joaquín no quiere trabajar más horas en la oficina, no le interesa ganar más dinero, prefiere tener sólo _____ para vivir y disfrutar de todo su tiempo libre.

lo antes posible	en lo sucesivo	en lo posible	a lo lejos	a lo largo de

6. Ven, corre, _____ se ve una luz, creo que es una casa, por fin podremos pedir ayuda.

7. A. El médico le puso un tratamiento pero también le advirtió de que _____ debería cuidarse más, comer mejor y hacer algo de ejercicio.

   B. ¿Y qué le dijo del tabaco?

   A. Que tenía que dejarlo _____ si no quería volver a tener otro infarto.

8. Volveremos a Barcelona el domingo por la mañana para evitar, _____, el tráfico de la vuelta del fin de semana.

9. El accidente tuvo lugar en uno de los puntos negros de la Nacional IV. _____ este año son ya más de 13 las personas que han muerto en esa carretera.

B Completa con el pronombre *(me, te, le, nos, os, les, se)*. 请用适当的代词 *(me, te, le, nos, os, les, se)* 填空。

1. Yo no *me* molesto cuando me dicen cosas desagradables si es un amigo sincero.

2. No _____ quejes tanto, tienes una vida de lujo.

3. ¿A ti no _____ da lástima de ese niño, tan joven y trabajando?

4. Su profesor, cuando _____ enteró de la noticia, _____ alegró un montón.

5. ¿No _____ dais cuenta de que estáis haciendo mucho ruido y son las dos de la mañana?

6. Parece que a nuestros jefes sólo ____ preocupa la productividad, pero no ____ importa si estamos bien de salud o no.

7. No sé qué ____ pasa a Pilar, todo lo que le digo ____ molesta.

8. A. ¿Qué tal está Eduardo? B. Regular, ya sabes que ____ deprimió bastante cuando lo dejó Marisol.

9. Yo creo que a tus padres ____ molestó lo que ____ dijiste el otro día.

10. A. ¿Sabes? He terminado mis estudios. B. Enhorabuena, ____ alegro un montón.

11. A. ¿Qué te parece Roberto? B. A mí ____ cae bien, ¿y a ti?

12. Miguel, no comas más carne, que no ____ sienta bien.

13. A. ¿Qué ____ pasa?, tienes mala cara. B. No ____ siento bien, creo que tengo fiebre.

14. A. Estoy harta del director comercial. B. ¿Y eso? A. ____ pasa todo el día quejándo____ de todo.

15. Elena ____ ha comido ella sola todos los pasteles.

C En cada una de las frases siguientes falta uno o dos pronombres. Escríbelos en el lugar adecuado. 以下每句话都缺少一个或两个代词，请将代词补充在合适的位置上。

1. A Jorge *le* aburren los dibujos animados.

2. Andrés relaja jugando al pádel con sus socios del bufete.

3. Alguna gente divierte con las películas violentas, pero yo no.

4. He dormido sólo cuatro horas y estoy que no tengo en pie.

5. Rosalía es muy susceptible, molesta con cualquier cosa.

6. Daos prisa, va a hacer tarde y vas a perder el tren.

7. Todos los compañeros sorprendimos mucho cuando Eduardo dejó el trabajo.

8. Ha ganado el premio de poesía y ha subido la fama a la cabeza.

D En el texto que sigue hemos eliminado las preposiciones. Escríbelas de nuevo. 以下短文中的前置词被去掉了，请把它们重新填上。

Tendrá casas bioclimáticas y paneles solares

Nace el ecopueblo

Un pequeño municipio *de*[(1)] Segovia, ____[(2)] 500 habitantes, se convertirá ____[(3)] la única localidad española sostenible. La construcción ____[(4)] 243 viviendas bioclimáticas ____[(5)] el municipio, que ocuparán 93.000 m², se realizará dentro ____[(6)] dos años. La ciudad aprovechará el agua ____[(7)] lluvia, se construirá ____[(8)] materiales reutilizables, se abastecerá ____[(9)] energía solar fotovoltaica y, ____[(10)] si fuera poco, reciclarán sus desechos.

Este proyecto, financiado ____[(11)] la Unión Europea y varias empresas, fue ____[(12)] parar a Bernuy ____[(13)] su ubicación, cercana ____[(14)] la capital, y su clima, que puede variar ____[(15)] invierno ____[(16)] verano ____[(17)] casi 50 grados.

Muy Interesante

55

第11单元 *¿A cuánto están hoy las peras?*

Ser y estar Ser 与 *estar*

*本单元的学习可结合第三册第14单元

Situaciones 语法点

▶ *Ser* 用于:

a) 表示身份或定义。例如:

¿Esa es tu profesora? 那人是你的老师吗?/ *José Carlos siempre ha sido de derechas.* 何塞·卡洛斯一直是右翼人士。

b) 表示时间:日期和小时。例如:

Hoy es lunes. 今天是星期一。/ *Es invierno.* 现在是冬天。

然而,如果人称为复数,要与 *estar* 搭配使用。例如:

Estamos a lunes. 今天是星期一。/ *Estamos en invierno.* 现在是冬天。

c) 表示固定的价格和数量。例如:

A. *¿Cuánto es?* 多少钱? B. *Son 25 euros.* 25 欧元。/ *En clase somos 25 alumnos.* 我们班有 25 名学生。

但是,上下浮动的价格要和动词 *estar* 搭配使用。例如:

A. *¿A cuánto están hoy las peras?* 今天梨怎么卖? B. *A 3 euros el kilo.* 3 欧元一公斤。

d) 表示事情发生的时间和地点。例如:

El examen de gramática fue el martes. 语法考试在周二。/ *El concierto será en el Auditorio Nacional.* 音乐会在国家音乐厅举行。

e) 表示方向。例如:

No es por esa calle, es por la otra, la de la farmacia. 不是那条街,是另外那条,药房那条街。

▶ *Estar* 用于:

a) 表示人或物的位置。例如:

Los pantalones están en el armario. 裤子在柜子里。/ *Juanjo está sentado en el sofá.* 胡安霍坐在沙发上。

b) 表示情绪。例如:

Está enfadado desde que le dijiste que no viniera. 我叫他别来,从那时候起,他就生气了。

c) 表示状态(尽管有时是持续的状态)。例如:*Estar embarazada* 怀孕了,*estar lleno / vacío* 满的 / 空的,*estar vivo / muerto* 活着的 / 死了,*estar enfermo* 病了,*estar preso* 被捕了

d) 表示临时从事的工作。例如:

Mi marido es economista, pero está de director de un coro porque también sabe música. 我丈夫是经济学家,这阵子也在合唱团做指挥,因为他也懂音乐。

用 *ser* 还是用 *estar?*

▶ 许多形容词用 *ser* 和用 *estar* 时,意思或部分改变,或完全改变。例如:

*Hacer siempre lo mismo **es** aburrido.* 老做同样的事会使人厌烦。

A. *Mamá, **estoy** aburrido, ¿qué hago?* 妈妈，我无聊得很，做什么好呢？ B. *Pues lee un libro, tienes muchos.* 那就看书吧，你有许多书。

▶ 同样的形容词与 *ser* 和 *estar* 连用，前者表示固有的性质，后者表示临时的状态。例如：

*El hijo de Marisa **es** muy alto, mide 1,87.* 玛丽莎的儿子个子很高，有 1.87 米。

*¡Qué alto **está** el hijo de Olga, tiene 12 años y ya mide 1,60!* 奥尔加的儿子现在真高，12 岁，已经 1.60 米了！

▶ *Soltero*、*casado*、*divorciado* 和 *viudo* 等形容词用 *ser* 和 *estar* 意思不变，但是，如果指出具体配偶，必须用 *estar*。例如：*Mi vecino **está** casado con una actriz muy famosa, esa que **está** divorciada del presentador de televisión.* 我的邻居和一位知名女演员结婚了，就是和电视节目主持人离婚的那个。

▶ *Sordo*、*ciego*、*mudo*、*cojo* 等形容词既可以和 *ser* 连用，也可以和 *estar* 连用，意思相同。例如：

***Está / Es** ciego desde que nació.* 他生来就双目失明。

■ 请根据图片，用 *ser* 或 *estar* 的适当变位形式填空。

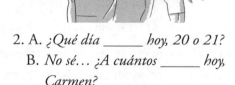

1. *¿Estás seguro de que _____ por aquí? ¿No nos hemos equivocado otra vez?*

2. A. *¿Qué día _____ hoy, 20 o 21?*
   B. *No sé… ¿A cuántos _____ hoy, Carmen?*
   C. *A 21 de enero.*

¿Cómo es? 搭配

Algunos adjetivos y expresiones que cambian de significado 一些意思不同的形容词和短语		
Ser abierto = extrovertido.	/	*Estar abierto* = no estar cerrado.
Ser cerrado = reservado.	/	*Estar cerrado* = no estar abierto.
Ser despierto = inteligente.	/	*Estar despierto* = no estar dormido.
Ser rico = tener dinero.	/	*Estar rico* = apetitoso.
Ser atento = cortés.	/	*Estar atento* = escuchar.
Ser fresco = sinvergüenza / reciente.	/	*Estar fresco* = frío.
Ser negro = color, raza.	/	*Estar negro* = muy enfadado.
Ser bueno = bondadoso / de calidad.	/	*Estar bueno* = apetitoso / atractivo.
Ser aburrido = que aburre.	/	*Estar aburrido* = que no se divierte.
Ser interesado = egoísta.	/	*Estar interesado* = tiene interés en algo.
Ser parado = tímido.	/	*Estar parado* = no trabaja / no se mueve.
Ser verde = color / obsceno.	/	*Estar verde* = inmaduro.
Ser vivo = listo.	/	*Estar vivo* = no estar muerto.

Práctica 习题

A **Subraya la opción correcta (en dos oraciones son posibles las dos opciones).** 请选出适当的动词（有两句两者皆可）。

1. A. ¡Eh, Belén! Mira, ahí *es / está* tu prima. ¿La ves?

   B. Sí, sí, no hace falta que grites tanto, que no *soy / estoy* sorda.

2. A. Son más de las 9 y todavía no *sois / estáis* listas, no vamos a llegar a tiempo al concierto.

   B. Ve tú primero y saca las entradas. Dime dónde *es / está* y nosotras tomamos un taxi.

   A. No, mejor os espero, mamá ya *es / está* vestida, ¿a ti te falta mucho?

3. No hagas tanto ruido, los niños no *son / están* despiertos.

4. Mira esa niña, qué despierta *es / está* para la edad que tiene.

5. A. ¿*Eres / Estás* enfadado porque no te acompañé a la cena de la empresa?

   B. Enfadado no, pero sí *soy / estoy* un poco molesto, yo siempre te acompaño a ti.

6. A. No sé por qué la gente come tantas palomitas y golosinas en el cine, *es / está* muy molesto escuchar esos ruiditos de fondo.

   B. No *seas / estés* exagerado, hombre, apenas se oye nada.

7. El profesor nuevo *es / está* muy inteligente, pero siempre se le olvida algo: el libro, el abrigo; se deja las gafas en cualquier sitio, no sé cómo puede *ser / estar* tan despistado.

8. A. ¿Vamos a esa tienda o *eres / estás* ya muy cansada?

   B. Perdona, ¿qué dices? Es que *era / estaba* despistada y no te he escuchado.

9. A. La película *es / está* aburrida y lenta, ¿no te parece?

   B. Sí, el guión *es / está* muy malo y los actores no *son / están* nada profesionales.

10. *Soy / Estoy* aburrido, ¿por qué no salimos a dar una vuelta?

11. La manifestación contra la ley antitabaco *será / estará* en el P.º de la Castellana.

12. A. ¿*Es / Está* cierto que tu antiguo novio *es / está* casado con la chica rubia que sale en el anuncio de yogures?

    B. No sé la chica, pero mi antiguo novio *es / está* soltero, no le gusta el compromiso.

13. Tu jefe ha envejecido mucho: *es / está* calvo y gordo, y tu compañera Elena antes no *era / estaba* morena, ¿no?

14. A. ¿Cuántos *somos / estamos* hoy para comer?

    B. Nosotros cuatro y tu madre.

B Completa con el verbo *ser* o *estar* en el tiempo adecuado. 请用 *ser* 或 *estar* 的适当变位形式填空。

Mario González *era* (1) cobrador de recibos de una compañía de seguros. No _____ (2) casado ni había tenido nunca novia, apenas salía de casa más que para ir al trabajo. Algunos domingos por la mañana, si _____ (3) animado, se ponía su mejor traje e iba al Museo del Prado a ver los cuadros de Goya. _____ (4) feliz en la sala de *Los Desastres de la Guerra*. En vez de producirle angustia o dolor, sentía la satisfacción de reconocer en otros los desastres de su propia vida interior. Efectivamente, no _____ (5) alto ni guapo ni tenía amigos ni _____ (6) nunca feliz, pero eso no importaba. Lo realmente significativo _____ (7) que si alguien le hubiera preguntado no habría respondido que _____ (8) un ser desgraciado. Su vida _____ (9) llena de momentos repetidos e iguales, de escenas previsibles como las de esos otros cuadros de Goya, los que _____ (10) en la sala de al lado, que tanto detestaba.

C En la mitad de las frases (seis), los verbos *ser* y *estar* están empleados correctamente, y en la otra mitad, no. Encuentra los errores y corrígelos. 以下句子有一半（6句）中的 *ser* 和 *estar* 使用正确，另一半使用错误，请找出错误并改正。

1. Víctor fue a ver a su profesor de matemáticas y este le dijo que estaba muy verde para el examen de junio.   *Correcto.*

2. A las siete de la tarde muchos millones de espectadores eran atentos a la final de la Copa del Mundo en Brasil.   _____

3. No te preocupes ahora por los niños, están entretenidos, viendo la tele.   _____

4. La película ha estado muy bien, me ha encantado.   _____

5. En agosto no pudimos ir de vacaciones porque Federica no era buena.   _____

6. Doctor, el paciente de la habitación 35 ya es consciente, ha vuelto en sí.   _____

7. ¿Le has comprado esta revista a tu madre? ¡Todos los chistes que trae son verdes!   _____

8. Cuando quieras, salimos, nosotros somos listos.   _____

9. He llamado a Paola pero me ha dicho que hoy no va a salir porque no es muy católica.   _____

10. Mis padres eran muy orgullosos de que yo estudiara Medicina.   _____

11. No sé cómo puedes salir con ese novio, con lo parado que es.   _____

12. Es increíble que no puedan arreglar el tráfico de una vez.   _____

第12单元 *Dijeron que había nieve y que usáramos cadenas.*
Estilo indirecto (información y petición) 间接引语（传递信息和表达请求）

Situaciones 语法点

1. 间接引语：传递信息

► 转述过去所说的信息时，由于转述人所造成的时空变化，需要改变时态、人称、代词、时间状语和一些动词，如将 *ir*（去）改为 *venir*（来），*traer*（带来）改为 *llevar*（带去）。

直接引语：*"Te llevaré las llaves del coche mañana"*. "我明天把汽车钥匙给你带去。"

间接引语：***Dijo que me traería*** *las llaves del coche hoy*. "他说他今天把汽车钥匙给我带来。"

► 动词的时态变化如下：

ESTILO DIRECTO 直接引语	ESTILO INDIRECTO 间接引语
PRESENTE 现在时 *"Trabajo mucho"*. "工作很多。"	PRET. IMPERFECTO 过去未完成时 *(Ella dijo) que trabajaba mucho*. (她说)她工作很多。
PRETÉRITO PERFECTO 现在完成时 *"Yo nunca he estado en París"*. "我从没在巴黎待过。"	PRETÉRITO PLUSCUAMPERFECTO 过去完成时 *(Dijo) que nunca había estado en París*. (他说)他从没在巴黎待过。
PRETÉRITO IMPERFECTO 过去未完成时 *"Rosa no sabía nada"*. "罗莎什么都不知道。"	PRETÉRITO IMPERFECTO 过去未完成时 *(Dijo) que Rosa no sabía nada*. (他说)罗莎什么都不知道。
PRETÉRITO INDEFINIDO 简单过去时 *"Ayer no vi la película de la tele"*. "昨天我没在电视上看电影。"	PRETÉRITO PLUSCUAMPERFECTO / INDEFINIDO 过去完成时/简单过去时 *(Dijo) que no había visto la película de la tele*. (他说)他昨天没在电视上看电影。
PRETÉRITO PLUSCUAMPERFECTO 过去完成时 *(Yo)* *"Nunca había visto nada igual"*. (我) "我从没见过一样的东西。"	PRETÉRITO PLUSCUAMPERFECTO 过去完成时 *(Dijo) que (él) nunca había visto nada igual*. (他说)他从没见过一样的东西。
FUTURO 将来时 *"Te llamaré mañana"*. "明天我给你打电话。"	CONDICIONAL 条件式 *(Dijo) que me llamaría hoy*. (他说)明天他给我打电话。
FUTURO PERFECTO 将来完成时 *(Yo)* *"En el año 2008 habré terminado la carrera."* (我) "2008年我将完成学业。"	CONDICIONAL COMPUESTO 条件式复合时态 *(Dijo) que (él) en el año 2008 habría terminado la carrera*. (他说)他将在2008年完成学业。
PRESENTE DE SUBJUNTIVO 虚拟式现在时 *"Cuando tenga tiempo iré a verte"*. "等我有时间了我去看你。"	IMPERFECTO DE SUBJUNTIVO 虚拟式过去未完成时 *(Dijo) que cuando tuviera tiempo, vendría a verme…* (他说)等他有时间了，会来看我。

■ 请用适当的动词填空。

Sólo te quiero a ti. Cuando termine la universidad nos casaremos y tendremos dos hijos.

El muy sinvergüenza, me dijo que sólo me *quería* a mí, que cuando _____ la universidad nos _____ y _____ dos hijos. Y míralo, se ha casado con Beatriz, la hija del director, y a mí me ha dejado.

▶ 引导传递信息的间接引语的动词有：*explicar, contar, comentar, anunciar, declarar, afirmar, asegurar* 等。例如：

*El Gobierno <u>anunció</u> que este año no **iban** a subir los precios.* 政府通告，今年价格不会上涨。

▶ 如果这些主句动词(与“说”或与“话语”有关的动词)是否定的，从句动词要用虚拟式(详见第14单元)。例如：

*Ramón <u>dijo</u> que ya **había terminado** el trabajo.* 拉蒙说工作已经做完了。

*Ramón <u>no dijo</u> que ya **hubiera terminado** el trabajo.* 拉蒙没说工作已经做完了。

▶ *Preguntar*(问)和*responder* (答)(相当于“*quiere saber* (想知道)”“*contestar* (回答)”等),引导间接引语时，变化规律同传递信息系列的动词。例如：

*“¿Te gusta la tortilla de patatas?” / Elena me **preguntó** si me **gustaba** la tortilla de patatas.* “你喜欢吃土豆饼吗？”／埃莱娜问我喜不喜欢吃土豆饼。

*“¿Cuándo has estado en Londres?” / Juan **quería saber** cuándo **había estado yo** en Londres.* “你什么时候去的伦敦？”／胡安想知道我什么时候去的伦敦。

2. 间接引语：请求、命令、建议

▶ 间接引语传递请求、命令、建议、禁止时，用虚拟式。

Estilo directo 直接引语 | **Estilo indirecto** 间接引语

“Ven aquí, Juan”. “来这儿，胡安。”　　*Tu madre **dice** que **vayas**.* 你妈妈叫你过去。

“No comas más chocolate”. “你别再吃巧克力了。”　　*Tu madre **dijo / decía / había dicho** que no **comieras** más chocolate.* 你妈妈说让你别再吃巧克力了。

“¿Puedes traerme el diccionario?” “你可以把字典带给我吗？”　　*Tu madre **ha dicho** que le **traigas / trajeras** el diccionario.* 你妈妈让你把字典带给她。

3. *Le dije que la vida es muy dura*

► 某些情况下，说话人转述时并不作相应的改动，而保持直接引语中的时态，转述的信息要么为普遍真理，要么至说话时依然是当时发生的事情。例如：

Le pregunté a Roberto que a quién pensaba votar y me contestó que a nadie porque todos los políticos son iguales, prometen mucho pero luego no cumplen. 我问罗贝托想把票投给谁，他回答说不想投给任何人，因为所有的政客都一个样，承诺一大堆，从来不兑现。

¿Cómo es? 搭配

Algunos verbos de influencia que rigen subjuntivo 往往需要后接虚拟式的动词				
aconsejar	prohibir	mandar	recomendar	ordenar
exigir	impedir	pedir	rogar	instar
permitir	proponer	dejar (= permitir)	sugerir	suplicar

Práctica 习题

A **Sigue el ejemplo.** 请仿照例句改写下列句子。

1. Mario: "Mamá, Pepe no me deja su diccionario de inglés".

   Madre: *Dile a Pepe que te deje el diccionario de inglés.*

2. Mario: "Mamá, Carlota se está comiendo mis macarrones".

   Madre: _____.

3. Mario: "Mamá, Diego está viendo la tele en lugar de estudiar".

   Madre: _____.

4. Mario: "Mamá, Carlota no quiere recoger la mesa".

   Madre: _____.

5. Mario: "Mamá, papá no viene a comer".

   Madre: _____.

6. Mario: "Mamá, Carlota me ha quitado el mando de la tele".

   Madre: _____.

B Transforma a estilo indirecto. 请将原句变为间接引语。

1. A. ¿Quieres más café?

   B. No, gracias, ya he tomado bastante.

   Cristina me preguntó si quería más café y yo le contesté que ya había tomado bastante.

2. A. ¿Vas a venir con nosotros a la playa?

   B. Sí, pero iré un poco más tarde, la semana siguiente.

   Ellos me preguntaron _____.

3. A. ¿Has hecho ya los deberes?

   B. No, los haré más tarde.

   Mi madre me preguntó si _____.

4. A. ¿Has visto la última película de Almodóvar?

   B. Sí, pero no me gustó mucho.

   Celia le preguntó a Laura si _____.

5. A. ¿Dónde están los papeles del banco?

   B. No sé, yo los dejé en la carpeta roja.

   A. Yo le pregunté a Miguel que _____.

C Transforma las frases a estilo directo. 请将下列句子变回直接引语。

1. Me dijo que no le gustaba la música clásica.   *"No me gusta la música clásica"*.

2. Le dije que quería vivir con ella.   "_____".

3. Le preguntó que cómo se sentía.   "_____".

4. Le preguntó a Ana si había visto a su hermano.   "_____".

5. Olga me confesó que me había mentido, que no había estado con Pepe el domingo anterior.   "_____".

6. Me preguntó que cuándo iría a su casa.   "_____".

7. Mis padres nos preguntaron si teníamos problemas de dinero.   "_____".

8. Nosotros les contestamos que teníamos para el primer año, pero luego tendríamos que pedir un préstamo al banco.   "_____".

9. Alberto nos comentó que quería cambiar de trabajo porque la empresa cada vez iba peor y no había esperanzas de mejorar.   "_____".

10. Mi abuela me explicó que había conocido a mi abuelo en la fiesta de su pueblo y que se había enamorado de él el primer día que lo vio.

"_____".

11. Usted me dijo ayer que podía venir a recoger el coche hoy, que ya estaría arreglado.

"_____".

12. No sé dónde está Jacinto, a mí me dijo ayer que se iba a ver a unos clientes de Oviedo, pero todavía no ha vuelto.

"_____".

D **Transforma las siguientes peticiones en estilo indirecto.** 请将下列请求变为间接引语。

1. "¿Puedes traer tú hoy el pan, Rafa?".
   Mi mujer tenía mucho trabajo y por eso me ha pedido que hoy lleve yo el pan.

2. "No te preocupes, todo irá bien".
   Antes de entrar en el quirófano, el médico me dijo que _____.

3. "No hagas comida para mí, mañana comeré en casa".
   Julia anoche me dijo que _____.

4. "Date prisa, que llegamos tarde".
   Clara no quería salir de casa y yo le dije que _____.

5. "Ven pronto, tenemos que ir al médico con Pablo".
   Lucía me ha pedido que _____.

6. "¿Puedes prestarme 50 euros?".
   Ayer Mario se olvidó la cartera en casa y me pidió que _____.

7. "¿Podrías llamar tú a Telefónica?".
   Luis no tenía tiempo y me _____.

8. "Tómese la vida con calma".
   Fui al médico porque no podía dormir bien y el médico me recomendó que _____.

9. "Vuelva mañana".
   Ayer estuve aquí y usted me dijo que _____.

10. "Lucía, préstame tu diccionario de árabe".
    En diciembre, Óscar me pidió que le _____ y todavía no me lo ha devuelto.

11. "Carlos, ponte bien la camisa".
    Yo llevaba la camisa abierta, pero mi madre dijo que _____.

E **Completa las conversaciones con el verbo en la forma adecuada.**
请用给出动词的适当变位形式将下列对话补充完整。

decir	olvidarse	comprar	pasar	sacar

A. Buenos días, Rosario, ¿está mi marido?

B. No, está en una reunión. ¿Quiere que le *diga*(1) algo?

A. Sí, por favor, dile que no _____(2) de llamar a su madre, que
es su cumpleaños, que le _____(3) un ramo de flores al salir
de la oficina. Dile también que _____(4) por la relojería a recoger mi reloj, que yo no puedo
y, cuando llegue a casa, que _____(5) la comida del congelador.

B. Vale, vale, no se preocupe, yo se lo diré.

A. Gracias, Rosario.

poder	tener	llamar	contar

A. Ah, se me olvidó decirte que anoche llamó Jaime.

B. ¿Y qué dijo?

A. Que la reunión no _____(6) celebrarse en su casa,
que _____(7) una obra en la cocina. Dijo que
_____(8) tú a los demás y que les _____(9) el problema.

B. ¿Y por qué tengo que llamar yo? ¡Vaya, hombre, siempre igual!

cambiar	trabajar	ganar	querer (2)	casarse	dejar	estar

A: ¿Sabes a quién vi ayer?

B. No, ¿a quién?

A. A Rosalía.

B. ¿Y qué tal está?

A. Bien, me contó que _____(10) de empresa, que
ahora _____(11) menos y _____(12) más. Vaya, un
chollo de trabajo.

B. ¡Qué bien! Y de su novio, Fernando, ¿te contó algo?

A. Sí, me dijo que (ellos) _____(13) casarse, pero que la madre de él no _____(14) que _____(15),
así que lo _____(16).

B. ¡Vaya! ¿Y ella _____(17) enfadada?

A. ¡Qué va! Ella está feliz y contenta.

F **Para cada titular se dan tres opciones. Dos son adecuadas y una no. Escribe en el hueco las letras de las opciones correctas.** 每个新闻标题有三个选择，两个是正确的，一个是错误的，请在空格处写上正确选项的序号。

El Presidente *a)*, *b)*⁽¹⁾ que no habrá negociación alguna con los terroristas.

EL GOBIERNO _____⁽²⁾ QUE NO CONOCÍA LA CORRUPCIÓN EN SU PARTIDO.

El alcalde _____⁽³⁾ a los vecinos que tuvieran paciencia con las obras.

El Director del Banco de España _____⁽⁴⁾ que habrá más medidas para frenar la inflación.

El técnico del equipo rojiblanco _____⁽⁵⁾ que sus jugadores acudirían a la final con la moral bien alta.

Los médicos _____⁽⁶⁾ que los hospitales públicos abran los quirófanos por las tardes.

La ministra de Vivienda _____⁽⁷⁾ que durante el año pasado se habían construido cinco mil viviendas de protección oficial.

1. a) afirma   b) asegura   c) pide
2. a) asegura   b) recomienda   c) ha afirmado
3. a) prometió   b) pidió   c) rogó
4. a) anunció   b) sugiere   c) ha dicho
5. a) asegura   b) prometió   c) ha anunciado
6. a) prometen   b) piden   c) han exigido
7. a) afirmó   b) prometió   c) declaró

G **Completa las frases con el verbo en la forma adecuada: presente o pretérito imperfecto de subjuntivo. En algún caso caben los dos tiempos.** 请将给出的动词变为适当的形式（虚拟式现在时或虚拟式过去未完成时）填空，有时两者皆可。

1. Le pedí que me *esperara*, que yo iría a recogerla. (esperar)

2. Marisa tiene un problema grave con su novio y yo le he sugerido que lo _____, pues a mí no me gusta nada. (dejar)

3. Mira, Carmen, en esta revista recomiendan que se _____ zumo de alcachofa para adelgazar. (tomar)

4. La profesora de Lengua y Literatura me aconsejó que _____ una carrera de letras. (hacer)

5. Nunca le pedí que _____ su forma de vestir. (cambiar)

6. Le indiqué que _____ el equipaje en el coche. (colocar)

7. Le pedí al dependiente que me _____ el pañuelo para regalo. (envolver)

8. Rogué a mi amigo el escritor que _____ con ella. (hablar)

9. Carlos me pidió que _____ yo la cuenta del restaurante. (pagar)

10. El médico le ha prohibido que _____ carne. (tomar)

11. El Gobierno ha exigido al partido de la oposición que _____ medidas contra algunos parlamentarios que no acuden al Parlamento. (tomar)

12. El agente de viajes nos ha aconsejado que _____ en tren, pues el avión es más rápido, pero menos interesante. (viajar)

13. A mí, mis padres siempre me advertían que _____ prudente al volante. (ser)

H **El texto que sigue es un fragmento de una importante novela española, *Tiempo de silencio* (1962). En ella el autor trató de reproducir la lengua oral de sus personajes: en la antepenúltima línea de este texto podemos ver "entrao", por *entrado*, como sería correcto.** 下面是一部重要的西班牙小说《沉默的时代》(1962) 中的选段。在这个选段里，作者想转述作品人物所说的话。倒数第三行中的 *entrao* 正确形式应该是 *entrado*。

Después de leer el fragmento, observa sus características lingüísticas. 阅读选段，请注意它的语言特色。

Hemos subrayado dos verbos (*dije* y *tenía advertido*), de los que dependen otras oraciones subordinadas con el verbo en indicativo o subjuntivo. ¿A qué se debe esa diferencia de tiempos y modo en los verbos que dependen de *dije* y *tenía advertido*? 划出的两个动词 *dije* 和 *tenía advertido* 决定了从句中相应的陈述式或虚拟式的时态，请说出两个动词后句子的时态为什么要作这样的变化。

Cuando se vinieron del pueblo yo ya se lo <u>dije</u>, que no encontraría nunca casa. Y ya estaba cargado de mujer y de las dos niñas. Pero él estaba desesperado. Y desde la guerra, cuando estuvo conmigo, le había quedado la nostalgia. Nada, que le tiraba, Madrid tira mucho. Hasta a los que no son de aquí. Yo lo soy, nacido en Madrid. En Tetuán de las Victorias. De antes de que hubiera fútbol. Y él se empeñó en venirse. A pesar de que se lo <u>tenía advertido</u>, que no viniera, que la vida es muy dura, que si en el pueblo es difícil aquí también hay que buscársela, que ya era muy mayor para entrar en ningún oficio, que sólo quieren mozos nuevos. Que sin tener oficio, iba a andar a la busca toda la vida, que nunca encontraría cosa decente. Todo, todo se lo advertí. Pero a él le había entrao el ansión porque estuvo aquí en guerra. Y nada, que se vino. Todo vino a caer sobre mí. Porque que si somos primos o no somos primos, que si...

Luis Martín Santos (1924-1964), *Tiempo de silencio*

第13单元 *Tengo miedo de que Isabel no pueda venir.*
Subjuntivo con verbos de sentimiento 情感动词后虚拟式的用法

Situaciones 语法点

▶ 表示情感、愿望和需求的动词后，可接原形动词，可接虚拟式。

a) 当主句动词和从句动词主语相同时，接原形动词。例如：

Necesito **llegar** *pronto a Valencia.* 我要马上去瓦伦西亚。
  (*yo*)   (*yo*)

Le encanta **regalar** *flores a su novia.* 他喜欢送花给女朋友。/ *Fue a un restaurante y se harto de comer marisco.* 他去了一家餐馆，把海鲜吃了个够。

b) 当主句动词和从句动词主语不同时，接虚拟式。例如：

Necesito **que me prestes** *100 euros.* 我需要你借我 100 欧元。
  (*yo*)   (*tú*)

A Carmen le molestó que (yo) no la **llamara** *por teléfono para felicitarla.* 我没有打电话向卡门道贺，她很不高兴。

1. *Sentir* 和 *temer*

▶ 某些动词有一个以上的意思，根据不同的意思，从句用陈述式或虚拟式。

Sentir: 1. "darse cuenta" 即 "发现，察觉"。例如：*Sentí que allí* **había estado** *alguien antes que yo.* 我发现那里有人在我之前就到了。

      2. "dar pena" 即 "遗憾，难过"。例如：*Sentí que no* **pudieras venir** *a verme.* 我很遗憾，你不能来看我。

Temer: 1. "creer" 即 "认为，觉得"。例如：*Me temo que no* **podré ir** *a buscarte al aeropuerto.* 我恐怕不能去机场接你了。

      2. "tener miedo" 即 "担心，害怕"。例如：*Temo que Alejandro no* **apruebe** *este año todo el curso.* 我担心亚历杭德罗今年所有科目没法全及格。

2. 时态搭配

▶ 如果主句动词是现在时，从句动词可以用虚拟式现在时、虚拟式现在完成时或虚拟式过去未完成时。例如：

Me preocupa que María **esté** *enferma otra vez.* 我担心玛丽亚又要病倒。

Siento que no **hayas aprobado** *el examen de conducir.* 你没有通过驾驶考试，我觉得很遗憾。

Mis padres se alegran de que yo **estudiara** *Medicina.* 我父母很高兴我当初学了医。

▶ 如果主句动词是过去的时态（简单过去时、过去未完成时或过去完成时），从句动词应该用虚拟式过去未完成时或虚拟式过去完成时。例如：

Yo siempre me alegraba de que mis abuelos **vinieran** *a mi casa.* 过去，爷爷奶奶来我家，我总是很高兴。

*Nuestros amigos se alegraron mucho de que **hubiéramos ido** a verlos.* 我们的朋友很高兴我们去看他们。

▶ 如果主句动词是现在完成时，从句动词可以用虚拟式现在时、虚拟式现在完成时或虚拟式过去未完成时。例如：

*Carmen me ha agradecido mucho que **vaya** a ver a su madre todos los días.* 卡门非常感激我每天都去看望她的母亲。

*A Enrique no le ha molestado que no lo **hayan invitado** al cumpleaños.* 恩里克并不在意他们没有邀请他去参加生日派对。

*A Ignacio siempre le ha gustado que lo **esperáramos** a la salida del trabajo.* 伊格纳西奥总喜欢我们去他上班的地方等他下班。

▶ 如果主句动词是将来未完成时，从句动词应该用虚拟式现在时。例如：

*El jefe querrá que le **entreguemos** el trabajo hoy o mañana.* 头儿希望我们今天或明天把活儿做完交给他。

¿Cómo es? 搭配

Verbos de sentimiento y gusto personal 表示情感和个人喜好的动词	Verbos de deseo y necesidad 表示愿望和需求的动词
Gustar, encantar, molestar, doler, apenar, poner nervioso/a, avergonzarse, importar, hartarse, lamentar, perdonar, preocuparse, sentir, sentar (bien / mal algo), temer, tener miedo, agradecer, alegrarse, confiar en, extrañarse, soportar, cansarse de.	Esperar, querer, desear, pretender, intentar, preferir, necesitar.

Práctica 习题

A Ordena las frases. 请理顺下列句子的词序。

1. gustaría / fuéramos / Me / andando / que
   Me gustaría que fuéramos andando.

2. ¿casa / Te / gustaría / tener / así / una?
   _____.

3. hombre / como / casarme / tú / Quisiera / con / un
   _____.

4. historia / acabase / gustaría / Le / nunca / que / esa / no
   _____.

5. gustaría / Les / hija / estudiara / su / carrera / otra / que
   _____.

6. les / A / gustaría / profesores / estudiantes / trabajaran / sus / que / los
   _____.

7. libre / Maribel / tener / más tiempo / gustaría / A / le
   _____.

B Completa las frases haciendo la transformación necesaria. 请仿照例句对原句作相应的改动。

1. Espero que Eugenio esté en casa.

   Esperaba que *Eugenio estuviera en casa.*

2. Le agradezco mucho que me haya atendido tan amablemente.

   Le agradecí mucho que _____.

3. ¿No te importa lo que diga la gente?

   ¿No te importaba _____?

4. Está harto de _____.

   Estaba harto de que en la oficina se rieran de él.

5. No ha querido que vayamos a verlo al hospital.

   No quiso que _____.

6. A Irene no le gustará que _____.

   A Irene no le gustó que le contaras la noticia a su madre.

   A Irene no le ha gustado que _____.

7. ¿Quieres que tu padre _____?

   ¿Querías que tu padre te comprara el coche?

8. Sentimos que no puedas venir de vacaciones con nosotros.

   Hemos sentido que no _____.

   Sentimos _____.

   Sentiremos _____.

C Escribe una reacción para cada situación. Añade una justificación. 请根据各场景写出一种反应，并加上合理的解释。

1. Tenías que haber llamado por teléfono a tu amiga y no lo has hecho. Pide disculpas.

   Perdona que no te haya llamado por teléfono antes, es que no he tenido tiempo.

2. Un amigo te cuenta que ha cambiado de trabajo y ahora está mejor que antes. Expresa alegría por la noticia.

   Me alegro de que _____.

3. Miguel salió de viaje hace tres días y no ha llamado por teléfono a su madre. Ella expresa su miedo.

   Tengo miedo de que _____.

4. Un compañero de trabajo te cuenta que se ha separado de su mujer después de 25 años de matrimonio. Expresa pena.

   Siento mucho que te _____.

5. Te han contado que tu jefe va a hacer cambios importantes y no ha consultado nada con los trabajadores. Expresa tu descontento.

Me molesta que _____.

6. Tenías que enviar un artículo a una revista la semana pasada y no lo hiciste. Pide disculpas al director.

Perdona que no _____.

7. Tu compañero Alfonso no vino a la reunión del martes pasado. Hoy ha venido y tú le expresas extrañeza por su ausencia.

Me extrañó que _____.

8. Una conocida se ha quedado cuidando a tus hijos porque tú tenías una cena importante. Agradéceselo.

Te agradezco mucho que _____.

D **Este cartel forma parte de una campaña para evitar que los perros sean abandonados. Completa el mensaje del perro con los verbos del recuadro en subjuntivo.** 下面是一张反对弃狗活动的宣传海报，请用方框中动词的虚拟式变位形式将海报填写完整。

| educar cepillar alimentar querer cuidar llevar (2) buscar abandonar jugar sacar estar |

No soy un juguete...

necesito que me *quieras*[1], que me _____[2] bien, que me _____[3] cuando esté enfermo, que me _____[4] correctamente, que me _____[5] al veterinario, que me _____[6] el pelo, que me _____[7] a pasear, que me _____[8] de vacaciones siempre que vayas tú y, si es imposible, que me _____[9] un alojamiento hasta tu vuelta, que _____[10] conmigo, que _____[11] a mi lado en mis últimos momentos… y, lo más importante, que nunca me _____[12].

Estas Navidades sé responsable, piénsalo antes de regalarme.

Asociación para el Bienestar de los Animales

第14单元 *Ella no creía que Jacinto volviera a casa.*
Indicativo o subjuntivo con verbos de opinión, percepción o afirmación
表示意见、感观或确定的动词用陈述式还是虚拟式

Situaciones 语法点

1. 一般规则

▶ 通常，表示意见 (*creer, parecer*)、身心感观 (*ver, recordar, darse cuenta de*) 或确定 (*decir, comentar, responder*) 的动词所引导的从句，可以用陈述式，也可以用虚拟式。

a) 陈述式

– 当主句是肯定句时。例如：

Me parece que el niño está enfermo, no tiene ganas de comer y está muy callado. 我觉得孩子病了，他没有胃口，一言不发。

Yo creía que Roberto trabajaba de fontanero y resulta que es cartero. 我原来一直以为罗贝托是个水管工，谁知道他是个邮递员。

– 当主句动词为否定命令式时。例如：

No creas que María está enferma, se pasa el día cantando y bailando. 你别以为玛丽亚病了，她整天又唱又跳的。

– 当主句是反义疑问句，希望得到对意见和事实的肯定答复时。例如：

¿No crees que esta niña está muy delgada?, voy a llevarla al médico. 你难道不认为这个姑娘太瘦了吗？我要带她去看医生。

b) 虚拟式

– 当主句是否定句时。例如：

No veo que el vecino del quinto trabaje, ¿de qué vivirá? 我没见五楼的邻居工作啊，他靠什么过活的？

No (me) imaginaba que fueran tan ricos. 我没想到他们这么有钱。

2. 主句为否定句、从句用陈述式的情况

▶ 当说话人对陈述的事实非常肯定时，从句用陈述时。例如：

Yo no creo que María haya aprobado el examen de conducir. (= Tengo dudas sobre ese hecho → subjuntivo) 我不认为玛丽亚已经通过了驾驶考试。（我对此表示怀疑 → 用虚拟式）

但是：

Mi padre no (se) cree que he aprobado el examen de conducir. 我父亲不相信我已经通过了驾驶考试。

La policía no vio que los ladrones habían hecho un agujero en el suelo de la joyería. 警察没看见小偷在珠宝店的地板上钻了一个洞。

以上两个例句中，说话人对陈述的事实完全有把握，*yo he aprobado y los ladrones habían hecho un agujero*（我确实通过了驾驶考试，小偷确实在地板上钻了一个洞）。

3. 陈述式还是虚拟式

► 有时，当主句为否定句时，从句可用陈述式，也可用虚拟式。究竟用哪个，取决于说话人对陈述事实真实性的态度，对事实不太有把握，还是无所谓其真实与否。无论如何，虚拟式更为常用。例如：

No digo que **ha sido / haya sido** *un mal partido, lo que digo es que a mí no me ha gustado.* 我没说这场球赛不好看，我只是说我不喜欢。

No sabía que tu hermano **era / fuera** *director de banco.* 我一直不知道你兄弟是银行行长。

4. 主句主语与从句主语相同时，用原形动词

► 当主句主语与从句主语相同、主句动词可直接加原形动词时，从句动词直接用原形动词。例如：

No recuerdo **haber comido / que hubiera comido** *nunca en ese restaurante.* 我不记得在那家餐馆吃过饭。

5. 主句动词本身的含义

► 有时，从句用陈述式还是虚拟式，也取决于主句动词本身的含义。请看以下例句：

Dudo (= no creo) que Juan **vuelva** *a la universidad.* (*Dudar* → siempre en subjuntivo) 我怀疑（我不认为）胡安回大学了。(Dudar → 在 que 引导的从句中，永远用虚拟式)

Ignorábamos que Ricardo **tuviera / tenía** *una enfermedad contagiosa.* 我们一直不知道里卡多有传染病。

Comprendo que Lourdes **está** *dolida con su madre, es que no fue a su boda.* 我觉得劳德斯对她妈妈感到伤心是很自然的，因为她没去参加她的婚礼。

Comprendí que Rocío no **volvería** *más.* 我以为罗西奥不会再回来了。

Olvidó que su mujer ya **había pagado** *el recibo de la luz al portero.* 他忘记妻子已经把电费付给门房了。

■ 一些人对房价发表了自己的看法，请用 *subir* 的适当变位形式填空。

A. *¿Te has enterado de que los pisos han subido este año un 15%?*

B. *Sí, parece que el año próximo _____ otra vez.*

C. *¿Sí?, pues el alcalde no opina que los pisos _____ tanto.*

D. *¿Tú crees que el año próximo _____ más?*

E. *No creáis que _____ tanto como dicen.*

B. *Yo no imaginaba que este año _____ tanto como han subido.*

¿Cómo es? 搭配

┌─────────────────────────────────────┐
| **Verbos de opinión** |
| 表示意见的动词 |
| |
| Parecer, creer, opinar, |
| imaginar, suponer. |
└─────────────────────────────────────┘

┌──┐
| **Verbos que significan percepción física o mental** |
| 表示身心感观的动词 |
| |
| Saber, ver, darse cuenta de, constar, notar, |
| percibir, entender, dudar, ignorar, recordar. |
└──┘

┌──┐
| **Verbos que significan "afirmar"** 表示 "确定" 的动词 |
| |
| Decir, manifestar, confesar, explicar, contar, afirmar, declarar. |
└──┘

Práctica 习题

A **Relaciona las dos partes. Hay más de una posibilidad.** 请连接下列句子的两个部分。不止一种可能性。

1. Por fin Enrique se ha dado cuenta de que
2. Veo que ya
3. Rosalía no dice que
4. No creo que
5. Rubén vio enseguida que
6. Yo creía que
7. ¿No comprendes que
8. Mi amiga no sabía que

a) haya herido tus sentimientos a propósito.
b) has arreglado tu situación con tu hijo.
c) no puedo vivir sin ti?
d) era feliz porque ocultaba sus penas.
e) su mujer lo engañaba.
f) ella vuelva más aquí.
g) tú me querías.
h) Lucía era de su pueblo.

B **Escribe las frases siguientes en forma negativa.** 请写出下列句子的否定形式。

1. Pensé que ibas al concierto con tus compañeros de la universidad.
   No pensé que fueras al concierto con tus compañeros de la universidad.

2. Creía que ya habías terminado el proyecto de los americanos.
   No creía que ya _____.

3. Ellos veían que la empresa iba mal.
   _____.

4. La policía supuso que el ladrón era el vecino de la víctima.
   _____.

5. Creían que los pisos dejarían de subir de precio.

   _____ .

6. Imaginaba que Roberto quería casarse con Olga.

   No imaginé que _____ .

7. Imaginaba que en Galicia tenían problemas de sequía.

   No imaginaba que _____ .

8. Todos sabían que en febrero había habido un golpe de Estado en ese país.

   Nadie sabía que _____ .

9. Alguien informó de que nuestro director era corrupto.

   Nadie informó de que _____ .

C **Completa con el verbo en el tiempo y modo más adecuados. A veces hay más de una posibilidad.** 请用给出动词的适当变位形式填空，有时不止一种可能。

1. No creerás que las estadísticas *reflejan* la realidad, ¿no? (reflejar)

2. No se le ocurrió que _____ un procedimiento burocrático para ese problema. (existir)

3. A mí no me parece que la ideología de Ernesto _____ tan diferente de la nuestra. (ser)

4. A. ¿No tiene planos de la casa?

   B. No, no recuerdo _____ los visto. (haber)

5. El periódico dice que _____ a subir las pensiones, pero no dice que _____ a bajar los precios. (ir, ir)

6. No creía que esa información _____ a su disposición. (estar)

7. Me consta que el piso de abajo _____ todos los permisos de obra en regla. (tener)

8. ¿Tú crees que la gente _____ todos los delitos que se cometen? (denunciar)

9. No creyó en ningún momento que _____ por accidente. (morir)

10. No creo que _____ por qué _____ Pepe a ver a Susana, lo que importa es que _____ . (importar, venir, venir)

11. Dudaba de que aquel día _____ en casa toda la familia. (estar)

12. El interlocutor cambió de postura, pero a Horacio no le pareció que _____ . (relajarse)

13. Me pareció que _____ echar un vistazo a la obra antes de salir de viaje. (deber)

14. No se dio cuenta de que _____ llegando al final del viaje hasta que vio la estación. (estar)

15. No sabía que _____ a Enrique. (conocer)

16. ¿No crees que el examen de Historia del Derecho _____ demasiado difícil? (ser)

Gramática

第15单元 *Estamos hartos de que suban los precios.*

Es / está / parece + adjetivo + *que* + indicativo / infinitivo / subjuntivo *Es / está / parece* + 形容词 + *que* + 陈述式/原形动词/虚拟式

Situaciones 语法点

1. *Estoy seguro de que, es obvio que, está demostrado que…*

▶ 当说话人对所陈述的事实确信无疑时 (*es seguro que…, es verdad que …*)，从句动词用陈述式。
*¿Estás segura de que **has echado** gasolina hace poco?* 你肯定不久前刚加过油?

▶ 如果主句为否定句，从句动词用虚拟式。例如：
*No está confirmado que Penélope Cruz **actúe** en la próxima película de Almodóvar.* 佩内洛普·克鲁兹将出演阿莫多瓦的下一部电影的消息还没有被证实。

2. *Es una pena, es increíble, parece lógico, estamos hartos de que…*

▶ 当说话人做出评价或发出指令时，从句动词用虚拟式。例如：
*No me parece lógico que todavía no **hayan acabado** las obras del hospital.* 医院建造工程竟然还没有完工，我觉得简直无法解释。
*Era indispensable que **avisaran** a un médico. Los invitados al banquete tenían muy mala cara.* 绝对有必要叫医生，出席宴会的客人脸色都糟糕极了。

▶ 以上情况下，如果从句没有特定的主语，动词直接用原形。例如：
*En verano, en el sur, es conveniente **tomar** muchas precauciones contra el calor.* 在南方，夏天有必要采取多种防暑措施。

3. 时态搭配

▶ 如果主句是现在时，从句可以用虚拟式的所有时态（或者在可以用陈述式的情况下，陈述式的所有时态）。例如：
*Es improbable que Roberto **apruebe** todas las asignaturas, no ha estudiado nada.* 罗贝托所有科目全部及格是不可能的，他什么都没学。
*Es increíble que Roberto **haya aprobado** todas.* 罗贝托居然所有考试都及格了，简直让人无法相信。
*Es increíble que Roberto **aprobara** todas las asignaturas el verano pasado, no estudió nada.* 去年夏天，罗贝托所有考试都及格了，简直不可思议，他什么都没学。
*Es improbable que Roberto **hubiera aprobado** sin la ayuda de su novia.* 如果没有女朋友的帮助，罗贝托考试及格是不可能的事。

▶ 如果主句用的是表示过去的时态（现在完成时、过去未完成时、简单过去时）或条件式简单时，从句动词为虚拟式过去未完成时或虚拟式过去完成时。如果主句动词是现在完成时，从句动词可以用虚拟式现在完成时。例如：
*Ha sido estupendo que **hayas aprobado** todas, ¡enhorabuena!* 你通过了所有考试，简直太棒了，恭喜你!

*Sería estupendo que todos **estuviéramos** de acuerdo.* 如果所有人都同意，那就太好了。

▶ 如果主句动词是将来未完成时，从句通常用虚拟式现在时。例如：
*Será mejor que **hables** tú con el médico.* 你最好和医生谈谈。

■ 请用给出动词的适当变位形式将下列示威者的
抗议填写完整。

tener   hacer (2)   subir

Estamos hartos
de que los pisos
suban(1) cada mes.

Es increíble que el Gobierno
no _____(2) algo.

No es normal que los
jóvenes _____(4)
que vivir en la calle.

Es una vergüenza que los
constructores se _____(3)
ricos a nuestra costa.

¿Cómo es? 搭配

Es seguro / obvio / evidente / cierto
Está demostrado / confirmado
+ *que* + 陈述式

No es seguro / obvio / evidente / cierto / verdad
No está demostrado / confirmado
+ *que* + 虚拟式

Es / me parece una pena / una maravilla / un error
Es / me parece raro / extraño / maravilloso / normal
Es / me parece conveniente / indispensable / necesario / probable
+ 原形动词
+ *que* + 虚拟式

Práctica 习题

A **Completa las frases con el verbo en el tiempo y modo adecuados.** 请将给出的动词变为适当的时态填空。

1. ¿Es normal que su oficina *se dedique* a estos asuntos? (dedicarse)

2. Estoy segura de que mi padre lo _____ si se lo pidiéramos. (arreglar)

3. A. ¿Es cierto que la mujer _____? (caerse)
   B. No, la empujaron.

4. No parecía probable que Ernesto _____ la investigación de la muerte del minero. (autorizar)

5. A todo el mundo no le pareció extraño que Ricardo _____ de su mujer. (separarse)

6. Aunque los periódicos lo digan, no está claro que el precio de los pisos _____ en los últimos meses. (bajar)

7. Vamos, a mí no me parece coherente que el juez _____ en libertad al hombre que mató a su mujer empujándola por la ventana. (dejar)

8. A. Laura, ¿y tú de qué estás harta?

   B. Pues mira, estoy harta de _____ adolescente, de no _____ me a mí misma, de que _____ cuando tiene que hacer sol, de que me _____ cursi porque me gusta la poesía, de que la gente no me _____. (ser, encontrar, llover, llamar, valorar)

B **En las cartas que escriben los lectores al director de un periódico es frecuente encontrar valoraciones sobre los temas que preocupan a esos lectores. Completa los fragmentos que siguen con uno de los verbos del recuadro en el tiempo adecuado.** 在报社收到的读者来信中，经常有读者就他们关心的问题发表看法。请用给出动词的适当变位形式将下列读者来信的片段填写完整。

| decir | permitir | recaer | poder (2) | hacer | implantar |

Vivo frente a un hospital y llevo tiempo observando que los empleados salen a tomar café o a comer con la vestimenta del trabajo, es decir, las batas verdes o blancas. ¿Es lógico que nadie _____ (1) nada y _____ (2) que paseen virus y bacterias del hospital al bar y del bar al hospital?

Tengo trillizos y me da rabia tener que pagar el 16% de IVA en productos tan esenciales como los pañales. Es absurdo que el Gobierno _____ (3) el porcentaje más alto a unos artículos que deberían considerarse de primera necesidad frente a, por ejemplo, el 4% que tiene el periódico.

No estoy de acuerdo con que la custodia de los hijos de padres separados _____ (4) casi siempre en la madre. Es absurdo que, si nos equiparamos laboralmente con los hombres, no lo _____ (5) también en ese tema.

Vivo en un barrio céntrico de Madrid y ya es habitual que el viernes por la noche no _____ (6) dormir porque los jóvenes celebran un "botellón" en el parque que hay delante de mi casa. Es increíble que ni las autoridades ni sus padres, ni la sociedad _____ (7) solucionar el problema del alcoholismo de los jóvenes.

C **Elige las opciones más adecuadas. Pueden ser una o dos en cada caso.** 请选出最恰当的选项，每题可选一项或两项。

1. ¿Tú crees que es posible que *haya / hubiera* más personas afectadas?

    a) haya   b) hay   c) hubiera

2. A Rodrigo le había parecido mal que Montse _____ a pedirle una cita.

    a) vaya   b) haya ido   c) fuera

3. Era probable que la concejala de Educación _____ equivocada sobre el número de estudiantes de la Comunidad.

    a) esté   b) estuviera   c) hubiera estado

4. Será mejor que alguien la _____ a subir a su habitación, está muy cansada.

    a) ayudara   b) haya ayudado   c) ayude

5. Era probable que nosotros no _____ a ver nunca más a Pedro.

    a) volvamos   b) volviéramos   c) hayamos vuelto

6. A mí me parece lógico que mis vecinos _____ a sus hijos a un colegio religioso, son muy creyentes.

    a) lleven   b) hayan llevado   c) llevan

7. Si te duele la espalda, sería conveniente que _____ a ver a un médico.

    a) vayas   b) fueras   c) hayas ido

8. Era indignante que los periodistas _____ en sus manos el futuro de un hombre como F. Sánchez.

    a) tenían   b) tuvieran   c) habían tenido

9. Estaba visto que la función no _____ salir bien por culpa de Diego.

    a) pudiera   b) hubiera podido   c) podía

10. Tenemos demasiado trabajo, pronto será necesario que _____ a dos personas más como mínimo.

    a) contratáramos   b) contratamos   c) contratemos

Repaso III 复习 III

A **Elige el verbo adecuado, *ser / estar*.** 请选出适当的动词，*ser* 还是 *estar*。

1. La última novela de Montalbán *fue / estuvo* elogiada por muchos críticos.

2. Cuando volvieron a casa, todas las luces *estaban / eran* encendidas, los muebles destrozados y todo lo demás por el suelo.

3. La casa de mis abuelos, donde nació mi padre, *está / es* abandonada desde hace años.

4. El sospechoso del crimen de Valencia *ha sido / está* detenido esta mañana.

5. La última película de Almodóvar no *ha sido / ha estado* premiada en el último festival porque no gustó a la crítica.

6. Los objetos robados *están / son* expuestos en las dependencias policiales para que sus dueños puedan reconocerlos.

7. La novela de Millás *fue / estuvo* adaptada al cine porque era una historia totalmente cinematográfica.

8. Dice el periódico que cada año cientos de perros *son / están* abandonados por sus dueños en las cunetas de las carreteras, ¡qué pena!

9. No me gusta esta iglesia porque aunque es valiosa, se ve que *está / es* restaurada por un aficionado.

10. Han dejado en libertad al alcalde de Triana porque no *está / es* demostrado que él fuera el autor del fraude.

B **Completa con el verbo en la forma adecuada del subjuntivo.** 请用给出动词的虚拟式填空。

1. Espero que todo *salga* bien.

2. María espera que su jefe _____ satisfecho con su trabajo. (estar)

3. Mis padres se han alegrado de que _____ trabajo por fin. (yo, encontrar)

4. Yo esperaba que mis amigos me _____ antes de decidir algunas cosas. (consultar)

5. Deseaba que todo _____ un sueño, pero era realidad. (ser)

6. ¿Quieres que te _____ un cuento? (yo, contar)

7. No quiero que nadie _____ de nuestros problemas. (enterarse)

8. Azucena temía que Joaquín no _____ más. (volver)

9. Antes no me importaba nada la opinión que la gente _____ de mí. (tener)

10. Me alegro de que todavía no te _____. (ir, tú)

11. Ellos esperaban que yo les _____ que _____. (pedir, quedarse)

12. Te agradecería que _____ a la puerta antes de entrar. (llamar)

13. ¿Te importa que _____ aquí mis cosas?, tengo que salir y volver. (dejar)

14. A. ¿Qué espera de sus amigos?

    B. Que no me _____ en los momentos de necesidad. (fallar)

15. Yo les agradezco a mis hijos que _____ buenas personas. (ser)

16. A Tomás le sentó mal que le _____ una tarta a la cara. (lanzar)

17. Pedro, vuelve pronto, necesitaré que me _____ a ordenar estos libros. (ayudar)

18. Nosotros pretendíamos que no _____ los árboles del parque, pero al final el Ayuntamiento los ha talado. (talar)

19. Elena, perdona que no te _____ el domingo como te dijimos, es que estuvimos muy ocupados. (llamar, nos.)

20. José María, te agradecería mucho que no _____ la música tan alta, tengo un dolor de cabeza horrible. (poner)

21. El gerente del departamento comercial aseguró que las ventas un 10% el año anterior y nos pidió que _____ en la misma línea. (seguir)

22. La semana pasada mi tío Ricardo nos anunció que se casaría pronto y nos advirtió que no _____ más dinero de su parte. (esperar)

23. A tu amigo Ramón le dolió mucho que no lo _____ cuando murió su padre. (llamar)

24. Al final fue Jaime quien decidió que _____ todos a comer al asador vasco. (ir, nos.)

C **Completa el fragmento con los verbos que aparecen entre paréntesis en la forma adecuada. La historia está en pasado.** 以下小说选段发生在过去，请用括号中动词的适当变位形式填空。

A ntes de acudir al comedor, (pasar) *pasó* (1) por el mostrador de recepción y le dijo al empleado que le (preparar) _____ (2) la cuenta y que le (hacer) _____ (3) el equipaje. El empleado de recepción (ser) _____ (4) el mismo que le (atender) _____ (5) dos días antes y se (interesar) _____ (6) discretamente por su estado. Fábregas le dijo que (persistir) _____ (7) el insomnio que le (aquejar) _____ (8) las noches precedentes, pero que (confiar) _____ (9) en mejorar pronto. Desde la mesa donde le (servir) _____ (10) el desayuno sólo se (ver) _____ (11) el cielo y una franja estrecha de agua. (poder) _____ (12) estar en un barco, pensó con nostalgia. (Creer) _____ (13) que en los barcos sólo (haber) _____ (14) que dejarse llevar y por eso siempre que se (encontrar) _____ (15) en una encrucijada, (pensar) _____ (16) en los barcos. "Tan pronto (liquidar) _____ (17) la cuenta y (estar) _____ (18) listo el equipaje, (ir) _____ (19) al aeropuerto y allí (esperar) _____ (20) a que (salir) _____ (21) el primer avión", pensó. "No (volver) _____ (22) a pisar las calles de Venecia", se dijo.

Eduardo Mendoza, *Una comedia ligera*

第16单元 *No se casó con Luis porque fuera más guapo, sino porque era más listo.*
Expresión de la causa 原因状语从句

Situaciones 语法点

1. 原因状语从句

▶ 原因状语从句用来解释主句行为的动机和现象发生的原因，主要分以下两类：

a) 由 *porque*、*pues*、*que*、*por* + 原形动词引导，对主句所表达的内容进行解释说明。例如：

A. *¿Por qué no me llamaste anoche?* 昨天晚上你为什么不给我打电话？

B. *(No te llamé)* **Porque** *estaba en casa de mis suegros y no pude escaparme un minuto.* （我没打电话给你）因为我在岳父岳母家，一分钟都脱不了身。

Emilio no fue a la universidad, **pues** *sus padres murieron cuando él tenía quince años.* 埃米利奥没上过大学，因为他 15 岁那年，父母就过世了。

Date prisa, **que** *llegamos tarde.* 快点，我们要晚了。

Le despidieron **por** *haber falsificado la firma de su jefe.* 他因为假冒领导的签名而被辞退。

b) 由 *como*、*ya que*、*puesto que*、*dado que* 引导，表示有利于主句动词发生的场景，通常置于主句之前。由 *como* 引导的原因状语从句必须置于主句之前。例如：

Ya que vas a la cocina, trae el postre, por favor. 你既然去厨房，麻烦把饭后点心带来。

No tengo mucha experiencia en esos asuntos, **ya que** *ocurren muy de vez en cuando.* 我对此没什么经验，因为这些事偶尔才发生一次。

Como hacía frío, no había gente en la calle. 因为天冷，街上一个人也没有。

▶ 绝大部分的原因状语从句用陈述式，只有 *porque* 所引导的从句在少数情况下可以用虚拟式。

2. 原因状语从句中用虚拟式的情况

▶ 具体情况如下：

a) 原因被否定，也就是说，原因并不成立。例如：

No fue a ver al médico porque **estuviera** *enfermo, sino porque quería hablar con él.*

(= *Fue al médico, pero el motivo no fue la enfermedad*) 他去看医生不是因为他病了，而是他想去找医生谈谈。（他去看医生，可是原因并不是生病。）

b) 以 *porque* 引导的从句表目的。例如：

Sus padres hicieron todo lo posible porque Fernando **tuviera** *una buena educación.* (= *Para que*) 为了让费尔南多受到良好的教育，他的父母竭尽所能。

3. 陈述式／虚拟式

▶ 请看下列例句：

*No fue al médico porque **tenía** mucha fiebre.* (La fiebre es la causa válida de no ir al médico)
他没去看医生，因为他发了高烧。（发烧是不去看医生的原因）

*No fue al médico porque **tuviera** mucha fiebre, sino porque le dolía la cabeza.* (El tener fiebre no es la causa válida, sino el dolor de cabeza) 他去看医生不是因为他发高烧，而是因为他头疼。（发烧不是原因，头疼才是原因）

■ 请看下列图片，将句子连线，并与图片相对应。

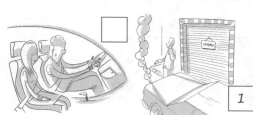  

1. Como era fiesta
2. Como había bebido alcohol
3. Tuvieron un accidente grave
4. Déjame conducir a mí

a) porque iba a toda velocidad.
b) le pusieron una multa.
c) pues tú pareces cansado.
d) no encontramos ningún taller abierto. _1_

¿Cómo es? 搭配

Porque. 对主句表达的内容进行解释说明。 *No vino a la boda **porque** estaba enfadado con el novio.* 他没来参加婚礼，因为他生新郎的气。
Porqué. 词性为名词，意思是 "原因"(motivo)。 *No entiendo el **porqué** de sus llamadas.* 我不明白他为什么喊叫。
¿Por qué...? / Por qué. 在直接引语和间接引语疑问句中询问原因和解释。 ***¿Por qué** no viniste a clase?* 你为什么没来上课? *No entiendo **por qué** no vienes con nosotros al cine.* 我不明白你为什么不和我们一起去看电影。

Por + que.
• 前置词 *por* 是动词所要求的。
 	
   *Se preocupa **por que** sus hijos estudien.* 他关心孩子们所学的东西。
• 前置词 *por* 相当于 *para*，在这种情况下，可连写，也可分写。
 	
   *Lo hizo de noche **por que / porque** nadie se enterara.* 为了不让别人知道，他是晚上行动的。

A En las oraciones siguientes, subraya las conjunciones que sean aceptables. Pueden ser una o dos, pero en ningún caso son aceptables las tres opciones que damos. 请在下列句子中划出恰当的连词，可以是一个或两个，但没有一句是三个都合适的。

1. Dime la verdad, *pues / que / como* yo necesito saberlo todo.

2. Este año no podemos ir de vacaciones a la playa *que / pues / porque* mi marido está demasiado ocupado con su proyecto nuevo.

3. *Porque / Ya que / Puesto que* tú no les dices nada a los niños, se lo diré yo.

4. Corre, ven, *que / porque / ya que* ya empieza la película.

5. Federico se puso enfermo *porque / pues / como* comió ensaladilla con mayonesa.

6. *Ya que / Porque / Dado que* vas al supermercado, trae algo de queso, por favor.

7. Los vecinos del quinto se han debido mudar otra vez, *pues / ya que / que* hace tiempo que no los veo.

8. Olga, por favor, cierra la puerta, *que / porque / como* hace frío.

9. El director general no aceptó la dimisión de Felipe, *pues / porque / ya que* consideró que se había cometido una injusticia contra él.

10. La recolección de remolacha del año pasado no fue muy buena, *ya que / porque / como* apenas llovió.

11. *Como / Ya que / Porque* hacía frío se vistió debajo de las mantas.

12. *Puesto que / Como / Pues* ella no respondía a mis correos, dejé de escribirle.

13. Debían de ser hermanos, hijos del mismo padre, *ya que / pues / que* alguna vez aludieron a conflictos con el apellido.

14. *Ya que / Puesto que / A causa de que* ellos no hablan inglés ni francés, yo hablaré en ruso a ver si nos entendemos.

15. *Dado que / Porque / Puesto que* los pisos están tan caros aquí, tendremos que irnos a vivir al pueblo.

B Completa con el verbo en la forma más adecuada. En algunos casos hay más de una opción. 请用给出动词的适当变位形式填空，有些题不止一个正确答案。

1. No estudié Medicina porque *me gustara* a mí, sino porque mi padre, que es médico, me _____. (gustar, obligar)

2. Era incapaz de hacer nada sola, ya que no le _____ el provecho de la soledad. (enseñar)

3. No porque _____ más dinero que yo es mejor persona, ¿no? (tener)

4. No te llamo porque _____ contarte nada, sino porque _____ aburrido. (querer, estar)

5. Hay personas corrientes que descargan películas o canciones de internet, no porque _____ inclinaciones criminales, sino porque _____ en tiendas normales potentes aparatos preparados para ese fin. (tener, comprar)

6. Puesto que la carta _____ de la oficina del Catastro, supongo que tiene que ver con el piso que acabo de heredar de mis padres. (venir)

7. No quiso venir a la fiesta porque _____ irse a la playa con Montse. (preferir)

8. Como Ramón no _____ nada, Francisco dijo que se marchaba. (decir)

9. Parecía desconcertado porque una persona _____ de aquella forma tan violenta. (reaccionar)

10. Los ciudadanos siguen conduciendo después de tomar alcohol, no porque _____ las consecuencias, sino por desidia. (ignorar)

11. Como aún _____ muy temprano, se fue andando a la oficina. (ser)

12. No aceptó el trabajo en Bruselas porque no _____ separarse de su familia. (querer)

13. No habló con su ex marido porque _____ volver con él, sino porque _____ dinero para un coche nuevo. (querer, necesitar)

C **Completa las frases con una de las formas del recuadro.** 请用方框中的词汇填空。

porqué	por qué	porque	por que

1. No tengo *por qué* hacerlo.

2. ¿_____ no me escribiste un correo cuando te enteraste del tema?

3. Los jugadores del equipo de fútbol se quejan del campo, pero no sabemos _____.

4. A los niños les encanta preguntar el _____ de las cosas.

5. ¿Tú sabes _____ Roberto hizo lo que hizo?

6. Aquí nadie mueve un dedo _____ se solucionen los problemas.

7. La solución pasa _____ todos los socios abonen una cuota a final de año.

8. Nadie sabe exactamente _____ se despidió Andrés de la empresa.

9. Al preguntarle el _____ de las medidas tomadas, el Ministro cambió de tema.

10. La Comisión europea tiene que velar _____ se cumplan las reglas.

11. Rodríguez se preocupó _____ todos los empleados aprendieran inglés antes del Congreso.

12. A. ¿Sabes _____ Rafa se ha despedido de la empresa? Ahí estaba muy bien, ¿no?

    B. Ni idea, yo no tengo _____ saber las motivaciones de cada uno.

第17单元 *Abre la ventana, que entre un poco de aire.*
Expresión de finalidad 目的状语从句

Situaciones 语法点

1. 目的状语从句

▶ 目的状语从句用来解释主语行为的目的。

最常用的引导目的状语从句的连接词是 *para (que)*，其他连接词还有 *a fin de que*、*con el objeto de que*、*con el propósito de*、*porque*、*a*、*que* 等。例如：
*El Presidente dio una rueda de prensa **con el fin de** explicar las negociaciones con la oposición.*
总统召开了记者招待会，为的是解释和反对党谈判的情况。
*Tuvo que hacer muchas gestiones **con (el) objeto de que** le devolvieran el dinero de la multa.*
他折腾了一大圈，为了让别人把罚款的钱退给他。

▶ 由 *que* 引导的目的状语从句用于口语，通常跟在命令式之后。例如：
*Clarita, ven aquí **que** te peine.* 克拉丽塔，过来让我给你梳头。

▶ 由 *a* 引导的目的状语从句往往与 *ir*、*venir*、*acercarse*、*salir*、*correr* 等表示位置移动的主句动词连用。例如：
*Ignacio vino otra vez **a** preguntar si el coche estaba arreglado.* 伊格纳西奥又来了一趟，问车修好了没有。

▶ 由 *porque* 引导的目的状语从句很不常见。例如：
*La invitó a la boda **porque** no se molestaran sus parientes.* 他邀请她去参加婚礼，是为了不让亲戚们不高兴。

2. 原形动词或虚拟式

▶ 目的状语从句可以接原形动词，也可以接虚拟式。

原形动词。当主句主语和从句主语相同时。例如：
*Salieron temprano para no **encontrar** atasco en la carretera.* 他们出门很早，为了不在公路上
(ellos)　　　　　　　　　　　　(ellos)　　　　　　　　　　　　遇到堵车。

虚拟式。当主句主语和从句主语不同时。例如：
*Salieron por la puerta de atrás para que el vigilante no los **viera**.* 为了不让警卫看见，他们从
　(ellos)　　　　　　　　　　　　　　　　　　(él)　　　　　　　　后门溜了出去。

3. *¿Para qué...?*

▶ 由 *¿Para qué...?* 或其他连接词引导的疑问句用陈述式。例如：
*¿Con qué fin **escribió** Alfonso esa carta tan ofensiva a su cuñado?* 阿方索给他小舅子写那封恶语相向的信究竟为了什么？

■ 请用给出动词的适当变位形式填空，并将句子与图片对应。

hacer	venir	comprar	olvidarse	llevarse

1. A. *¿Para qué has comprado tanta fruta?*
   B. *Para _____ mermelada, me encanta.*

2. A. *¿A qué _____ ayer otra vez tu ex marido?*
   B. *A _____ el equipo de música, dice que es suyo.*

3. *Toma esta foto, para que no _____ de mí.*

Práctica 习题

A **Completa las frases con el verbo en el modo y tiempo adecuados. Añade la conjunción *que* donde sea necesaria.** 请用给出动词的适当形式填空，有些情况下需要加上 *que*。

1. Bajó a la sala de reuniones a *ver* si había llegado el administrador. (ver)

2. Resolvió el problema de su compañero a fin de que el otro _____ en deuda con él. (quedar)

3. Se asomó al balcón para _____ un vistazo a las ventanas de abajo. (echar)

4. Movió la cabeza para _____ los malos pensamientos. (ahuyentar)

5. Ahora me voy para _____ terminar de comer. (poder, tú)

6. Llamó por teléfono a casa para _____ de que no iría a comer. (avisar)

7. Llame a alguien para _____ a reparar las persianas. (venir)

8. Dejó el Periodismo con el fin de _____ una novela. (escribir)

9. Tiró de él para _____ a sentarse. (volver)

10. Carlota salió pronto de clase a fin de _____ asistir a la conferencia. (poder)

11. Vamos a comprar colchones nuevos para que tus hermanos y sobrinos _____ quedarse a dormir en la casa de la playa. (poder)

12. Mario me llamó para _____ con él a cenar. (salir, yo)

第18单元 *Salimos de la fiesta después de que empezara a llover.*
La expresión del tiempo 时间状语从句

Situaciones 语法点

▶ 时间状语从句为主句的动作提供时间上下文。例如：

Te llamaré <u>en cuanto sepa</u> algo nuevo. 我一有新消息就给你打电话。

<u>Mientras ellos hacían la paella</u>, nosotras nos bañamos en el río. 他们做海鲜饭的时候，我们在河里洗澡。

一般规则

▶ 通常，在时间状语从句中，如果表示确定的、过去的、现在的或惯常的动作，用陈述式；如果表示将来的动作或状况，用虚拟式。

Antes de (que)

指一件事情发生在另一件事情之前。

▶ 如果两件事情的主语相同，用原形动词。例如：

A. *¿Y Pepe?* 贝贝呢？ B. *No sé, salió de casa <u>antes de</u> **cenar**.* 不知道，晚饭前他就出去了。

▶ 如果两件事情的主语不同，从句必须用虚拟式。例如：

*María cenó <u>antes de que</u> la **llamaran** del hospital.* 玛丽亚在医院给她打电话前吃的晚饭。

Después de (que)

▶ 指一件事情发生在另一件事情之后。

▶ 如果两件事情的主语相同，用原形动词。例如：

*A Santi le gusta salir a dar un paseo <u>después de</u> **comer**.* 桑迪喜欢饭后出门散步。

▶ 如果两件事情的主语不同，从句动作发生在将来，用虚拟式。例如：

*Me ducharé <u>después de que</u> **se acuesten** los niños.* 孩子们睡下后我再去洗澡。

▶ 如果从句动作发生在过去，用陈述式或虚拟式。例如：

*Nos fuimos a la fiesta <u>después de que</u> los niños **cenaron/cenaran**.* 孩子们吃完晚饭后，我们出门参加聚会。

Desde que / hasta que

▶ 指一件事情的开始或结束，用法遵循一般规则。例如：

*<u>Desde que</u> **se cambió** de piso no he vuelto a ver a Olga.* 自从奥尔加搬家后，我再也没见过她。

*No nos marcharemos <u>hasta que</u> no nos **reintegren** el dinero de las entradas del concierto.* 我们等到他们把音乐会门票的钱退给我们再走。

Siempre que / cada vez que

▶ 指一件事情发生时，总会发生另一件事情，用法遵循一般规则。例如：

*Siempre que **necesita** dinero me llama a mí, no a su padre.* 他每次需要钱，不给他爸爸打电话，总打给我。

*Ven a verme siempre que **necesites** dinero.* 你需要钱的话，尽管来找我。

*Cada vez que **hagas** un dibujo bien, te regalaré un cuento nuevo.* 你每画一幅好画，我就送你一本新故事书。

▶ 如果 *siempre que* 表示条件，从句用虚拟式（详见第 19 单元）。例如：

*Iré a verte siempre que me **prestes** el dinero que necesito.* 只要你把我要的钱借给我，我就去看你。

En cuanto / tan pronto como / nada más / así que

▶ 指一件事情紧接着发生在另一件事情之后。用法遵循一般规则，需要接原形动词的 *nada más* 除外。例如：

*Los vecinos llamaron a los bomberos nada más **producirse** el incendio.* 火灾一发生，邻居们就给消防队员打电话。

*Así que **vio** que la casa ardía, salió corriendo a avisar a los bomberos.* 他一见家里着火了，马上跑出去通知消防队员。

Conforme / a medida que / según

▶ 指两件事情并行发生，经常与动词短语 *ir* + 副动词连用，强调动作的渐进性。用法遵循一般规则。例如：

*Según **iban** entrando los invitados, un mayordomo iba diciendo sus nombres en voz alta.* 客人依次进入，管家依次高声通报他们的名字。

*A medida que **vayas teniendo** más experiencia te subirán el sueldo.* 你慢慢地积累经验，他们会给你涨工资的。

Mientras

▶ 指一件事情和另一件事情同时发生。例如：

Robaron el banco mientras los policías veían el concierto de rock en el parque. 警察们在公园里看摇滚音乐会的时候，银行被劫。

▶ 和其他表示时间的连接词不同，当 *mientras* 引导的时间状语从句动作发生在将来时，用陈述式现在时。例如：

*Yo iré a la compra mientras tú **pasas** la aspiradora.* 你用吸尘器打扫房间，我去买东西。

▶ 如果 *mientras* 引导的从句用虚拟式，*mientras* 表示"如果"，引导的从句为条件状语从句。例如：

*Yo cumpliré mi palabra mientras tú **cumplas** la tuya.* (= si tú cumples la tuya) 如果你说话算话，我就说话算话。

*Dijo que mientras **tuviera** trabajo no se jubilaría.* 他说只要有活儿干，他就不退休。

▶ 在很多情况下，从句既表时间，也表条件，两者很难区分。例如：

*Mientras **hay** vida, hay esperanza.* 有生命，就有希望。 / *Mientras **haya** vida, habrá esperanza.*

只要有生命，就有希望。

*Yo cuidaré la casa <u>mientras</u> tú **estás** / **estés** de viaje.* 你出门旅行的时候 / 如果你出门旅行，我来照顾家。

Al + infinitivo

▶ 指两个同时发生的动作。例如：

<u>Al</u> **salir** *a la calle se encontró con la lluvia.* 他上街时淋着了雨。

¿Cómo es? 搭配

Cuando / En cuanto / Tan pronto como / Así que Mientras / Cada vez que / Siempre que Desde que / Hasta que	+ 陈述式 ／ 虚拟式
Antes de / Después de / Hasta Al / Nada más	+ 原形动词
Antes de que + 陈述式	

Práctica 习题

A **Elige las opciones que sean posibles. En cada frase puede haber una o dos, pero en ningún caso serán correctas las tres.** 请选出适当的连词，可以选一个或两个，但不能同时选三个。

1. Su mujer murió poco *después de que* / *en cuanto* / *mientras* se jubilara.

2. La lluvia arreciaba *mientras* / *a medida que* / *en cuanto* volvían a la oficina.

3. *Nada más* / *Mientras* / *En cuanto* lleguemos a la ciudad, haga el favor de llevar estos documentos al juzgado.

4. Nadie podía iniciar una investigación *hasta que* / *desde que* / *en cuanto* se asignara un magistrado.

5. *Cuando* / *Al* / *En cuanto* mirar la cartera, vi que era funcionario del Ministerio de Cultura.

6. Encontró la cartera del herido *después de que* / *cuando* / *nada más* se lo llevaran al hospital.

7. *Antes de que* / *Mientras* / *A medida que* Pedro estuvo al lado de su esposa en el hospital, no fue nadie más a ver a la enferma.

8. *Nada más* / *A medida que* / *Según* vayas conociendo a Roberto te caerá mejor, ya lo verás.

9. *Mientras* / *Antes de que* / *Después de que* yo tuviera tiempo de responder, Carlos salió dando un portazo.

10. *Hasta que* / *Desde que* / *Antes de que* nos casamos, Carmen y yo hemos ido dos veces a París.

11. *Según* / *Cada vez que* / *A medida que* iba hablando Alicia de lo que había pasado en el accidente, Elena se iba poniendo pálida.

12. Este perro no me gusta nada, *siempre que* / *cada vez que* / *mientras* pasamos por aquí se pone a ladrar.

13. Enrique nos dijo que *en cuanto / mientras / así que* supiera algo, nos lo comunicaría.

14. *Mientras / En cuanto / Antes de que* la madre diga que su hijo tiene sólo quince años, no se le puede procesar.

15. *A medida que / Según / Nada más* se iban acercando al incendio, el olor a quemado era más intenso.

16. Se dio cuenta de que se había olvidado las llaves *nada más / al / en cuanto* salir de la casa.

17. Luis parecía receloso, *según / mientras / hasta que* su padre parecía contento y apenado a la vez de verlo.

18. *Al / Nada más / A medida que* pasar por delante de la cocina, vio que Ricardo le decía algo a la cocinera.

19. *A medida que / En cuanto / Mientras* se acercaban a la casa de los abuelos, Carmen se fue sintiendo más animada.

20. *Cada vez que / Siempre que / Tan pronto como* pasaba por aquella casa, Luisa se enfurecía al pensar en lo que había pasado hacía años.

B **Completa con el verbo en el tiempo y modo más adecuados.** 请用给出动词的适当变位形式填空。

1. Necesito que retengas a los empleados en la entrada a medida que *vayan* llegando y no los dejes marchar hasta que yo *haya hablado* con ellos. (ir, hablar)

2. Después de _____ la universidad trabajó como actriz durante un par de años. (dejar)

3. A. ¿Qué tal está tu madre? B. Va bien mientras no _____ levantarse de la cama. (intentar)

4. Antes de que él _____ evitarlo, ella le cogió la mano. (poder)

5. Antes de que _____ su primer libro, tenía miedo de que se burlasen de él. (aparecer)

6. Antes de _____, él había trabajado como periodista especializado en música. (conocerse)

7. Al _____ al asesino, se puso a gritar. (ver)

8. En esta playa, en cuanto _____ a perder pie, te hundes muy deprisa. (empezar)

9. Cuando _____, ella ya había preparado el desayuno para los dos. (despertarse)

10. ¿Estarás aquí cuando _____ la policía? (volver)

11. Antes de que _____ el médico, fue a ver a la niña a su dormitorio. (llegar)

12. Mientras Fernando _____ a hablar con la profesora de Jaime, su madre lo _____ al médico. (ir, llevar)

13. Al _____ a casa se enteraron de que Federico había vuelto a recaer. (llegar)

14. En cuanto _____ el timbre, abrió la puerta. (oír)

15. Al principio estaba nerviosa, pero cuando se _____ cuenta de que el público la escuchaba, se tranquilizó. (dar)

16. Dijo que en cuanto _____, leería todas las cartas de su padre. (volver)

17. Nada más _____ del tren se dirigió a casa de su amigo Emilio. (bajar)

18. Pasará tiempo antes de que todo el mundo _____ de acuerdo en la necesidad de respetar el Medio Ambiente. (estar)

19. No comeremos hasta que no _____ todos los invitados. (llegar)

20. Francisco ha dejado todos sus proyectos de lado hasta que su mujer _____ de su enfermedad. (mejorar)

21. Carlos, tráeme el presupuesto en cuanto lo _____ acabado. (tener)

22. La presidenta del Tribunal expulsó de la sala a los familiares de la víctima, después de que éstos _____ al fiscal, _____ justicia a gritos y _____ a los padres de los acusados. (aplaudir, pedir, enfrentarse)

23. Allí no habría nada que hacer después de que los bares _____ sus puertas y los borrachos _____ a casa. (cerrar, irse)

24. Cuando tú _____ mi ayuda, yo te la presté. (necesitar)

C **A continuación hay un poema del poeta romántico español Gustavo Adolfo Bécquer. Reconstrúyelo escribiendo en su lugar los verbos del recuadro.** 下面是西班牙浪漫主义诗人古斯塔沃·阿道夫·贝克尔的一首诗，请用方框中的动词将其填写完整。

sepa	palpiten	haya (3)	prosigan	exista	vista

Mientras

No digáis que, agotado su tesoro,
de asuntos falta, enmudeció la lira;
podrá no haber poetas; pero siempre
habrá poesía.

Mientras las ondas de la luz al beso
_____ (1) encendidas,
mientras el sol las desgarradas nubes
de fuego y oro _____ (2),

mientras el aire en su regazo lleve
perfumes y armonías,
mientras _____ (3) en el mundo primavera,
¡habrá poesía!
[...]

mientras la humanidad siempre avanzando,
no _____ (4) a dónde camina;
mientras _____ (5) un misterio para el hombre,
¡habrá poesía!
[...]

mientras el corazón y la cabeza
batallando _____ (6)
mientras _____ (7) esperanzas y recuerdos,
¡habrá poesía!
[...]

mientras sentirse puedan en un beso
dos almas confundidas;
mientras _____ (8) una mujer hermosa,
¡habrá poesía!

Gustavo Adolfo Bécquer, *Rimas*

D A continuación presentamos un fragmento de una novela de Gabriel García Márquez, *Relato de un náufrago*. **Completa el texto con los elementos temporales que hemos omitido.** 下面是加夫列尔·加西亚·马尔克斯的小说《一个海难幸存者的故事》中的选段，请用给出的时间词汇将其填写完整。

entonces (2)   al principio   ahora   después (2)   antes   luego   de pronto   cuando

La gran noche

Al principio[(1)] me pareció que era imposible permanecer tres horas solo en el mar. Pero a las cinco, _____[(2)] ya habían transcurrido cinco horas, me pareció que aún podía esperar una hora más. El sol estaba descendiendo. Se puso rojo y grande en el ocaso y _____[(3)] empecé a orientarme. _____[(4)] sabía por dónde aparecerían los aviones: puse el sol a mi izquierda y miré en línea recta, sin moverme, sin desviar la vista un solo instante sin atreverme a pestañear, en la dirección en que debía de estar Cartagena, según mi orientación. A las seis me dolían los ojos. Pero seguía mirando. Incluso _____[(5)] de que empezó a oscurecer, seguí mirando con una paciencia dura y rebelde. Sabía que _____[(6)] no vería los aviones, pero vería las luces verdes y rojas, avanzando hacia mí, _____[(7)] de percibir el ruido de sus motores. Quería ver las luces, sin pensar que desde los aviones no podrían verme en la oscuridad. _____[(8)] el cielo se puso rojo, y yo seguía escrutando el horizonte. _____[(9)] se puso de color de violetas oscuras, y yo seguía mirando. A un lado de la balsa, como un diamante amarillo en el cielo color de vino, fija y cuadrada, apareció la primera estrella. Fue como una señal. Inmediatamente _____[(10)], la noche, apretada y tensa, se derrumbó sobre el mar.

E **Completa las frases.** 请将下列句子补充完整。

1. Antes de saber hablar español, _____.
2. Anoche me quedé estudiando hasta que _____.
3. El verano pasado, mientras Jorge estaba en la playa de vacaciones, _____.
4. Tenemos que aprendernos los verbos antes de que el profesor _____.
5. Pienso ir de vacaciones a España tan pronto como _____.
6. Ignacio vino corriendo nada más _____.
7. Llama por teléfono a tu madre antes de que _____.
8. Ayer, al salir de casa por la mañana, _____.

第19单元 *De haberlo sabido, no habría venido.*
Oraciones condicionales 条件状语从句

Situaciones 语法点

1. *Si* 引导的条件状语从句

> 与现实情况相同

▶ 如果说话人认为条件或假设完全可行，主句和从句可以用陈述式的任何一个时态，常见搭配如下：

▶ *Si* + 陈述式现在时 + 陈述式现在时。例如：

Si **quieres**, **puedes** *hacerlo.* 你要愿意，你来做。/ *Yo, si* **puedo**, **voy** *todos los domingos al Rastro.* 只要可以，我每周日都去跳蚤市场。

▶ *Si* + 陈述式现在时 + 陈述式将来未完成时。例如：

Si Julia **aprueba** *todas las asignaturas,* **iremos** *a la playa.* 如果胡利娅所有考试都及格，我们就去海边。

▶ *Si* + 陈述式现在时 + 命令式。例如：

Si **necesitas** *algo,* **llámame**. 你如果需要什么，就给我打电话。

▶ *Si* + 陈述式过去未完成时 + 陈述式过去未完成时。例如：

Antes, si **llegabas** *a tu casa después de la medianoche, tus padres te* **echaban** *una bronca de espanto.* 过去，如果你半夜后才到家，你父母会狠狠骂你一顿。

> 情况基本可能实现

▶ 如果说话人认为假设基本成立，则用虚拟式。

▶ *Si* + 虚拟式过去未完成时 + 条件式简单时。例如：

Si Julia **aprobara** *todas las asignaturas,* **podríamos** *irnos tranquilos a la playa.* 如果胡利娅所有考试都及格，我们就能踏踏实实地去海边了。

▶ *Si* + 虚拟式过去未完成时 + 陈述式过去未完成时。

此用法不正式，只用于口语。例如：

Mira qué moto más chula. *Si* **tuviera** *dinero, ahora mismo me la* **compraba** (= compraría). 瞧，多牛气的摩托车啊！我要是有钱，也立马买上一辆。

> 情况不可能实现

▶ 如果说话人认为假设不成立，与现在情况或过去情况相反，也用虚拟式。

▶ *Si* + 虚拟式过去未完成时 + 条件式简单时（条件和结果均与现实情况相反）。例如：

Si yo **fuera** *pintor, te* **haría** *un retrato.* 假如我是个画家，我就给你画一幅肖像画。

► *Si* + 虚拟式过去完成时 + 虚拟式过去完成时或条件式复合时（条件和结果均与过去情况相反）。例如：

*Si **hubieras venido** a la comunión de Miguel, **hubieras/habrías visto** a la tía Isabel.* 你如果出席了米格尔的领圣体仪式，就会见到伊莎贝尔姨妈了。

► *Si* + 虚拟式过去未完成时 + 条件式简单时（条件与过去情况相反，结果与现在情况相反）。例如：

*Si **hubieras hecho** caso al médico, no te **dolería** tanto la espalda.* 你当初如果听了医生的话，背就不会像现在这么疼了。

► 用陈述式纯属特例，此用法不正式，只用于口语。例如：

*Si lo **sé**, no me **caso** con Lola. (= Si lo **hubiera sabido**, no me **hubiera/habría casado** con Lola.)* 我要是知道这件事，就不会和罗拉结婚了。

2. 其他连接词

► 除了连词 *si*，还有些连接词或短语可以引导条件状语从句，表示主句动作实现的唯一条件，从句中必须用虚拟式。

> *A condición de que, con tal de que, siempre que, siempre y cuando*

*Te prestaré el coche a condición de que / con tal de que / siempre que / siempre y cuando me lo **devuelvas** el domingo por la tarde.* 只要你周日下午把车还给我，我就把车借给你。

> *A no ser que, a menos que, salvo que, excepto que*

*Iremos a la playa a no ser que / a menos que / salvo que / excepto que **llueva**.* 我们要去海边，除非下雨。

> *En el caso de que / en el supuesto de que...*

► 引导的假设多半是成立的。例如：

*Vuelva a verme en (el) caso de que el dolor no se le **quite**.* 如果您还是疼，就再来找我。
*Pediríamos un préstamo en (el) caso de que tus padres no nos **prestaran** el dinero para el piso.* 要是你父母不借钱给我们买房子，我们就去申请贷款。
*En caso de que no **hayan cerrado** todavía, puedes comprar la medicina en la farmacia.* 如果药房还没关门，你可以在那儿买到药。

> *Como* + subjuntivo

► 带严肃的或开玩笑式的威胁口吻，与虚拟式现在时和现在完成时连用，从不与虚拟式过去未完成时连用，所指的条件完全可行。例如：

*Como no **vengas** a mi cumpleaños, me enfado.* (= Si no vienes a mi cumpleaños, me enfadaré.) 你要是不来参加我的生日聚会，我会生气的。
*Como no **hayas hecho** los deberes cuando venga tu padre, **te vas a enterar**.* (= Si no has hecho los deberes, cuando venga tu padre te va a regañar.) 要是你父亲回来的时候你还没有做完作业，有你好看的！（如果你作业还没做完，你父亲回来一定会批评你）

> *Mientras (que)*

► 所指的条件可行，类似于时间状语从句，从句用虚拟式。例如：

*No saldrás <u>mientras</u> no **hagas** los deberes.* 你不把作业做好，就不许出去。

De + infinitivo

▶ 由于原形动词本身的性质，所指的条件可以是现实的，可以是不现实的。例如：

*<u>De</u> **venir** el profesor, lo **hizo / hará** a las diez.* (Si vino, viene...) 如果老师来，会十点来。（与现实相符）

*<u>De</u> **venir** el profesor, lo **haría** a las diez.* (Si viniera...) 如果老师要来，会十点来。（说话时十点前后，老师没来，与现在情况相反）

*<u>De</u> **haber venido**, lo **habría hecho** a las diez.* (Si hubiera venido...) 如果老师要来，十点的时候早来了。（说话时十点早过了，老师没来，与过去情况相反）

使用此结构时，上下文有所局限，通常用在书面语中。

Como si

▶ 多见于比较级或表示假设的条件句中，所指的条件完全不现实，因此只能用虚拟式过去未完成时或虚拟式过去完成时，常用于文学作品。例如：

*Habla de fútbol <u>como si</u> **entendiera** algo, y nunca ha visto un partido.* 他谈起足球似乎很懂的样子，其实他一场球赛没看过。

■ 请用给出动词的适当变位形式将下列广告补充完整，并将它们与图片对应。

| ir poder quedar regalar |

1. *Si no <u>queda</u> satisfecho, le devolvemos su dinero.*
2. *Si encuentra el mismo producto más barato en otro lugar, se lo _____.*
3. *Mamá, si _____ a la compra, tráeme chocolate Chocobueno.*
4. *Si _____ tener un super coche, ¿por qué tener un cochecito?*

¿Cómo es? 搭配

Pretérito pluscuamperfecto 虚拟式过去完成时		Condicional compuesto 条件式复合时	
yo	hubiera	yo	habría
tú	hubieras	tú	habrías
él, ella, Vd.	hubiera	él, ella, Vd.	habría
nosotros, -as	hubiéramos + venido	nosotros, -as	habríamos + venido
vosotros, -as	hubierais	vosotros, -as	habríais
ellos, ellas, Vds.	hubieran	ellos, ellas, Vds.	habrían

由 *si* 引导的条件句不用条件式简单时、将来未完成时或虚拟式现在时。
  Si ~~vendrías~~, ~~vengas~~, ~~vendrás~~

由 *si* 引导的条件句只有条件与现实吻合的情况下才用陈述式，其他情况都用虚拟式。

Práctica 习题

A **Elige el más adecuado.** 请选出适当的动词变位形式。

1. Si los papeles se *han extraviado / extravíen*, deben ir ustedes a la comisaría a denunciarlo.

2. Si este piso se *construyó / hubiera construido* al mismo tiempo que el de abajo, tendría la misma estructura.

3. Si en el momento de la obra se *solicitó / solicitara* el permiso, pero no se concedió la aprobación definitiva, le pondrán una multa.

4. Si usted lo hubiese visto como yo lo vi, *creería / creerá* lo que le digo.

5. Si ellos supieran quiénes son los culpables, los *denunciarían / denunciarán*.

6. Si me *amaras / amas*, no permitirías que me marchase.

7. Habría querido más a Ernesto si no *hubiera sido / había sido* tan moralista.

8. La vida se queda vacía si no la *llenas / llenarás* con alguna tarea peligrosa y emocionante.

9. De *seguir / haber seguido* así el negocio, tendremos que cerrarlo.

10. De *haber sido / ser* un ladrón normal y corriente, le habría resultado más fácil encontrar una solución.

B **Haz la transformación correspondiente.** 请仿照例句对原句作相应的改动。

1. Roberto no quiere a Lucía, no se va a casar con ella.

   Si Roberto quisiera a Lucía, se casaría con ella.

2. Enrique no ha respetado el stop y le han puesto una multa.

   Si Enrique _____.

3. Javier bebió mucho el sábado y tuvo un accidente con el coche.

   Si Javier no _____.

4. Lucía no le contó toda la verdad al médico y éste no acertó en el diagnóstico.

   _____

5. No escribiste a la compañía telefónica y no te han dado de baja.

   _____

6. Ismael no estudió cuando era joven y ahora tiene que trabajar en cualquier cosa.

   _____

7. Se ha gastado los ahorros en un crucero y ahora no puede pagar el alquiler del piso.

   _____

8. No reservó hotel en la playa y ahora no tiene donde dormir.

   _____

C **Completa las frases con las conjunciones más adecuadas.** 请用恰当的连接词或连接短语填空。

como (2)	como si (2)	con tal de (que) (2)	si (2)
en el caso de que (2)	a no ser que (2)	siempre que (2)	

1. Tendremos que vender el piso de la playa y algunas acciones *a no ser que* remontemos esta crisis que estamos pasando.

2. _____ se calle, dale a la niña lo que te pida.

3. _____ le suba la fiebre, dale otra cucharadita de paracetamol a Clara.

4. Yo creo que Mayte y Luis llegarán a tiempo _____ encuentren atasco a la salida de Barcelona.

5. _____ no terminemos este proyecto a final de mes, los jefes nos van a cortar el cuello, te lo digo yo.

6. Vino a pedirme ayuda, _____ yo no tuviera bastantes problemas.

7. A. ¿Sabes qué dice ahora Álvaro?, que está estresado.

   B. Sí, ése, _____ no venir a trabajar, es capaz de inventarse cualquier cosa.

8. Pensamos ir de vacaciones a Mallorca, _____ encontremos billete de avión para el 1 de agosto, claro.

9. María, ¿qué te pasa?, estás muy pálida, _____ hubieras visto un fantasma.

10. _____ piensas venir muy tarde, llévate la llave porque voy a salir.

11. Ramón, usted puede vivir todavía muchos años, _____ lleve una vida sin sobresaltos y cuidando la alimentación.

12. Laura, _____ no hagas lo que te digo, no voy a comprarte nada.

13. _____ no quede satisfecho de su compra, le devolvemos su dinero.

14. _____ hubieras tenido más cuidado, no se te habría roto la botella.

D **A continuación hay una carta de un lector al director de un periódico. Está muy enfadado y expresa en forma de condicional todo lo que encuentra que falta en los aeropuertos españoles. Reconstruye la carta con los verbos adecuados. Utiliza los verbos del recuadro.** 下面是报社收到的一封读者来信。当事人非常恼火，用条件状语从句历数了西班牙机场的种种不是。请用方框中的动词将这封信补充完整。

entretenerse	apagar	estar	confirmar	formar	disponer
presentarse	ponerse	vender	ocurrir	cantar	

Sr. director:

Si Iberia *dispusiera*(1) de aeropuertos con terminales en exclusiva; si el pasaje _____ (2) a la hora del embarque y no _____ (3) en el *duty free*; si las agencias de viajes no _____ (4) conexiones entre vuelos con menos de una hora de intermedio; si la gente _____ (5) sus móviles a bordo; si se _____ (6) pendiente de la megafonía y de las pantallas de información; si se guardaran las etiquetas del equipaje; si se _____ (7) las plazas con una semana de antelación; si no se _____ (8) colas para preguntar lo obvio (o lo que se puede mirar en los paneles informativos); si los afectados por problemas no se _____ (9) tan bravos...; si todo esto _____ (10), otro gallo nos _____ (11).

Elige la forma adecuada. A veces las dos son adecuadas. ¿Cuál es la diferencia entre usar una u otra? 请选出适当的动词变位形式。有时两项皆可，请说出两者之间的区别。

1. Siguió hablando como si no *hubiera oído / oyera* las preguntas del periodista.

2. Sentí picores en todo el cuerpo, como si me *hubiera sentado / sentara* en un hormiguero.

3. Él actuaba como si yo no *hubiera estado / estuviera* delante.

4. Estaban expectantes como si de pronto *fuera / hubiera ido* a ocurrir algo gracioso.

5. Haz como si nada *pasara / hubiera pasado*.

6. Tenía una expresión triunfal, como si *acabara / hubiera acabado* de superar una dura prueba.

7. Se comportaba como si no le *importara / hubiera importado* nada en el mundo.

8. Se sentía como si Dios le *diera / hubiera dado* la espalda.

F **Completa con el verbo más adecuado.** 请用给出动词的适当变位形式填空。

1. Si le *hubieras oído* hablar el otro día, pensarías de otra manera. (oír)

2. No se _____ tan incómodo, si no se sintiera observado. (sentir)

3. ¿Me puede llamar si _____ algo nuevo de su hermano? (saber)

4. Si Fernando _____ ayer por la noche, yo me habría enterado. (salir)

5. Si la chica _____ bien el equipaje, no tendría que comprarse el abrigo que le hacía falta. (preparar)

6. Si saliéramos ahora a la calle, _____ congelados en poco tiempo. (morir)

7. Este lugar es el paraíso, siempre y cuando _____ soportarlo. (poder)

8. Si el negocio se _____ abajo, el banco se queda con la casa. (venir)

9. Podemos dormir tranquilos, a menos que _____ algún imprevisto. (surgir)

10. Si alguien _____ a una ventana en aquel momento y _____ a siete personas con trajes aislantes de color naranja, pensaría que estaba ante un grupo de alienígenas. (asomarse, ver)

11. Señores periodistas, les daremos un dossier a cada uno y pueden pedir alguno más a Carmen en caso de que lo _____. (necesitar)

12. Si su padre _____ allí, el misterio se habría resuelto rápidamente. (estar)

13. Si Carlos se _____ de aquello, organizaría una gorda. (enterar)

14. Si Fernando la _____ aquel día aciago, no habría ocurrido el accidente. (acompañar)

15. Si _____ ser jefe, debes esperar diez años y tener al menos treinta y cinco. (querer)

16. Muchas personas _____, si los investigadores dejaran de trabajar en nuevas vacunas. (morir)

17. Perdió el equilibrio, y se _____ al suelo, si ella no lo hubiera sujetado a tiempo. (caerse)

18. Si _____ un mayor control sobre algunos empresarios o constructores, quizás se _____ a tiempo algunos escándalos recientes. (haber, evitar)

19. No entrará, a menos que la _____. (invitar, tú)

20. Si le _____ su opinión, ella tenía miedo de darla. (preguntar)

21. No soy un hombre culto. En caso de que Dori se _____, no ha hecho ningún comentario. (percatar)

22. Si tu marido te _____, siempre puedes quedarte aquí una temporada. (abandonar)

G **Relaciona las dos partes para recomponer un poema de Carlos Edmundo de Ory. El poema está basado en asociaciones fonéticas o léxicas, no precisamente lógicas.** 请在下列两栏间连线，组成卡洛斯·埃德蒙多·德·欧瑞的一首诗。此诗并无严格的逻辑性，而是基于语音和词汇的关联。

FONEMORAMAS

1. Si canto   a) soy un cantueso
2. Si leo   b) soy un serrucho
3. Si emano   c) soy una mano
4. Si amo   d) soy un río de risa
5. Si lucho   e) invento una verdad
6. Si como   f) soy un león
7. Si río   g) me escucha el diablo
8. Si duermo   h) me fumo hasta el humo
9. Si fumo   i) soy un amasijo
10. Si hablo   j) soy como soy
11. Si miento   k) enfermo de dormir
12. Si me hundo   l) me Carlos Edmundo

H **Termina las hipótesis.** 请完成下列假设的句子。

1. Si pudiéramos leer el pensamiento de nuestros enemigos, _____.

2. Si los coches funcionaran sólo con agua, _____.

3. Si no muriéramos nunca, _____.

4. Si los periódicos sólo dieran buenas noticias, _____.

5. Si no hubiera televisión, _____.

6. Si todos habláramos el mismo idioma, _____.

7. Si todo el mundo fuera rico, _____.

第20单元 *Por muy barato que te parezca no compres en rebajas si no lo necesitas.*

Expresión de la concesión 让步状语从句

Situaciones 语法点

Aunque

▶ 由 *aunque* 引导的让步状语从句可用陈述式，也可用虚拟式。

▶ 陈述式。说话人陈述的是实际困难或客观事实，事情大多发生在过去或现在。例如：

*Ernesto, aunque **sabía** leer y escribir perfectamente, no le dijo nada a la profesora.* 埃内斯托尽管读得好、写得好，却什么也不告诉老师。

▶ 虚拟式。说话人对陈述的困难或无法确定，或并不论及其真实性，事情可发生在过去、现在或将来。例如：

*Cuando vivía con Carlos, aunque a mí no **me apeteciera**, tenía que ir al fútbol cada domingo.* 我和卡洛斯住一起的时候，就算我不愿意，每个星期天也得去看球。

*María, aunque su hijo **esté** enfermo, va siempre a trabajar.* 即使儿子病了，玛丽亚也总会去上班。

▶ 当说话人对另一位说话人的意见表示反驳时，用虚拟式可以对反对态度进行强调。例如：

A. *Pablo, tráeme el examen.* 巴勃罗，把考卷交给我。

B. *Es que todavía no lo he terminado.* 可我还没答完。

A. *Bueno, no importa, aunque no lo **hayas terminado**, tráemelo ya.* 没关系，就算你还没答完，现在也把考卷交给我吧。

▶ 如果说话人的假设不太可行，或完全不可行，用虚拟式过去未完成时或虚拟式过去完成时。例如：

*No tengo el dinero que me pides, pero aunque lo **tuviera** no te lo prestaría para tu negocio porque creo que es un mal asunto.* 我没钱借给你，即使我有那个钱，也不会借给你做生意，因为我不觉得那是什么好事。

*Aunque **hubieran tenido** el dinero suficiente, mis hermanos nunca se hubieran / habrían ido a vivir a esa urbanización.* 即使我的兄弟们有足够的钱，也不会搬到那个小区去住。

A pesar de (que), pese a (que)

▶ 可以接名词、原形动词和从句，指现在或过去发生的事情，从句动词通常用陈述式。*pese a (que)* 不太常用。例如：

*A pesar de **trabajar** como un burro, no gana suficiente para mantener a toda la familia.* 尽管工作得非常辛苦，他还是赚不到足够的钱养活全家。

*A pesar de que no nos **vemos** mucho, yo me acuerdo de ti con frecuencia.* 尽管我们不常见面，我还是时常会想起你。

Los montañeros consiguieron llegar a la cima <u>pese al</u> mal tiempo. 尽管天气恶劣，登山运动员们还是爬到了山顶。

*Por más que, por mucho / poco que, por mucho + **nombre** + que*

▶ 用法同 *aunque* 所引导的让步状语从句。

*<u>Por más que</u> **se esforzó** no consiguió acabar la carrera de Derecho.* 尽管他很努力，却还是没能念完法律专业。

<u>Por muchos libros que</u> leas no eres más listo que yo. 尽管你看很多书，你也并没有比我聪明。

*<u>Por poco que</u> te **paguen** en ese trabajo, te dará para comer y pagar el alquiler.* 尽管那份工作赚钱少，却也足够你吃饭和付房租了。

Por (muy) + adjetivo / adverbio + que

▶ 从句动词用虚拟式。例如：

*Con tu título de médico, <u>por muy mal</u> que **esté** el mercado de trabajo, siempre podrás encontrar algo.* 凭着你的医科文凭，就算就业行情再糟糕，你总是能找到一份工作的。

Si bien / y eso que

▶ 从句动词用陈述式。*Si bien* 比较文雅；而 *y eso que* 则不太正式，多用于口语。例如：

*Han llegado ya los pedidos que hicimos, <u>si bien</u> no **están** en las condiciones que pactamos.* 我们订的货到了，尽管规格不符合事先说好的条件。

*Adela ha aprobado con buenas notas, <u>y eso que</u> no **había estudiado** apenas.* 阿黛拉以优异的成绩通过了考试，虽然说她都没怎么学习。

Aun + gerundio

▶ *Mi abuelo está bastante sordo, <u>aun</u> **gritándole** no oye lo que le dicen por teléfono.* 我爷爷聋得很厉害，就算跟他扯着脖子喊，他也听不到电话那头在说什么。

Quieras o no quieras / venga quien venga

▶ 动词叠用，用虚拟式。主要形式有两种：

两个虚拟式变位动词由选择连词 (*o, bien, bien…*) 连接。例如：

***Te quedes** o te **vayas**, Aurelio no va a cambiar de opinión.* (= aunque te quedes o aunque te vayas…) 你留也好，走也好，奥雷利奥是不会改主意的。

两个虚拟式变位动词由关系代词 (*lo que, quien, como, donde…*) 连接。例如：

***Digan** <u>lo que</u> **digan** mis padres, no pienso volver a casa.* (= no me importa lo que digan) 不管父母怎么说，我都不想回家。

■ 请仿照例句，用 *aunque* 接让步状语从句填空，每句都要用到 *hacer buen tiempo* 和 *no bañarse en la playa*。

1. *Aunque* hace *buen tiempo, no se* bañan
   en la playa, no les gusta.

2. *Aunque _____ buen tiempo, yo no me _____ en esa playa, está muy sucia.*

3. *Llovía mucho, pero aunque _____ buen tiempo, no me _____, me parece que estaba llena de tiburones.*

¿Cómo es? 搭配

Aunque + indicativo aunque + 陈述式
*Aunque **había dicho** que no vendría a la reunión, al final vino.*
虽然他说不会来开会，但最后还是来了。
*Aunque **era** muy tarde, salimos a ver los fuegos artificiales.*
虽然很晚了，但我们还是出门看了烟火。
*Aunque **ha estudiado** Pedagogía, no tiene mucha idea de cómo tratar a los niños.*
虽然他学的是儿童教育学，但他也不知道如何跟孩子们相处。
*Aunque **quiere** ir con nosotros de viaje, no puede porque tiene que trabajar.*
虽然他也想和我们一起旅行，但是他得工作，没法去。

Aunque + subjuntivo aunque + 虚拟式
*Aunque **te haya dicho** lo contrario, él está encantado con sus hijos.*
他很爱他的孩子们，即便他跟你说的是反话。
*Aunque **estemos** cansados, todos los domingos vamos a jugar al tenis.*
即使很累，我们每周日也都会去打网球。
*Aunque no **tengamos** ganas, tendremos que trabajar el fin de semana.*
即使不愿意，我们这周末也得工作。
*Cuando era pequeña, aunque **hiciera** mal tiempo, mi madre me obligaba a nadar.*
小时候，即使天气不好，我妈妈也让我去游泳。
（虚拟式过去未完成时表示过去的情况）
*¡Qué mueble más feo! Yo no me lo llevaría a mi casa aunque me lo **regalaran**.*
这么丑的家具！哪怕是别人送我的，我也不会把它带回家。
（虚拟式过去未完成时表示与现在事实相反的假设）
*Aunque **hubieras venido** antes no **hubieras / habrías visto** a Jorge porque ha estado ocupado con el director todo el tiempo.*
即使你早来，也见不到豪尔赫，因为他都和导演在一起。

¿Indicativo o subjuntivo? 陈述式还是虚拟式?
*Aunque **le gusta** esa chica, Luis no puede casarse con ella porque sus padres no se lo permiten.*
虽然路易斯喜欢那个姑娘，他也不能和她结婚，因为他的父母不同意他们在一起。
（说话人清楚地知道路易斯喜欢那个姑娘，把事实如实告诉了我们。）
*Aunque **le guste** esa chica, no puede casarse con ella porque sus padres no se lo permiten.*
即使路易斯喜欢那个姑娘，他也没法和她结婚，因为他的父母不同意他们在一起。
（说话人不清楚或不想说路易斯是否喜欢那个姑娘：他可能喜欢，也可能不喜欢。）

Práctica 习题

A **Relaciona.** 请连线。

1. Julián, por poco que gane,
2. Antes, aunque no tuviera ganas,
3. Por más que le digo que estudie,
4. La exposición de Javier era estupenda,
5. Votaron a favor de la nueva ley
6. A pesar del calor,
7. Pese a tener cuatro hijos,
8. Por muy cansada que esté
9. Aun cuando no se lo crea
10. No llegó a tiempo a la boda
11. Veas lo que veas

a) a pesar de que no estaban de acuerdo con ella.
b) aunque no fue mucha gente.
c) a pesar de que salió de su casa dos horas antes.
d) no muestres ninguna sorpresa.
e) debes decirle a Antonio que el hijo es suyo.
f) tenía que salir todos los domingos.
g) estábamos muy bien en el piso de la playa.
h) no recibe ninguna ayuda económica del Estado.
i) salgo a correr varios kilómetros diarios.
j) nunca se queja, tiene suficiente para vivir.
k) no coge nunca un libro.

B **Haz la transformación, como en el modelo.** 请仿照例句对原句作相应的改动。

1. Aunque buscamos las llaves de Pedro por todas partes, no las encontramos.
   Por más que buscamos las llaves de Pedro por todas partes, no las encontramos.

2. Eugenio hace mucha gimnasia, pero no consigue adelgazar.
   _____.

3. Sí, este coche es muy barato, pero no puedo comprármelo.
   _____.

4. Aunque te empeñes mucho no vas a convencerme de que vaya contigo a Canarias.
   _____.

5. A Olalla le gusta estar morena y toma el sol todos los días, pero sigue casi blanca.
   _____.

6. Le dio muchas vueltas al problema de Lola, pero no encontró ninguna solución.
   _____.

7. Aunque vivieras doscientos años, nunca podrías hacer todo lo que deseas.
   _____.

8. Aunque intento olvidar a Jaime, no lo consigo.
   _____.

9. Buscamos al perrito de Lorena mucho tiempo, pero no lo encontramos.

_____ .

10. Creo que ha estudiado muy poco, pero yo confío en que aprobará.

_____ .

11. Sí, vale, tenía razones para matarlo, pero no debería haberlo hecho.

_____ .

C **Completa las frases con el tiempo adecuado del indicativo.** 请用给出动词的陈述式变位形式填空。

| seguir | ser (3) | <u>tener</u> | advertir | maltratar | viajar (2) | terminar | utilizar | dejar |

1. Mi padre, aunque *tenía* muchas cosas que hacer en casa, me acompañó al partido de baloncesto.

2. Aunque los precios de los pisos _____ subiendo, el Gobierno no puede hacer nada.

3. Por más que le _____ que aquel caballo era peligroso, ella no les escuchó.

4. Yo los presenté en mi periódico como famosos, a pesar de que en el resto del mundo _____ totalmente desconocidos.

5. Aunque _____ por medio mundo, era muy inculto.

6. Aunque _____ de salir con ella, la verdad es que estaba más presente que nunca en mi vida.

7. Aunque la guerra _____ hace más de diez años, todavía está presente en la mente de muchos hombres y mujeres.

8. Me dijo que se encontraba bien, aunque no _____ probable que volviera a casa.

9. A pesar de que su jefe la _____, no quería dejar el trabajo.

10. Papá estuvo una semana entera sin hablar, aunque de vez en cuando _____ el dedo para señalar la sal o la pimienta.

11. Aunque yo _____ incapaz de tomarme en serio mi fama, ella me dijo que comprendía perfectamente por qué gustaba tanto a las mujeres.

12. Aunque no _____ al extranjero, conozco mucho mundo por los libros que leo.

D **Las frases que siguen son auténticas y los hablantes han utilizado en ellas el modo subjuntivo. Rehazlas con el tiempo del subjuntivo adecuado. Luego léelas otra vez y piensa cuáles podrían formularse en modo indicativo.** 以下句子表达的情况均为事实，说话人在从句中使用了虚拟式。请用适当的虚拟式变位形式填空，之后再想一想哪些从句也可以用陈述式。

1. Aunque después *vaya* a ver la película, me gusta que me la cuenten. (ir)

2. Soy muy débil, aunque en otros tiempos me _____ muy fuerte. (creer)

3. Mi madre, aunque _____ muy ocupada, siempre tenía un momento para escucharnos cuando teníamos un problema. (estar)

4. Aunque _____ lo contrario, Pepe no estaba enamorado de Rosa, sino de Alba. (decir)

5. Aunque la guerra ya _____, no debemos olvidarla para no volver a repetirla. (terminar)

6. Aunque no _____ enamorada de Fran, no saldría con su antiguo novio. (estar)

7. Aunque me _____, hago 30 km de bicicleta el sábado y otros 30 el domingo. Es la manera de mantener el estrés a raya. (costar)

8. Yo ya sé todo de vos, aunque no me _____ nada hasta ahora. (contar)

9. Valía la pena ponerse a buscar oro con aquel tipo, aunque no lo _____. (encontrar)

10. Aunque no me _____ a la boda, yo habría ido igualmente. (invitar)

11. Por más argumentos que le _____, Eduardo siempre se las arreglaba para que pareciera ella la equivocada. (presentar)

12. Por mucho que uno _____, siempre hay tiempo para amar. Sin un beso o una caricia, la vida sería insoportable. (trabajar)

E Completa el e-mail con una construcción concesiva en cada hueco. Utiliza los verbos del recuadro. 请用方框中的动词造出让步从句, 将下列电子邮件填写完整。

| querer   intentar (2)   darle vueltas |

Mensaje nuevo

Enviar Chat Adjuntar Agenda Tipo de letra Colores Borrador

Para: conchita@correo.com

Cc:

Asunto: DESESPERADA

Estimada señora:

Soy una mujer casada de treinta y seis años y con una hija preciosa y sana de cuatro años. Mi problema es con mi marido: es un jugador compulsivo. Todo lo que ganamos se lo gasta en el juego. Hace cinco años le dije que _____ (1), no podía seguir con él si no dejaba de jugar. Él me prometió que lo iba a dejar, pero _____ (2), no consiguió dejarlo. Luego nació la niña y yo me volqué en ella, pero ahora ya no puedo más porque prácticamente no tenemos dinero: todo se lo gasta en el casino. Yo sé que es una enfermedad, que _____ (3), nunca podrá dejarlo, pero también me da pena abandonarlo, no quiero que mi hija se eduque sin un padre. Estoy desesperada: _____ (4) no encuentro salida a la situación, ¿qué me aconseja? Una desesperada.

Repaso IV 复习 IV

A **Completa las conversaciones con una conjunción causal.** 请用因果连接词将下列对话补充完整。

1. A. *Lucía, ¿vas a salir?*
   B. *Sí, voy a sacar el perro.*
   A. *Pues, mira, _____ sales, ¿puedes recoger mis gafas de la óptica? Yo tengo que terminar este trabajo y no puedo.*
   B. *Vale, ya voy. Dame el resguardo que te dieron y el dinero.*

2. A. *Hijo, ¿_____ no has ido a ver a tu abuela Concha?*
   B. *_____ tenía mucho que estudiar, mamá.*

3. A. *¿Y sabes algo de Marisa?*
   B. *Sí, hablé con ella hace un mes. _____ cerraron la empresa donde trabajaba y estaba sin trabajo, pidió un préstamo al banco y ha montado su propio negocio.*

4. A. *Miguel, ¿quieres que te cuente lo que pasó ayer?*
   B. *Ahora no, _____ estoy viendo el partido.*

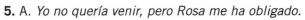

5. A. *Yo no quería venir, pero Rosa me ha obligado.*
   B. *Bueno, pues _____ estás aquí, procura divertirte, no te quejes.*

B En el diario siguiente hay seis errores. Búscalos y corrígelos. El primero ya está señalado. 下面的日记中有六处错误，请找出并改正它们。第一处错误已指出。

> *Mi diario*   *19 de junio*
>
> Ayer me llamó Mario por pedirme que salga con él. No sé que estoy nerviosa. Lo conozco
> desde hace tres años y me gusta mucho como es trabajador, inteligente y además tiene
> sentido del humor. Pero no me gusta tanto como a fin salir con él, porque no estoy
> realmente enamorada de él. He llamado a Celia para aconsejarme y me ha dicho que no
> debo preocuparme porque Mario es un chico muy majo y no se enfadará si le digo que no.
>
> *Ayer me llamó Mario para* _____
>
> _____
>
> _____

C Completa con el verbo en indicativo o subjuntivo. A veces hay más de una posibilidad. Escríbelas todas. 请用给出动词的陈述式或虚拟式变位形式填空，有时不止一种可能，请写出所有可能的答案。

1. Aunque realmente *pensaba* ir a verla, le dije que no, cuando me preguntó. (pensar)

2. A. No puedo irme a Sevilla, Jorge está enfermo.

   B. Lo siento, Lola, aunque tu hijo _____ enfermo, tienes que salir de viaje. (estar)

3. Aunque no _____ mucho, no _____ demasiado mundo, no _____ con demasiada intensidad, esta temporada en España ha sido como un doctorado. (viajar, ver, vivir)

4. Por más dolor que me _____, las horas que pasaba con ella eran las más preciosas de mi vida. (traer)

5. Creo que en estos momentos, por más tiempo que _____, no lograrás escribir nada que merezca la pena. (invertir)

6. Por más que _____ la pantalla, no se le ocurría nada que escribir. (contemplar)

7. Pese a la pista de que la isla _____ cerca de Rodas, no fue tarea fácil encontrarla entre las incontables islas del mar Egeo. (quedar)

8. Por poco que _____, un perro en casa es un gasto extra. (comer)

9. Por más humilde que _____ su trabajo, siempre es una salida. (ser)

10. Tal vez _____ a buscar oro, aunque dijese otra cosa. (venir)

11. Habría muerto aunque lo _____ veinticuatro horas antes. (encontrar, nosotros)

12. El agua era cristalina, por más que te _____ en ella, seguías viendo el fondo. (adentrar)

13. Aunque a los veintiocho años aún no _____ suerte, cuando te vayas de casa te las apañarás estupendamente. (tener)

第21单元 *Necesitaban una persona que supiera cantar y bailar.*
Oraciones adjetivas o de relativo 形容词性从句或定语从句

Situaciones 语法点

联系词

▶ 定语从句用来对人或物进行定义或描述，引导定语从句的关系代词有：*que, quien/es, el/la, cual, los/las cuales, cuyo/a/os/as*。例如：

*Este es el coche **que se ha comprado Roberto**.* 这辆是罗贝托买的车。（"*el coche*"是先行词）

▶ 最常见的联系词是 *que*，既可以指人，也可以指物；*Quien/es* 和 *el / la cual*、*los / las cuales* 比较正式，多用于书面语；*cuyo/a/os/as* 很不常用，基本只见于书面语。

▶ *Quien* 不能用于限定性定语从句中。例如：

Han detenido al hombre ~~quien~~ robó ayer el banco Central. 昨天抢劫中央银行的人被捉住了。
que

▶ *El / la cual*、*los / las cuales* 多用于单音节以上的前置词之后，*según* 之后必须用由 *cual* 所构成的连词。例如：

*Encontraron unas ramas **debajo de las cuales** había un nido con gorriones.* 他们找到了几根树枝，树枝下面有一个麻雀窝。

*Han leído una nota de prensa **según la cual** se suspende la reunión de mañana entre los ministros de Asuntos Exteriores.* 他们读到一则新闻，根据那则新闻，明天外交部部长级会议取消。

▶ 关系副词 *cuando*、*donde*、*como*、*cuanto* 所引导的句子也叫定语从句，最常见的是地点定语从句。例如：

*Este es el hotel **donde (en que / en el que)** nos vamos a alojar esta noche.* 这是我们今晚下榻的旅馆。

限定性定语从句和说明性定语从句

▶ 定语从句可分为两种：

a) 限定性定语从句：用来限定所指称的人或物。例如：

*El hombre **que lleva un traje gris** es policía* (y sólo ese, no los otros hombres). 那个穿灰西装的男人是警察（只有这人是警察，别人不是）。

b) 说明性定语从句：用来对先行词进行补充说明。例如：

*El hombre, **que llevaba un traje gris**, miró hacia nosotros.* 那个男人穿着灰色的西装，朝我们这边看了看。

▶ 究竟用陈述式还是用虚拟式只和第一种定语从句——限定性定语从句——有关，解释性定语从句不能用虚拟式。

▶ 如果说话人说的是具体的、确指的人或物，定语从句应该用陈述式。例如：

*Los estudiantes **que saben** ruso, que levanten la mano.* (El hablante sabe que hay estudiantes que saben ruso) 会说俄语的学生请举手。（说话人知道有学生会说俄语）

*En esta clase hay varios estudiantes **que saben** hablar ruso.* 这个班里有几个学生会说俄语。

▶ 如果说话人说的是不了解的、不知道是否存在的、不确定的人或物，定语从句应该用虚拟式。例如：

*Los estudiantes **que sepan** ruso, que levanten la mano.* (Es posible que no haya ninguno, el hablante no sabe si hay o no) 会说俄语的学生请举手。（有可能一个也没有，说话人不清楚是否有人会说俄语）

*No había nadie en clase **que supiera** ruso.* 这个班里没有人会说俄语。

*¿Conoces a alguien **que quiera** trabajar los domingos por la tarde?* 你知道有谁愿意星期天下午工作吗？

*Hay pocos coches **que tengan/tienen** tantas prestaciones como éste.* 很少有车像这辆车一样提供如此好的服务。

▶ 再来看下面的例子：

*Clara, tráeme el libro <u>que **está**</u> en mi mesita de noche.* 克拉拉，把我床头柜上的书拿给我。

*Clara, tráeme el libro <u>que **esté**</u> en mi mesita de noche.* 克拉拉，看我床头柜上有没有书，有的话拿来给我。

*Vamos a comprar el ordenador <u>que te **gusta**</u> a ti.* 我们去买你喜欢的那台电脑。

*Vamos a comprar el ordenador <u>que te **guste**</u> a ti.* 我们去看，你喜欢哪台电脑，就买哪台电脑。

在用陈述式的两个句子中，说话人事先知道有一本具体的书／一台具体的电脑。在用虚拟式的两个句子中，说话人并不知道哪一个才是具体的书／具体的电脑。

▶ 和动词搭配使用的前置词必须置于关系代词之前。

通常，前置词和关系代词 *que* 或 *cual* 之间可以加上定冠词。例如：

*Esta es la casa **en la que** vivía antes.* 这是我以前住的房子。

然而，有时，前置词和关系代词之间不需要加上定冠词。例如：

*Pasé por la calle **en que** yo había vivido de niña.* 我经过小时候住过的那条街。

*Yo creo que fue marzo el mes **en que** se casaron Rosa y Pedro.* 我认为罗莎和佩德罗是三月份结的婚。

*No es un trabajo **para el que / el cual** Adela esté capacitada.* 这不是一份阿黛拉能够胜任的工作。

*Ricardo no es la persona **de quien / la cual** yo me enamoraría.* 里卡多不是我会爱上的人。

■ 请根据图片用适当的关系代词填空。

1. *Los que quieran ir a la excursión, que levanten la mano.*

2. *Rocío dio un paseo por el barrio _____ vivió de niña.*

3. *Me gustaría conocer _____ ha pintado este cuadro, es precioso.*

4. *El hombre con _____ vive mi hija es un actor bastante famoso.*

Práctica 习题

A **Elige la opción correcta. En cuatro casos las dos opciones son correctas.** 请选出正确的选项，其中四句两项皆可。

1. Si te portas bien, te compraré el videojuego que más te *guste / gustará*.
2. Estoy buscando un libro que *trata / trate* de filosofía hindú.
3. No lograron detener al carterista que *había robado / haya robado* a varias personas en una sola tarde.
4. Había algo que le *gustaría / gustara* decir a su madre.
5. Ella no había contado con nadie que la *escuchó / escuchase* con tanta atención.
6. No conocía a las tres mujeres que *vivían / vivieran* en la casa al lado de la suya.
7. Escribió una novela que *fuera adaptada / fue adaptada* para el cine con mucho éxito.
8. Los alumnos que *terminen / terminan* el examen antes de tiempo deben esperar en sus sitios hasta que sea la hora de acabar.
9. Los socios que *vayan / van* a ir a la excursión del domingo deben pasar por secretaría a inscribirse.

Completa con la forma más adecuada del verbo. Algunas veces cabe más de una opción. 请用给出动词的适当变位形式填空，有时不止一种可能。

1. Mario, tú sólo debes dejar entrar a los que te *enseñen* el carné de socio. (enseñar)
2. El Gobierno ha decretado nuevas ayudas para las personas que _____ dificultad para conseguir una vivienda. (tener)
3. Por favor, cuéntame una película que te _____ mucho. (gustar)
4. Ángel tenía la voz más dulce que _____ nunca. (escuchar)
5. Cuando estuviste en París, ¿conociste a alguien que se _____ de mí? Es que yo estuve en esa misma empresa más de dos años. (acordar)
6. Aunque te resulte increíble, aún hay jefes que _____ cartas, y secretarias que _____ nota. (dictar, tomar)
7. Hay gente a la que le _____ los toros y gente a la que no. (gustar)
8. Al principio de su noviazgo no había día en que no _____ una carta de amor. (recibir)
9. Mis padres eran de esos que _____ mucho por la educación de sus hijos. (preocuparse)
10. En el mercado siempre pedía carne que no _____ nada de grasa. (tener)
11. De pronto apareció un hijo mío, de cuya existencia yo no _____ ni idea. (tener)
12. No creo que en la sala haya alguien que _____ quién es Antonio López. (saber)
13. Los que _____ hacer paella, que levanten la mano. (saber)

C **Completa las frases con una preposición + un pronombre relativo. En varios casos hay más de una opción.** 请用前置词＋关系代词填空，有时不止一种可能。

en	con	a (al)	de (del)	por
el / la cual	los / las cuales	el / la / los / las que		donde

1. El último hombre *con el que* viví acabó siendo mi amigo.
2. Los tipos _____ creció eran duros y vocingleros.
3. En medio de la ciudad _____ vivo hay una plaza cuadrada y porticada.
4. Y entonces llegó un hombre _____ no había visto en mi vida.
5. Sintió añoranza de los tiempos _____ los buenos modales estaban de moda.
6. Ninguna de las personas _____ conocía admitía pertenecer a la izquierda.
7. No olvido las flores _____ te presentabas ante mí cada semana.
8. Nicolás recordó una noche _____ salió a la terraza del club y se encontró con Natasha.
9. Empezaron a frecuentar lugares _____ encontraban a gente de su misma ideología.
10. La puerta del armario _____ guardaba los disfraces estaba abierta.
11. Junto a ella estaba el bolso _____ llevaba las medicinas.
12. Señaló la puerta con cerrojo _____ le había hablado anteriormente. Detrás estaba el sótano _____ ella y su hermano solían dormir.
13. María llevó el coche por la calle _____ de niña iba en bicicleta.

14. Le escribió una carta _____ le explicaba sus luchas con la empresa.

15. Te presento a Enrique, el chico _____ vive mi hija.

16. Mira, este es el diccionario nuevo _____ te hablé ayer.

17. De la película a mí me ha gustado mucho la escena _____ los protagonistas se reencuentran en la puerta del metro.

18. La carretera _____ llegamos al monasterio estaba llena de baches.

19. El empresario _____ trabajé el año pasado está detenido por estafa.

D **Completa con los pronombres relativos correspondientes.** 请用适当的关系代词填空。

Me cuenta una joven médico, alumna mía de la Facultad de Medicina que una compañera suya de curso, *con la que* (1) se ha encontrado casualmente, le ha comentado que está saliendo con un hombre estupendo: ingeniero, un par de años mayor que ella, _____ (2) sintoniza bastante bien y _____ (3) se está enamorando. La chica _____ (4) yo conozco se quedó pensativa tras el encuentro, _____ (5) suscitó en ella este monólogo: "Y yo, ¿cuándo encontraré un chico _____ (6) me llene? ¿No podré tener algún día mi vida afectiva resuelta, con alguien _____ (7) me lleve bien y pueda compartirlo todo?" Estas y otras preguntas circularon por su cabeza y a causa de ellas pasó unos días malos, baja de tono, entre melancólica e inquieta.

Enrique Rojas Montes, *La ilusión de vivir*, SALVAT

El lugar _____ (8) estaban no era ni ciudad ni campo. Nicole fue señalando con el dedo la escuela _____ (9) había estudiado, las tiendas _____ (10) había trabajado y los parques _____ (11) había jugado con sus amigos.

Roberto: ¿Sabes _____ (12) vi el otro día?
Óscar: No, ¿a quién?
Roberto: A Luisa Martínez.
Óscar: ¿Y quién es Luisa Martínez?
Roberto: Sí, hombre, la chica _____ (13) salí yo una temporada, cuando estudiábamos segundo de bachiller.
Óscar: Ah, sí, ahora me acuerdo, aquella del pelo largo, _____ (14) tenía una papelería.

A. Buenos días, señora, ¿qué le pongo?
B. Buenos días, quería dos kilos de filetes de ternera _____ (15) sean tiernos, por favor.
A. Muy bien, señora, ¿algo más?
B. Sí, un kilo de carne para el cocido _____ (16) no tenga mucha grasa.

Carlos: ¿Tienes el mapa _____ (17) te di ayer?
Sergio: Sí, aquí está, ¿para qué lo quieres?
Carlos: Para mirarlo. Este no es el mismo camino _____ (18) vinimos. Nos hemos perdido.
Sergio: Yo creo que vamos bien. Ayer, al venir, vimos también ese camino _____ (19) sale a la derecha.

E De las frases siguientes, cuatro son correctas y las otras, incorrectas. Encuentra los errores y corrígelos. 以下句子中，四句是正确的，其他的是错误的，请找出错误并改正。

1. Olalla se ha casado con un chico *quien* trabaja en una oficina.   1. que

2. No piensa volver a la casa donde vivió durante su adolescencia.   _____

3. La policía ha hallado el dinero al que se llevaron los ladrones en Vigo.   _____

4. Fueron a pedir información al médico quien había operado a su padre.   _____

5. Denunció al que lo atropellase al cruzar el paso de cebra.   _____

6. En el hospital me encontré a Gema, con que había estudiado el Bachillerato.   _____

7. Mira, te presento a mi primo Roberto, a quien te he hablado muchas veces.   _____

8. He leído una nueva teoría según la cual, dentro de poco, la gente
   vivirá 120 años.   _____

9. Yo creo que las personas las cuales tienen que tratar con el público
   deben tener mucha paciencia.   _____

10. Pepe, con que trabajé un tiempo, me ha llamado para pedirme dinero.   _____

11. Yo creo que Lorena no tiene nada quien la distinga de otra chica
    de su edad.   _____

12. Paula trajo una pierna de cordero que preparase la noche anterior.   _____

13. Me pidió el número de teléfono del banco donde trabajaba Pedro.   _____

14. Al salir del hospital conocí a quienes me habían salvado la vida en
    el incendio de mi casa.   _____

15. Acamparon a la orilla de un río, que podían pescar y bañarse.   _____

16. Hemos recibido más noticias de los secuestrados según las que
    están bien de salud.   _____

17. SOFINSA, la empresa que trabajaba antes, ha cerrado por quiebra.   _____

F Relaciona las dos partes de los refranes. 请将构成谚语的两部分连线。

1. Quien bien te quiere   a) mojado se levanta.

2. A quien madruga   b) mal acaba.

3. Quien con niños se acuesta   c) halla.

4. Dime con quien andas   d) no mama.

5. Quien mal anda   e) por todo pasa.

6. Quien busca   f) sus males espanta.

7. El que no llora   g) te hará llorar.

8. El que se casa   h) y te diré quién eres.

9. Quien calla   i) otorga.

10. Quien canta   j) Dios le ayuda.

第22单元 *Acaban de decir en la tele el número ganador de la lotería.*
Perífrasis verbales 动词短语

Situaciones 语法点

1. 由原形动词构成的动词短语

Deber + infinitivo 表示"必须做某事"。例如：

Debes leer y estudiar más, si quieres aprobar el examen. 如果你想考试及格，必须更加用功读书。
Deberían meter en la cárcel a todos los que no respetan las señales de tráfico. 应该把所有不看交通信号灯的人通通关进监狱。

Deber de + infinitivo 表示可能，"想必是""大概是"。例如：

A. *¿Cuántos años crees que tiene Rosalía?* 你觉得罗萨莉亚有多大年纪？
B. *No sé... debe de tener* cuatro o cinco más que yo, unos cuarenta y tres. 不知道……估计比我大四五岁吧，43岁左右。

表示可能的原形动词短语中的 *de* 在许多情况下会被省略，因此，以上两个动词短语经常容易混淆。例如：

A. *¿Está Miguel en casa?* 米格尔在家吗？
B. *No, debe (de) estar* de camino, porque ha dicho que vendría a las tres. 不在，大概在路上吧，他说三点钟回来的。

Tener que + infinitivo 表示必须或可能。例如：

Estos datos tienen que publicarse inmediatamente. 这些数据必须马上发布。
Tiene que haberle ocurrido algo porque ni ha venido ni ha llamado. 他恐怕出什么事了，人没来，电话也没有一个。

Haber de + infinitivo 属文学语言，表示必须。例如：

Hubo de morir mucha gente para que los gobiernos enviaran tropas a la zona. 非得死上一大批人，政府才会派部队去那个地区。

Haber que + infinitivo 无人称句，表示必须。例如：

Ya sabes que en el campo siempre hay mucho que hacer. 你知道的，农村总有许多活要干。

Poder + infinitivo 意思很多，可表达"可能""能够"或"允许"。例如：

Si aparcas ahí, pueden ponerte una multa. 如果你把车停在那儿，可能会罚你的款。
Llegamos tarde porque el autocar no podía correr más. 我们到晚了，因为大客车没法儿跑得再快。
No se puede entrar al aula hasta que lo diga el profesor. 老师没有说，就不许进教室。

Ir a + infinitivo 表示"将要做""马上去做"或"想去做"。例如：

Hace frío, voy a cerrar la ventana. 天冷了，我去把窗户关上。/ Si *vas a venir*, dínoslo. 如果你要来，告诉我们一声。

Empezar / comenzar a + infinitivo 表示动作的开始，"开始做某事"。例如：

Cuando quieras empezamos a preparar las cosas de la fiesta. 你觉得什么时候合适，我们就开始准备聚会所需要的物品。

Ponerse a + infinitivo 表示突然开始。例如：

Mi hija, en cuanto viene del colegio se pone a hacer los deberes. 我女儿一从学校回来，就马上做作业。

Echarse a + infinitivo 表示突然开始，只是频繁地和少数几个动词连用，如 *andar, caminar, correr, volar, temblar, reír, llorar* 等。例如：

Al ver a Mario con aquella pinta, me eché a reír. 看马里奥那副模样，我一下子笑了起来。

Estar a punto de + infinitivo 表示即将发生，"迫近""危及""急迫"之意。例如：

Como tiene un trabajo tan arriesgado, ha estado a punto de morir varias veces. 他的工作危险性非常高，好几次差点送命。

Volver a + infinitivo 表示重复，"再次做某事"。有时，*volver* 没有完全丧失"返回"的本意，句子会产生歧义。例如：

Volvió a recoger la carta. (No se sabe si es la segunda vez que recoge la carta) 他回去取信。/ 他又取了一次信。（不清楚他是否是第二次取信）

Acabar de + infinitivo 表示说话的时候，某个动作刚刚完成，只能用现在时和过去未完成时。例如：

Sí, Pedro y yo acabamos de divorciarnos y los chicos todavía no lo han superado. 是的，佩德罗和我刚离婚，孩子们还没能完全接受这个事实。

Dejar de + infinitivo 表示正在进行的动作突然停止，"停止做某事"。例如：

¿Cuándo vas a dejar de jugar con el niño? Ya eres mayorcito. 你什么时候才能不和孩子玩啊？你已经是个大人了。

Venir a + infinitivo 表示"接近于"。和 *volver a* 情况一样，有时会产生歧义。例如：

Esta casa vino a costar treinta millones. 这栋房子那时候大概值三千万。

Algunos no vinieron a ver la película, sino a charlar. (No se considera perífrasis) 有些人不是来看电影的，是来聊天的。（该句的用法不是动词短语）

Llegar a + infinitivo 表示过程的结束。例如：

Los tres hermanos llegaron a pelearse por la herencia del padre. 三兄弟为了父亲的遗产弄得大打出手。

Acabar por + infinitivo 表示过程终于结束，主语终于完成了原形动词所表示的动作，相当于"finalmente… + 动词"。例如：

Como había tantas discusiones inútiles en la tertulia, acabó por no asistir más. (= Finalmente no asistió más) 由于会上尽是些无用的争吵，他最终决定不再参加。（最后，他不再参加）

2. 由副动词构成的动词短语

▶ 一般来说，副动词所构成的动词短语表示动作正在进行。

和前面所看到的情况一样，如果动词保留了原意，某些搭配并不能算是真正意义上的动词短语。例如：

José **anda levantando** *el pie izquierdo más que el derecho.* (El gerundio constituye un complemento circunstancial, responde a la pregunta ¿*cómo anda José?*) 何塞走路时左脚抬得比右脚高。（副动词是景况补语，等于回答"何塞怎么个走路法？"）

┌─────────────────┐
│ *Estar* + gerundio │ 最为常用，表示动作正在进行，时间上可以指过去、现在或将来，尤
└─────────────────┘
其与表示行为动作的动词连用。例如：

El niño de los vecinos **estuvo llorando** *toda la noche del sábado al domingo.* 邻居家的孩子从星期六晚上到星期天早上哭了整整一夜。

Jacinto se despertó cuando el tren **estaba entrando** *en la estación.* 火车正在进站的时候，哈辛托醒了。

Cuando tú vayas a París yo ya no **estaré viviendo** *allí.* 等你去巴黎，我已经不住在那儿了。

Estoy harta de que siempre **estés hablando** *mal de todos.* 你老是说大家的坏话，我烦透了。

┌──────────────┐
│ *Ir* + gerundio │ 除了"正在进行"，还强调"渐渐地""一点一点地""越来越"，经常与
└──────────────┘
poco a poco、*paulatinamente*、*progresivamente*、*a lo largo de los años*、*con el tiempo* 等连用。例如：

Poco a poco se **iba volviendo** *más comprensivo.* 渐渐地，他变得越来越善解人意。

Ve preparando *a la niña, que tenemos que salir ya.* 你去提醒一下女儿，我们该出门了。

┌──────────────────┐
│ *Venir* + gerundio │ 表示动作从过去时间开始，向现在时间发展。例如：
└──────────────────┘

Primero dijo que quería estudiar Periodismo, y ahora **viene diciendo** *que no le interesa nada, que lo que quiere es estudiar Medicina.* 他开始说想学新闻，后来又一直说对新闻一点儿也不感兴趣，说他真正想学的是医学。

┌──────────────────┐
│ *Andar* + gerundio │ 基本含义和 *estar* + 副动词类似，语义上带强调或揶揄的口吻，与
└──────────────────┘
decir 连用相当于"据说""传言说"。例如：

Andan diciendo *por ahí que Luis está arruinado, ¿es verdad?* 据说路易斯破产了，是真的吗？

┌───────────────────┐
│ *Llevar* + gerundio │ 表示动作从过去时间开始，一直发展到现在。
└───────────────────┘
如表示否定含义，用 *llevar* + *sin* + 原形动词。例如：

Llevan saliendo *juntos más de dos años.* 他们谈了两年多恋爱了。

Ya **lleva** *una semana* **sin hablar** *con su novia por teléfono, no está muy animado.* 他一个星期没和女朋友通电话了，整个人无精打采。

该动词短语中，动词只能用现在时和过去未完成时，不能用简单过去时或现在完成时。例如：

María **llevaba saliendo** *con Roberto dos meses cuando éste tuvo el accidente.* 罗贝托出车祸时，玛丽亚已经和他谈了两个月恋爱了。

María ~~(llevó)~~ *trabajando un año en esa empresa.* 玛丽亚在那家公司工作了一年。
        estuvo

Seguir + gerundio 表示动作的延续，"继续做某事"，多与 *todavía* 连用。例如：
<u>*¿Todavía* **sigues vendiendo** *pisos?*</u> 你还在继续销售房子？

3. 由过去分词构成的动词短语

Estar + participio 表示被动动作的结果状态。*ser* + 过去分词是被动语态结构，表示动作被完成；而 *estar* + 过去分词表示动作被完成后的结果以及它所处的状态。例如：
Este coche **está adaptado** *para minusválidos.* 这辆车被改装过，现在供残疾人使用。
Este coche **ha sido adaptado** *para minusválidos.* (Voz pasiva) 这辆车被改装来供残疾人使用。
（被动语态）

Llevar + participio 表示完成动作的积累过程，与时间状语 *ya*、*hasta ahora*、*por el momento* 连用，接表示数量的直接宾语。例如：
<u>*Ya* **llevo redactadas** *más de cincuenta páginas de la tesis, estoy muy contento.*</u> 我论文写了五十多页了，非常开心。
Los peregrinos **llevan recorridos** <u>*hasta ahora*</u> *más de 300 km del Camino de Santiago.* 到目前为止，朝圣者已经在圣地亚哥之路上跋涉了 300 多公里了。

Tener + participio 和现在完成时不同，现在完成时 (*he hecho*) 表示动作的过程，动词短语强调动作完成的结果。例如：
A. *Pablo, haz los deberes.* 巴勃罗，做作业！
B. *Ya los* **tengo hechos**, *mamá.* 我已经做完了，妈妈。

■ 请将下列句子与图片对应。

1. *Diego, deja ya de saltar en la cama, te vas a caer.*　　　　c

2. *Mi jefe me tiene harto con sus exigencias, voy a acabar por dejar la empresa y buscarme otro trabajo.*　　　　

3. *¿Has oído lo que andan diciendo por ahí? Que tú y yo nos estamos haciendo ricos vendiendo pisos, ¿qué te parece?*

Práctica 习题

A **Elige las perífrasis adecuadas. Pueden ser una o dos las correctas, pero en ningún caso las tres.** 请选出适当的动词短语，可以同时选一个或两个，但不能同时选三个。

1. Yo creo que lo de Pepa es excesivo, desde que murió su esposo, no ___*a*___ al cementerio un solo día.
   a) ha dejado de ir   b) está yendo   c) acaba de ir

2. Cuando le dijeron que había un incendio en su casa, dejó el trabajo y sin pensarlo _____.
   a) echó a correr   b) tuvo que correr   c) fue a correr

3. Rápido, termina de poner la mesa, los invitados _____.
   a) van a llegar   b) están a punto de llegar   c) se ponen a llegar

4. A medida que pasan los años, algunas personas _____ más intolerantes con los pequeños defectos ajenos.
   a) se andan haciendo   b) se van volviendo   c) van a ponerse

5. Los periodistas _____ día y noche la casa de la famosa actriz a la espera de que de un momento a otro se produzca el desenlace fatal.
   a) llevan vigilando   b) están vigilando   c) tienen vigilada

6. Hasta este momento, el doctor Cerezo _____ más de seiscientas operaciones de cadera, es un gran especialista.
   a) lleva realizadas   b) está realizando   c) anda realizando

7. Laura dice que su madre le dio tantas verduras cuando era pequeña que _____ aborrecerlas.
   a) dejó de   b) acabó de   c) acabó por

8. ¿Sabes a quién _____? A Ronaldo, el jugador de fútbol.
   a) tengo que ver   b) acabo de ver   c) tengo visto

9. ¿Que Lucía va a dejar el trabajo y se va a ir a África? _____ loca, por su salud no podrá resistir allí más de un mes.
   a) Debería estar   b) Debe estar   c) Debe de estar

B **Reescribe cada frase utilizando una perífrasis. Puede haber más de una posibilidad.** 请用动词短语对原句作相应的改动，有时不止一种可能。

1. El Córdoba ganó la liga el año pasado y este año también la ganará.
   El Córdoba <u>volverá a ganar</u> la liga este año, como el año pasado.

2. Alfonso entró a trabajar en la empresa en 2000. Todavía trabaja en la misma empresa.
   _____.

3. Hasta ahora he leído la mitad de los libros que ha mandado el profesor de literatura.
   _____.

4. El traumatólogo le ha dicho a María que es necesario que haga ejercicios especiales.

_____.

5. A. ¿Qué hora es?

   B. No lo sé, no tengo reloj, pero serán las dos, más o menos.

_____.

6. Según las nuevas normas de circulación, es obligatorio que los niños vayan siempre en una silla especial.

_____.

7. Estábamos tomando el sol en la playa y de repente empezó la lluvia.

_____.

8. Me han dicho hace unos minutos que la mujer del príncipe Felipe está embarazada, ¿es verdad?

_____.

9. Antes Andrés era muy callado, pero a medida que es mayor se hace más hablador.

_____.

10. Dicen que la nueva Ministra de Sanidad piensa prohibir el alcohol. ¿Será verdad?

_____.

11. ¿Todavía pintas cuadros de flores?

_____.

12. Es una vergüenza que no podamos dormir por el ruido del bar de abajo. Yo creo que es un deber de las autoridades tomar alguna medida.

_____.

13. Antes yo me preocupaba mucho por cosas pequeñas, ahora ya no me preocupo más.

_____.

14. A. ¿Tú sabes cuánto gana Rafael?

   B. Pues no estoy seguro, pero creo que gana bastante porque vive como un rey.

_____.

15. Roberto, te he dicho muchas veces que no comas tantos dulces, no son buenos.

_____.

16. A. ¿Ya has terminado de corregir los exámenes?

   B. No, sólo he corregido la mitad.

_____.

第23单元 *Se ve que no tienes nada que hacer.*

Expresión de la impersonalidad. La voz pasiva 无人称表达法，被动语态

Situaciones 语法点

1. 无人称句 (oraciones impersonales)

▶ 未出现施事主语的句子被称为无人称句。说话人省去动作的执行者，或因为觉得无必要提及，或因为不清楚谁是主语，或因为主语一目了然、显而易见。有时，当说话人想一概而论，针对"所有人""人们"时，也不明确具体的主语。

无人称句有：由 *haber* 构成的句子、表示天气的句子。例如：

*En la vida **hay que tener** mucha paciencia con todo y con todos.* 生活中，要对任何人、任何事都有足够的耐心。

*En esta zona **llueve** más que en el sur.* 这个地区比南方雨水多。

2. 被动语态 (la voz pasiva)

▶ 在被动语态中，施事主语位居次位，甚至完全消失。西班牙语的被动语态多用于历史作品和报刊文章，不用于口语。例如：

*Este retablo **fue restaurado** por Florentino González en 1957.* 这个祭坛于 1957 年由弗洛伦蒂诺·冈萨雷斯重建。

*Antonio Gutiérrez **ha sido nombrado** director general de FACESA.* 安东尼奥·古铁雷斯被任命为 FACESA 总裁。

***Han sido detenidos** dos atracadores del Banco Central.* 中央银行的两名抢劫犯被捕。

最后一则新闻，如果用口语表述，应为：

*¿Te has enterado de que **han detenido** a los dos atracadores del Banco Central?* 你知道中央银行的两名抢劫犯被逮住了吗？

3. 其他无人称表达法 (impersonales)

▶ 在口语和书面语中，不直接指出施事主语的方法还有好几种。

> 由 *se* 构成的自复被动句

▶ 结构为：逻辑主语（或受事主语）＋ *se*（自复被动的标志）＋动词（根据逻辑主语变位，多为第三人称单数或复数）。例如：

Se vende <u>piso</u>. 卖房子。

<u>*Los dulces de chocolate*</u> ***se vendieron*** *muy bien en la última feria de alimentación.* 巧克力甜品在这一届食品节中卖得非常好。

| 由 *se* 构成的无人称句 | 结构为：*se* ＋及物动词的第三人称单数变位形式。例如：

▶ *En mi pueblo, si* ***se tiene*** *algo de dinero,* ***se vive*** *muy bien porque* ***se come*** *sano y no hay ni estrés.* 在我的家乡，稍微有点钱，就可以生活得很好，吃的东西很健康，也没什么压力。

— 如果主动词是代词式动词，则不能用此结构，而应以 "*la gente*（人们）" 为主语。例如：

<u>*La gente en mi pueblo no*</u> ***se levanta*** *antes de las ocho.* 在我的家乡，人们不会在八点前起床。

| 由第三人称复数构成的无人称句 |

▶ 常用被动语态代替。

Han dicho *en la radio que para mañana van a subir las temperaturas.* 广播里说明天气温要升高。

| 由第二人称单数 (***tú***) 构成的无人称句 |

▶ 这是说话人为了博取听话人好感的一种手段，试图在听话人和传递的信息间建立某种联系。例如：

Este cuadro es impresionante, lo ***ves*** *y* ***te quedas*** *sin habla.* 这幅画真令人叹为观止，你见了也会激动得说不出话来。

| 由 ***uno/a*** 构成的无人称句 |

▶ 说话人避免用第一人称 "我"(*yo*)，暗指听话人或泛指所有人的一种手段。例如：

En ese trabajo, al principio, ***uno*** *no sabe qué hacer, pero al final aprende.* 干那个活，一开始，谁都不知道该怎么做，可到最后总能学会。

■ 请用给出的动词填空。

<u>se oye</u>   se compra y vende   fue restaurado   se dan   se bordan   se prohíbe

¡Perdone, desde aquí no *se oye*(1) bien!

_____ (2) clases de música y pintura.

_____ (3) sábanas a mano.

_____ (4) aparcar.

_____ (5) oro.

El castillo _____ (6) en el s. XVII.

123

A En el texto que sigue, los verbos que hemos señalado en cursiva aparecían originariamente en la forma *se + verbo activo*. Nosotros los hemos pasado a la voz pasiva, pero no queda natural. Vuelve a escribirlos como estaban al principio. 在下面这篇文章中，斜体动词原本形式为 *se +* 及物动词，被我们改成被动语态后，很不自然。请将它们改回到原来的形式。

El chocolate, la gran pasión

Los españoles descubrieron el chocolate con la llegada de Hernán Cortés a México. El rey azteca Moctezuma recibió a Cortés con un vaso de oro lleno de "tchocoatl", una bebida compuesta de cacao, maíz molido, pimienta y especias. Las plantaciones de cacaoteros se reparten a lo largo de toda la zona ecuatorial, entre el trópico de Cáncer, donde *son dadas*[1] las condiciones climáticas óptimas para crear una zona de sombra con árboles, bajo los que *son plantados*[2] los cacaoteros.

El cacao proviene de la especie "Theobroma cacao" que *es subdividida*[3] en dos grandes variedades, los "criollos", muy finos, y los "forasteros", más resistentes, productivos, pero más ásperos.

Cuando los frutos están maduros, *son cortados*[4], y de un golpe de machete *son extraídas*[5] las habas que se ponen a fermentar. Seguidamente *son puestas*[6] a secar al sol, *son colocadas*[7] en sacos de yute y parten hacia los países industrializados.

Ya en la fábrica, las habas *son tostadas*[8] más o menos tiempo según su finalidad, para que el caco desarrolle todas sus cualidades aromáticas. Luego *son molidos*[9] los granos para obtener la pasta del cacao y *son seguidos*[10] dos procesos diferentes para obtener cacao en polvo o chocolate.

Cacao en polvo. Para su fabricación, *es eliminada*[11] la acidez del cacao líquido y a continuación *es molida*[12] la pasta, para extraer la mayor parte de la manteca de cacao.

Son obtenidas[13] unas tortas que *son hechas*[14] pasar por molinos hasta convertir el cacao en polvo.

Chocolate. Para su obtención, *es partido*[15] de la pasta del cacao a la que *es añadido*[16] azúcar, manteca de cacao, aromas; y leche, si procede. Esta mezcla *es amasada*[17], *es refinada*[18], pero aún así como no resulta agradable al paladar, *es sometida*[19] a una nueva fase, el "conchado" donde la mezcla *es removida*[20] lentamente durante uno o más días, para que desarrolle el aroma y sabor deseados. Cuanto más largo es este proceso, mejor es la calidad del chocolate. Aunque en forma líquida, el chocolate está ya elaborado. Después *es enfriado*[21] y *es moldeado*[22].

Revista *Clara* (Extracto)

1. _____	9. _____	17. _____
2. _____	10. _____	18. _____
3. _____	11. _____	19. _____
4. _____	12. _____	20. _____
5. _____	13. _____	21. _____
6. _____	14. _____	22. _____
7. _____	15. _____	
8. _____	16. _____	

B **Pasa estas noticias a voz pasiva, como fueron escritas originariamente. Haz las transformaciones necesarias.** 请将以下新闻改回到原先的被动语态。

1. Diariamente se denuncian 350 conductores por beber demasiado.

   Diariamente 350 conductores son denunciados por beber demasiado.

2. La policía detuvo a un hombre, abogado de 39 años, cuando lo sorprendió dando hachazos contra un cajero automático para recuperar por la fuerza su tarjeta bancaria, retenida tras una malograda extracción de dinero.

   _____.

3. Las Cortes regionales de Aragón aprobaron ayer la reforma del Estatuto de Aragón. Ahora el Parlamento español deberá aceptarla.

   _____.

4. El director de un instituto ha expulsado a un estudiante de 18 años por acusar al centro en su página personal de internet de tener las instalaciones abandonadas.

   _____.

5. Hoy fumigarán la plantación de chopos de Villanueva para acabar con los mosquitos.

   _____.

6. El domingo los alborotadores incendiaron varios autobuses en protesta por el cierre de los bares a las cuatro de la mañana.

   _____.

7. Han detenido y han enviado a prisión a Ana González acusada de tentativa de asesinato.

   _____.

125

C En la entrevista que sigue aparecen varias formas de expresar impersonalidad. ¿Cuáles? Lee el texto y señala dónde aparecen. 下面这篇采访中，出现了好几种无人称形式，是哪几种？请阅读采访稿，找出相应的无人称形式。

1. *Se* + verbo activo   *se tiene que llevar; no se puede dar marcha atrás*

2. Verbo en tercera persona del plural (ellos)   _____

3. Verbo en segunda persona del singular (tú)   _____

4. *Uno / una*   _____

5. Verbo *haber*   _____

Entrevista a María Bayo, una de las sopranos españolas más internacionales.

✔ ¿Cómo <u>se tiene que llevar</u> una carrera?

✖ Creo que con mucho rigor, intentando ser inteligente. Quiero decir que no puedes dar un paso atrás. Hay que trabajar mucho, tener rigor.

✔ ¿Se refiere a la elección del repertorio?

✖ Sobre todo. Hay que tener claro qué posibilidades tiene tu voz, su color. Cuentas con unas posibilidades de tesitura, pero no te va todo el repertorio.

✔ ¿De qué color es su voz?

✖ Va muy bien para el repertorio francés, para el repertorio mozartiano… Es una voz apropiada para personajes con vitalidad, jóvenes.

✔ Y no muy dramáticos.

✖ Exacto. Pero porque hay una evolución lógica de la voz, que cambia con el paso de los años, y debes tener cuidado de no meterte en cosas muy dramáticas demasiado pronto. Hay que dejar que la voz evolucione por sí misma, que vaya paso a paso, para no perjudicarla. Y acometer personajes muy dramáticos no es bueno. Igual lo haces y ya no podrás volver atrás.

✔ ¿Quiere decir que si alguien canta algo que no le va a su voz, esa voz se estropea para siempre?

✖ Exacto, ya no se puede dar marcha atrás… También si cantas mucho, y no tienes una técnica buena y no sabes lo que estás haciendo. La voz se puede ir al traste en un momento. Así se han ido muchas grandes y bellísimas voces que han cantado algunos personajes antes de tiempo. Por eso hay que rodearse de gente que sea sincera contigo, que sepa lo que dice.

El País Semanal (Extracto)

<u>se le pregunta</u>	hay que hacer	es fácil	se tiene	se podrá seguir
hay que despreciar	Es posible	se dispone	se puede llegar	

ORDESA Y MONTE PERDIDO
(Huesca)

Si *se le pregunta*[1] a cualquier guarda del parque nacional de Ordesa y Monte Perdido, en la provincia de Huesca, cuál es la mejor época para visitar la zona, la respuesta será, necesariamente, en otoño. Es en esta estación cuando el bosque despierta los sentidos de quien lo contempla y muestra toda su capacidad de seducción.

Para disfrutarlo, ni siquiera _____[2] un gran esfuerzo físico. Pasado el verano, _____[3] en coche desde el pueblecito de Torla hasta el aparcamiento, en pleno cañón del río Arazas. Basta caminar unos minutos para sumergirse de lleno en el bosque de abedules y fresnos, con abundantes enebros y bojes a ras de suelo.

Desde aquí _____[4] una buena vista de los farallones calizos que bordean el cañón.

Pero si _____[5] de fuerzas y tiempo, entre cuatro y cinco horas, _____[6] el sendero que remonta el río, caudaloso en esta época, y descubrir las cascadas de Arripas, de la Cueva y del Estrecho, y un poco más arriba, el bosque de las hayas. Por aquí abunda el arándano, cuyos frutos sirven de alimento al urogallo.

_____[7] regresar por la margen izquierda del torrente o recorrer el sendero estrecho, que enlaza con el circo de Cotatuero. En esta zona _____[8] encontrarse con rebecos, que andan distraídos en otoño con el celo de las hembras. Desde Torla, una opción muy recomendable es la de ir en coche hasta la entrada del cañón de Añisclo.

No _____[9] tampoco los alrededores del parque, con el bien conservado casco medieval de Aínsa o el parador de turismo de Bielsa.

Carlos Ara, *El País Semanal*

Gramática

第24单元 *Por cierto, ¿sabes quién me dio recuerdos para ti?*
Marcadores del discurso 篇章过渡词

Situaciones 语法点

1. 篇章结构过渡词 (estructuradores de la información)

表示评论 (comentadores)

▶ 引入与之前评论不同的、新的评论：*pues, pues bien, así las cosas*。

A. *¿Tú te acuerdas del cuadro del tío Ramón que heredó Lucía?* 你还记得露西娅继承的拉蒙叔叔的画吗？

B. *Claro.* 当然记得。

A. ***Pues** lo vi el otro día en una tienda de antigüedades. Pedían por él tres mil euros.* 我有一天在古玩店看见了，开价三千欧元。

表示罗列 (ordenadores)

▶ 指出每个成分所处的位置。

a) 开篇 (marcadores de apertura): *en primer lugar, por una parte, por un lado*。

b) 展开 (de continuidad): *en segundo lugar, por otra parte, asimismo, igualmente, del mismo modo*。

c) 结束 (marcadores de cierre): *por último, en último término, finalmente*。

*Julia dijo que no pensaba casarse con Guillermo por varias razones: **en primer lugar**, porque Guillermo era un caradura, es decir, un irresponsable. **En segundo lugar**, porque el chico no tenía oficio ni beneficio; y, **por último**, porque ella a quien realmente quería era a Álex, su compañero de instituto, su amigo de toda la vida.* 胡利娅说她出于好几条理由不想和吉列尔莫结婚：首先，吉列尔莫是个厚脸皮的家伙，也就是说，做事情不负责任；其次，小伙子一无职业二无进项；最后，她真正爱的是亚历克斯，她的同窗兼一生的好友。

题外话 (digresores)

▶ 引入和中心话题相关的次要话题：*por cierto, a propósito*。

A. *¿Fuiste a la fiesta de Navidad?* 你去参加圣诞节晚会了？

B. *Sí, me lo pasé muy bien. **Por cierto**, ¿sabes quién me dio recuerdos para ti?* 去了，玩得很开心。对了，你知道谁托我向你问好了吗？

A. *¿Quién?* 谁啊？

B. *Alejandro, el profesor de Matemáticas.* 数学老师亚历杭德罗。

2. 连接词 (conectores)

补充说明连接词 (conectores aditivos)

▶ 连接同一个论述的两个部分：*además, encima, incluso*。

*No me gusta este piso: es pequeño, antiguo y, **además**, caro.* 我不喜欢这个房子：又小又旧，还贵。

– 用 *encima* 时，说话人不仅强调理由，往往还带有抱怨、不快的含义。例如：

> *Este piso no nos conviene, es pequeño, antiguo y, **encima**, caro.* 这房子对我们不合适，又小又旧，居然还那么贵。

后果连接词 (conectores consecutivos)

► 引出之前评论的后果：*por eso, por (lo) tanto, por consiguiente, en consecuencia, pues, así que, de modo que, entonces.*

> *No hay bastante presupuesto para cambiar todos los ordenadores del departamento, **por lo tanto**, cambiaremos sólo la mitad.* 没有足够的预算更新部里所有的计算机，因此，我们只会更新一半。

> *Me debes 30.000 euros, **así que** no me vengas ahora con que no me puedes pagar.* 你欠我三万欧元，所以现在别跟我说什么还不起之类的话。

转折连接词 (conectores contraargumentativos)

► 用来削弱或推翻前一个观点：*en cambio, por el contrario, antes bien, sin embargo, no obstante, con todo, mientras que.*

– *En cambio* 和 *por el contrario* 表示两部分之间的矛盾或对立。例如：

> *Rosa es rubia y delgada, **por el contrario**, su hermana es morena y rellenita.* 罗莎金发、瘦削，而她妹妹黑发、丰满。

3. 重述连接词 (reformuladores)

将之前叙述的事情换个方式重说一遍。

表示解释 (explicativos)

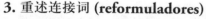

► *O sea, es decir, esto es, a saber:*

– 口语中最常用的是 *o sea*，例如：

A. *¿Vas a ir a la fiesta de Elena?* 你要去参加埃莱娜的聚会吗？

B. *No, me duele un poco la cabeza.* 不去，我有点头疼。

A. ***O sea**, que no tienes ganas, ¿no?* 换句话说，你不想去，是不是？

*Se cree que Abraham vivió en el siglo XIX antes de Cristo, **es decir**, hace casi 3.800 años.* 一般认为，亚伯拉罕生活在公元前 19 世纪，也就是说，3800 多年前。

表示修正 (de rectificación)

► *Mejor dicho, mejor aún, más bien:*

*En los cafés del centro de Madrid estaban mal vistas las señoras, **mejor dicho**, estaba mal considerado que una señora entrase sola, sin ir acompañada de un caballero.* 过去，马德里市中心的咖啡馆里，女士的出现不被认可，更确切地说，女士在没有男士的陪伴下独自进入咖啡馆是一种不被认可的行为。

*Yo creo que este filósofo no intenta moralizar, **más bien**, su obra está en relación con la formación* *de una sociedad como la nuestra.* 我认为这个哲学家并不想进行什么道德说教，更确切地说，他的作品和建立一个像我们这样的社会有关。

> ### 表示疏远 (de distanciamiento)

► 轻描淡写地说出第一个观点，将第二个观点作为结论：*en cualquier caso, en todo caso, de todos modos, de cualquier manera*。

*Me dijeron que ya se había cumplido el plazo para echar la solicitud de beca, pero yo, **de todos modos**, la dejé, por si acaso.* 他们跟我说奖学金申请期限已经过了，可是，不管怎样，我还是递了申请，万一呢。

> ### 表示概括总结 (recapitulativos)

► *En suma, en conclusión, en definitiva, en fin, al fin y al cabo:*

*El hijo de los Martínez es un desastre, ni trabaja, ni estudia, pero no pueden echarlo a la calle porque, **al fin y al cabo**, es su hijo.* 马丁内斯家的儿子实在糟糕透顶，既不工作也不读书，可是，他们又不能把他扫地出门，说到底，他毕竟是他们的儿子。

A. *¿Que vas a dejar el trabajo que tienes para dedicarte a la pintura?* 你要放弃现在的工作去画画？

B. *Sí, eso he dicho.* 是的，我是说过这样的话。

A. *A mí no me parece una buena idea pero, **en fin**, tú sabrás lo que haces.* 在我看来，这可不是什么好主意，不过，说到底，该怎么做，你自己清楚。

4. 说理连接词 (operadores argumentadores)

> ### 表示强调 (de refuerzo argumentativo)

► *En realidad, en el fondo, de hecho:*

*Se queja mucho de su trabajo pero, **en el fondo**, está encantado.* 他总是抱怨现在的工作，实际上，他很喜欢这份工作。

*No sé por qué me preocupo por Eulalia cuando, **en realidad**, lo que haga me tiene sin cuidado.* 我不明白自己为什么这么担心艾欧拉利亚，实际上，她做什么我并不在意。

> ### 表示具体化 (de concreción)

► *Concretamente, por ejemplo, en particular:*

*Me gustan todos los cuadros de Picasso, pero ése, **en particular**, me encanta.* 毕加索的画我都喜欢，特别是这一幅。

Práctica 习题

A **Completa cada frase siguiente con un conector del recuadro, sin repetir ninguno.** 请用方框中的连接词填空，每个单词或短语限用一次。

al fin y al cabo	de todos modos	mientras que	mejor dicho	sin embargo
ahora bien	Pues	Así las cosas	incluso	por eso

1. Alejandro no es el mejor profesional del mundo; *sin embargo,* creo que han cometido una

injusticia al apartarlo del proyecto de renovación de la empresa.

2. Hace mucho ejercicio, _____ está tan bien de salud.

3. Yo no estoy enfadado con Pepe, _____ no estoy dispuesto a que me tome el pelo como lo ha hecho hasta ahora.

4. Lorenzo sale a correr todos los días, _____ cuando llueve o hace frío.

5. A. ¿Tú conoces a esa chica que sale en la tele anunciando el detergente Blancol?

   B. Sí, claro, esa alta, morena…

   A. _____ es la novia de mi primo Javier.

6. Pedro quería buscar otro trabajo, pero en su profesión no había muchos puestos libres. _____, prefirió quedarse donde estaba.

7. Yo no sé por qué María está tan orgullosa de su tipo, _____, chicas como ella las hay a montones.

8. A. ¿Sabes? Óscar dice que tú no le gustas mucho.

   B. ¿Sí?, bueno, no me importa, _____ no pensaba salir con él.

9. Rosalía odia las verduras, _____ a su hermana le encantan.

10. Me dijo que no quería estudiar más, _____, que no quería asistir a clase porque mientras estaba en el aula se perdía la vida de la calle.

B Subraya la opción adecuada. 请选出适当的连接词。

1. Luis dice que no está muy satisfecho de las notas de su hijo en los estudios, pero *en el fondo / antes bien*, le encanta que se dedique a la música.

2. Salomón de la Selva es el poeta neoclásico, *a saber / mejor dicho*, neogriego, más importante de su país.

3. La mujer de Joaquín, que *en cambio / por cierto*, es muy bonita, ha venido hoy a verme a la consulta porque quiere hacerse un arreglo de nariz.

4. Mi casa *en realidad / encima*, es la casa del gato, yo sólo pago la hipoteca.

5. Es preciso que la ética empape un poco nuestra vida. *Pues / En realidad*, si un médico trabaja fuera todo el día, ¿cuándo tiene tiempo de ponerse al día en las novedades?

6. Estoy harto. Yo soy el que organiza el viaje, el que va a la agencia, pregunta y, *al contrario / encima*, tengo que pagar por adelantado los billetes de todos, no hay derecho.

7. Los concursos de la tele interesan a todos, jóvenes, mayores *y sin embargo / e incluso* a los niños.

8. Si el médico te ha dicho que no vayas a trabajar, *pues / o sea* no vayas.

9. Muchos árboles están mal podados y *con todo / por eso* se les caen las hojas antes de tiempo.

10. Este programa lo han visto cuatro millones de personas, *es decir / antes bien*, el diez por ciento de la población.

11. Yo no estoy de acuerdo en que Lucía estudie Periodismo, pero, *de todos modos / por el contrario*, es ella la que tiene que decidir qué quiere estudiar.

12. Le compro a la niña todo lo que me pide y, *encima / en cambio*, se enfada.

13. Ramón les ha comunicado a sus padres que *al fin y al cabo* / *por fin* Ana y él han decidido casarse.

14. A. ¿Vas a ir a la comida de Navidad del trabajo?

B. No, me voy al pueblo.

A. *Entonces* / *Pues* yo sí, me apetece ver a la gente del turno de tarde.

C **Lee el texto siguiente y elige la opción correcta.** 请阅读下面这篇文章并选择填空。

El precio de la felicidad

Woody Allen dijo en cierta ocasión: "El dinero no da la felicidad, pero procura una sensación tan parecida, que se necesita un auténtico especialista para verificar la diferencia". ___*a)*___ (1), a menudo se vincula el hecho de tener dinero con la felicidad, pero ¿hasta qué punto es el dinero causa de la felicidad? Vamos a investigar, a partir de diversas fuentes, la relación entre estos dos conceptos. ___ (2), y de entrada, cabría diferenciar, ___ (3), el concepto de felicidad, y, ___ (4), el de confort, el de bienestar y el de satisfacción material. Vamos por partes:

¿Qué nos hace sentirnos felices?

A partir de los datos del barómetro de la felicidad realizado en 22 países, el dinero queda lejos de los primeros puestos como procurador de felicidad. El aspecto que, con diferencia, se considera más importante a la hora de declararnos felices es la relación con nuestros amigos y familiares.

Si algo aparece también como un elemento importante para construir la felicidad personal es, sin duda, la relación con el trabajo y la disposición de tiempo de ocio. En España, el índice global de satisfacción con el trabajo se sitúa entre los más bajos de la muestra y a la cola de los europeos occidentales.

___ (5), está claro que un número importante de ciudadanos tiende a relacionar el dinero más con el confort y la calidad de vida que con la felicidad.

¿Cuáles son entonces las características de las personas que se declaran felices?

___ (6), son personas que declaran cultivar redes de afecto sólidas y relaciones personales de calidad, en las que abunda el diálogo, la espontaneidad, pero también la comprensión y la intimidad.

___ (7), tienden a sentir que no son meros resultados de las circunstancias, sino que, de alguna manera, son responsables de lo que les sucede en la vida, sobre todo cuando las circunstancias se tuercen, y ___ (8), actúan para corregir esa situación.

___ (9) suelen ser personas más abiertas a la hora de compartir sus emociones y expresar sus estados de ánimo. ___ (10), la tristeza, la depresión y la infelicidad está más presente en aquellos que tienden a reprimir sus emociones.

Aquellos que se sienten felices se declaran optimistas, aunque no ingenuos. Hacen de la adversidad una oportunidad de aprendizaje. Cuidan de su salud física, hacen actividades deportivas, cuidan su cuerpo. Cuanto mejor sea la salud física, y, en consecuencia, la higiene mental que ésta genere, mayor será la resistencia psicológica, el nivel de energía y la felicidad declarada.

_____ (11) dicen realizar un trabajo que les aporta satisfacción personal.

_____ (12) se ha visto que variables como la edad, la clase social, los ingresos, el cociente intelectual y la educación no parecen tener mucha influencia en la felicidad de la gente. _____ (13), que la felicidad no parece reservarse a un segmento concreto de la población.

_____ (14), ¿cuál es la relación entre dinero y felicidad? Parece claro que el nivel de ingresos condiciona el confort y el bienestar, pero está débilmente relacionado con la felicidad, que tiene más que ver con temas del corazón, de la realización en el trabajo, de la salud y de dar sentido a esta vida.

Alex Rovira Celma, *El País Semanal* (Adaptado)

1. a) En efecto   b) Sin embargo   c) Por cierto   d) En consecuencia

2. a) Por otra parte   b) A propósito   c) En cualquier caso   d) A saber

3. a) en primer lugar   b) igualmente   c) por un lado   d) así las cosas

4. a) por otro   b) por último   c) además   d) encima

5. a) A propósito   b) En cambio   c) No obstante   d) Por fin

6. a) Por cierto   b) Pues   c) Por tanto   d) En primer lugar

7. a) En segundo lugar b) Por consiguiente   c) Sin embargo   d) Por otro lado

8. a) por otro lado   b) por cierto   c) en consecuencia   d) encima

9. a) En cambio   b) También   c) Entonces   d) Antes bien

10. a) Incluso   b) Por el contrario   c) Además   d) Con todo

11. a) Asimismo   b) Entonces   c) Por el contrario   d) Mientras

12. a) Entonces   b) En cambio   c) Por último   d) Encima

13. a) Por lo tanto   b) Entonces   c) Al fin y al cabo   d) Es decir

14. a) Incluso   b) Con todo   c) Al fin   d) Entonces

第25单元 *¿Público, publico o publicó?*
La acentuación 重读

Situaciones 语法点

1. 重读词和轻读词 (**palabras tónicas y átonas**)

▶ 西班牙语中有重读词（其中一个音节比其他音节读得重）和轻读词（没有任何音节比其他音节读得重）之分。

▶ 重读词有：名词、形容词、动词、副词、疑问和感叹代词及形容词、人称代词（*él, ella, ellos, ellas, yo, mí, tú, ti, sí, conmigo, contigo, consigo, nosotros, -as, vosotros,-as, usted, ustedes*）、指示代词、物主代词、不定代词等。

▶ 轻读词有：冠词、连词、关系代词（除了 *el / la cual...*）、人称代词（*me, te, se, le, la, los, las, nos, os*）。

2. 单词的重读音节 (**agudas, llanas y esdrújulas**)

▶ 最后一个音节重读的单词如果以元音、*-n* 或 *-s* 结尾，需要加上重音符号。例如：
Madrid, calor, escribir, ciudad, integral, París, café, cantó, marroquí, canción

▶ 倒数第二个音节重读的单词如果以辅音结尾（*-n* 和 *-s* 除外），需要加上重音符号。例如：
Ventana, libro, coche, piscina, árbol, hábil, cadáver

▶ 倒数第三个（或倒数第四个）音节重读的单词永远需要加上重音符号。例如：
Médico, teléfono, íntegro, llévaselo, lóbrega

3. 单音节词（**monosílabos**）

▶ 某些单词由一个音节构成，通常不加重音符号，形式相同容易引起混淆需要区分的情况除外。
最为常用的单音节词有：

mí（物主代词）	*mí*（夺格人称代词）
él（主格人称代词）	*el*（阳性单数定冠词）
tú（主格人称代词）	*tu*（物主形容词）

té (名词)	*te* (人称代词)
sé (动词 *ser* 的肯定命令式第二人称单数变位；动词 *saber* 的陈述式第一人称单数变位)	*se* (与格代词；自复代词)
sí (自复代词；肯定副词)	*si* (条件连词；间接引语一般疑问句连接词；音符)
dé (动词 *dar* 的虚拟式现在时第一和第三人称单数变位)	*de* (前置词)
qué (疑问和感叹代词)	*que* (关系代词；连词)

■ 请阅读下列句子，标上漏掉的重音符号，说出划线部分单词的作用，并将句子与图片对应。

1. *¡Que tengáis buen viaje!* Conjunción.
2. *En mi casa todos tomamos te, no cafe.* _____
3. *Ella es estupenda, pero el me cae fatal.* _____
4. *No se si podre ir a la excursion con vosotros.* _____
5. *Cuando Julia volvio en si despues del accidente, no reconocio a su padre.* _____

4. 双重元音和三重元音 (diptongos y triptongos)

► 双重元音指连续两个元音被视为一个音节。

135

▶ 双重元音有以下三种形式：

a) 一个强元音 (*a, e, o*) + 一个弱元音 (*i, u*)。例如：*aire, peine, vengáis, pausa*

b) 一个弱元音 + 一个强元音。例如：*despacio, puerta, piedra*

c) 一个弱元音 + 一个弱元音。例如：*viuda, Luis*

如果根据重音规则，该音节需要加上重音符号，重音符号加在强元音上；如果两个元音都是弱元音 (*u, i*)，则加在第二个元音上。例如：

Huésped, lección vayáis, cuídalo

▶ 三重元音由一个弱元音 + 一个强元音 + 一个弱元音构成，三个元音读为一个音节。例如：
Buey, estudiéis, apreciáis

5. 元音连续 (hiatos)

▶ 元音连续指连续两个元音不被视为一个音节，而作为两个音节被分别读出。例如：
Se-cre-ta-rí-a, rí-o, pa-ís, a-hí, Di-ez

▶ 元音连续可以由两个强元音构成（例如：*área, león*），也可以由一个强元音和一个弱元音构成（例如：*o-i-do, pú-a*）。在第二种情况下，重音必须落在弱元音上，此时不必遵循书写基本规则，弱元音需加上重音符号。如果弱元音上没有重音符号，则不是元音连续、并存的两个音节，而被视为双重元音，并称为一个音节。例如：
María, baúl, reír, lío, perfumería

■ 请将下列句子与图片对应。

1. *Felipe se rió mucho.* _____
2. *Celia es secretaria.* _____
3. *El río de mi pueblo no es muy grande.* _____
4. *Diez.* _____
5. *Le presento a Irene Díez.* _____
6. *Mira, ahí está la secretaría.* _____

6. 疑问词和感叹词 (interrogativos y exclamativos)

► 无论在直接引语中，还是在间接引语中，疑问词和感叹词 *qué*、*cuál/-es*、*quién/-es*、*cuánto/ -a/-os/-as*、*dónde*、*cuándo*、*cómo* 都需要加上重音符号。例如：

*¿**Quién** te lo ha dicho?* 谁跟你说这个的？ *¿**Cuál** te gusta más?* 你更喜欢哪个？ *¿**Dónde** se ha metido tu perro?* 你的狗钻到哪里去了？

*¡**Cómo** se ha puesto la niña el vestido!* 瞧小女孩怎么穿的衣服！ *¡**Qué** rica está la tortilla!* 玉米饼真好吃！ *¡**Qué** desastre!* 太糟糕了！

*¿**Adónde** has ido?* 你去哪儿了？ *¿**Por dónde** habéis venido?* 你们从哪儿来？

*No sé **adónde** quieres ir por ahí.* 我不知道你从那儿要去哪儿？ *Pregúntale **cómo** está su madre.* 问问他他母亲怎么样了。

7. 复合词 (palabras compuestas)

► 当肯定命令式和宾格、与格代词合成一个词时，如果命令式变位原本就带重音符号，重音符号需要保留；如果构成的词重音在倒数第三个音节，也需要加上相应的重音符号。例如：
Déme ese papel, por favor. 麻烦您把那张纸递给我。 *Dámelo, por favor.* 请把那个给我。

► 形容词的阴性单数形式加上后缀 *-mente* 构成的副词，为双重读音节词：一个重音落在倒数第二个音节 *men* 上，同时，形容词原有的重音也被保留。如果形容词原本就带重音符号，构成副词后，重音符号需要保留。例如：*Fácil + mente → fácilmente；Cómodo + mente → cómodamente*

8. 其他情况 (otros casos)

► 有时，当性数发生变化时，会改变重读音节的位置，需要适当添加或删除重音符号。例如：
Lección – lecciones; japonés – japonesa; régimen – regímenes

► *Solo* 作形容词时不加重音，作副词时加上重音，相当于 *solamente*。例如：
Eduardo hoy está solo, no ha venido su compañero Pedro. 埃杜瓦多今天一个人，他的朋友佩德罗没来。
*No te enfades, yo **sólo** quería hacerte una broma.* 你别生气，我不过想跟你开个玩笑。

► 指示形容词 *este*、*ese*、*aquel* 和相应的复数形式不加重音；如果做指示代词用，则需要加上重音符号，以示区别。例如：
*Estas casas son más grandes que **aquéllas**.* 这些房子比那些房子大。
*Éste es Ignacio y **aquél** es Pablo.* 这位是伊格纳西奥，那位是巴勃罗。

► 中性代词 *esto*、*eso*、*aquello* 由于不会和其他形式混淆，在任何情况下都不需要添加重音符号。例如：
*¿Qué es **eso** que me han dicho de que te cambias de piso?* 我听说你换房子了，怎么回事啊？

Práctica 习题

A **Divide en sílabas las palabras siguientes y escribe la tilde donde sea necesaria.** 请将以下单词分音节，并在适当的位置加上重音符号。

Agudas		Llanas		Esdrújulas	
camion	*ca-mión*	invierno	_____	farmaceutico	_____
vendra	_____	movil	_____	automatico	_____
escribir	_____	habil	_____	rapido	_____
escribi	_____	sabio	_____	clausula	_____
caiman	_____	dieciseis	_____	vehiculo	_____
ciudad	_____	paises	_____	espontaneo	_____
rio	_____	deuda	_____	dimelo	_____
reunion	_____	feo	_____	guapisimo	_____
guion	_____	vino	_____	quedese	_____

B **Subraya la palabra adecuada.** 请划线选出适当的单词。

1. Yo no sé qué hace esta chica, que siempre se mete en *líos / lios*.

2. El jugador que tiene el número *diez / díez* ha sido expulsado del campo por darle un cabezazo a un jugador del equipo contrario.

3. El *río / rio / rió* que pasa cerca de mi pueblo ya no lleva ni una gota de agua.

4. La *secretaría / secretaria* tuvo que rehacer el texto de nuevo porque no lo *acentúo / acentuó* bien.

5. Este pájaro no está bien, no hay manera de hacer que *píe / pie / pié*.

6. A. ¿Qué tal la película?
   B. Bueno, a mí no me gustó mucho, pero Alejandra se *río / rió / rio* un montón.

7. A. ¿Qué te ha pasado en el *pie / pié / píe*?
   B. Que tropecé con una piedra y me rompí un dedo.

8. A. ¿Adónde tengo que ir para matricularme?
   B. A la *secretaria / secretaría* de la escuela.

9. A. Por favor, ¿está el señor *Díez / Diez*?
   B. Sí, ahora mismo le paso.
   A. Gracias.

10. A. Doctor, ¿ya tiene los resultados de los análisis?
    B. Sí, tengo que informarle de que tiene usted una *tenia / tenía*. Pero no se preocupe, no es grave, con estas pastillas que le voy a recetar, se pondrá bien.

138

11. Cuando llamamos por teléfono para avisar del incendio, los bomberos ya iban *hacía / hacia* allá.

12. El día que me examiné del carné de conducir *hacía / hacia* un calor horrible.

13. Siempre tengo buena nota en ortografía porque *acentuó / acentúo* bien.

14. A. ¿A qué hora se acabó ayer la conferencia?

   B. Muy tarde. Al final, una persona hizo una pregunta, el conferenciante se *lío / lio* y acabaron a las tantas.

C **Completa las frases siguientes con alguna de las posibilidades del recuadro.** 请在方框中的单词中选出适当的形式填空。

público / publico / <u>publicó</u>	tráfico / trafico / traficó	júbilo / jubilo / jubiló
hábitos / habito / habitó	árbitro / arbitro / arbitró	límite / limite / limité
término / termino / terminó	solícito / solicito / solicitó	

1. Fernando *publicó* su primer libro en 2001.

2. El último inquilino que _____ en esta mansión era un conde que dicen que estaba loco.

3. Yo creo que el que _____ el partido del domingo pasado no tenía ni idea de fútbol, lo hizo fatal.

4. Cuando mi ex marido dijo que yo no tenía derecho a la casa, yo no dije nada, me _____ a mirarle a los ojos y a continuación me marché.

5. A. Y tu compañero Antonio, ¿qué tal?

   B. Pues no sé nada de él, en noviembre cumplió 65 años y se _____, y no ha vuelto por la oficina.

6. Cuando se hizo _____ el anuncio de la boda de los príncipes, mucha gente no se extrañó, ya lo sabía.

7. La Dirección General de _____ ha recomendado que se extreme la prudencia en la conducción en estos días de salida de vacaciones.

8. Los soldados recibieron con _____ la noticia de que la guerra había terminado.

9. Mientras yo _____ de preparar este ejercicio, tú puedes ir haciendo la cena, ¿no?

10. Cada año _____ una beca para irme a estudiar al extranjero pero, hasta ahora, nunca me la han dado.

11. La educación consiste en gran parte en inculcar buenos _____ en los niños.

12. María Luisa no es médica porque no _____ la carrera.

13. Ramón ahora es una persona honrada, pero a mí me consta que en su juventud _____ con drogas y estuvo en la cárcel por eso.

D. Escribe la tilde donde sea necesaria. 请在适当的位置加上重音符号。

1. Adiós, que tengáis buen viaje.

2. A. Ayer me encontré a Ángel en la estación de Atocha.

   B. Ah, ¿sí?, ¿y qué te contó?

   A. Nada especial, que está muy contento con su trabajo nuevo y que un día de estos nos llamará para presentarnos a su novia.

3. A. Yo no sé nada de biología, ¿y tú?

   B. Yo sí, estudié algo durante el Bachillerato, pero no me encantó, la verdad.

4. A. ¿Qué tal le fue en la operación a tu madre?

   B. Bien, cuando volvió en sí después de la anestesia, lo primero que hizo fue preguntar por sus hijos.

5. A. ¡Qué bonita fue la película!, ¿verdad?

   B. A mí no me gustó tanto como la otra, la de Antonio Banderas.

6. A. Álvaro me pidió que lo acompañara a esquiar, pero no quiero ir.

   B. Si tienes miedo, no vayas con él, quédate aquí.

7. A. ¿Qué te pasó el otro día? Me dijeron que habías tenido un accidente.

   B. Sí, el coche que iba delante se paró de golpe y yo choqué contra él, pero no fue nada grave, íbamos muy despacio.

8. ¡Que te estés quieto, Álvaro!

9. A. ¿Qué tal el viaje?

   B. Bien, pero para poder llevar nuestro pájaro de un país a otro tuvimos que hacer un montón de trámites.

10. ¡Qué guapa está hoy Ángela!

E En los titulares siguientes se han olvidado las tildes. Ponlas en su lugar. 以下新闻标题中漏标了重音符号，请将重音符号添加在适当的位置上。

1

El secretario y número dos del Ministerio de Industria dimitió por diferencias con el ministro.

2

La investigación del atentado determina que la explosión no ocurrió cuando decía el primer informe, sino un poco más tarde.

3

Los países mediterráneos acusan a la UE de desinterés en el tema de la inmigración.

4

EL EX ALCALDE DE VILLANUEVA INGRESO EL SABADO EN PRISION POR PREVARICACION.

5

Hoy el termometro alcanzara los 40 grados centigrados en gran parte del pais.

6

Los farmaceuticos de Cordoba no estan de acuerdo con el Colegio de Medicos en cuanto al tratamiento de las alergias.

F En el anuncio siguiente hemos quitado todas las tildes. Escríbelas en su lugar correspondiente. 下面一则广告中的重音符号全部被拿掉了，请将它们重新添加在合适的位置上。

¿Tiene usted algun problema?

✔ ¿Le han cobrado de mas en la factura del telefono?

✔ ¿Sabria como actuar si le quitan puntos del carne de conducir?

✔ ¿Le gustaria reclamar por algo y no sabe como hacerlo?

✔ ¿Que haria si de madrugada le llaman por telefono desde la comisaria y le dicen que su hijo esta detenido?

Estos y otros problemas pueden ocurrirle a usted y a cualquiera.
Nosotros le ayudamos a resolverlos,
con una simple llamada telefonica.

No lo dude, hagase socio de nuestra compañia de abogados.

第26单元 *Es muy tarde, así que date prisa.*
Oraciones consecutivas 结果状语从句

Situaciones 语法点

▶ 主句之后，表述结果的从句被称为结果状语从句。引导结果状语从句的连接词有：*así pues, así que, conque, luego, por consiguiente, por eso, por (lo) tanto, pues, de (tal) manera / modo que, tanto… que, de ahí que* 等。

其中，*así que、así pues、por eso、por lo tanto* 最为常用，*luego、por consiguiente、de ahí que* 比较文雅，常见于书面语，*conque* 用于口语，后接命令式。例如：

*Pienso, **luego** existo.* 我思故我在。

*No tengo dinero, **así que** no puedo invitarte a comer.* 我没钱，所以没法儿请你吃饭。

*Estuvo lloviendo todo el día y **por eso** no pudieron hacer nada en el exterior.* 下了一天的雨，因此，他们在户外什么也做不了。

*Llovió **tanto que** se inundaron las poblaciones de la ribera del río.* 大雨滂沱，沿河两岸全被淹了。

▶ 结果状语从句如果表述的是已经产生的结果，通常用陈述式。

▶ 但是，以下情况用虚拟式：

a) 由 *de ahí que* 连接的结果状语从句。例如：

*Fernando era un golfo sin trabajo ni escrúpulos, **de ahí que** sus padres no le <u>dejaran</u> nada en herencia.* 费尔南多没工作，整天肆无忌惮，游手好闲，因此，父母没有给他留下任何遗产。

b) 表示"目的"的结果状语从句。例如：

*Lo hizo **de tal manera que** nadie <u>se enterara</u>.* (= Como para que nadie se enterara) 他这么做是为了不让任何人知道。

*No era **tan incompetente como para que** lo <u>despidieran</u>.* 他不至于无能到被人开除的地步。

*Lo hizo **de tal manera que** nadie <u>se enteró</u>.* (Consecutiva pura) 他这么做了，所以没人知道。（单纯的结果状语从句）

■ 请将下列句子与图片对应。

1. *Era tan alta tan alta que se comió un yogur y cuando llegó al estómago estaba caducado.* <u>d</u>

2. *Era tan bajito tan bajito que se subía a una canica y decía: "el mundo es mío".* ____

3. *Era tan tonto tan tonto que no tomaba leche fría porque no le cabía la vaca en la nevera.* ____

4. *Era una casa con las ventanas tan pequeñas que no entraban ni las moscas.* ____

Práctica 习题

A Completa con el nexo correspondiente: *luego, conque, así que, de ahí que, de tal manera que, tan (tanto) que, por consiguiente*. A veces hay más de una opción. 请用以下连词填空：*luego, conque, así que, de ahí que, de tal manera que, tan (tanto) que, por consiguiente*。有时不止一种选择。

1. Estaba *tan* harta de él *que* lo dejó.

2. No pienso decirte nada más, _____ ya puedes irte.

3. El verano pasado no teníamos dinero ni para comprarnos bañadores, _____ nos quedamos en casa, sin playa.

4. Ellos eran ricos y cultos, mientras que la familia de la novia era humilde, _____ no vieran con buenos ojos aquel noviazgo.

5. El sobrino de Pepe se comportó _____ mal _____ no creo que lo invite nunca más.

6. Yo le aconsejé a Rosa que le contara la historia _____ Pedro no se sintiera ofendido.

7. La niña tenía hambre _____ no paraba de llorar.

8. Los atracadores salieron mezclados con los clientes del banco, _____ la policía no pudiera detenerlos.

9. Las pruebas presentadas contra el acusado eran insuficientes y _____ tuvieron que absolverlo.

10. El presupuesto para el año próximo no prevé fondos para renovar los equipos informáticos, _____ seguiremos con los actuales otro año más.

11. Preparó todo _____ no nos enteramos de cuándo dejó la empresa.

12. ¿Todavía no has hecho los deberes? Si no los haces no sales, _____ ya puedes ponerte a hacerlos.

B Con los elementos que te damos, construye frases que expresen consecuencia. Puedes utilizar el nexo que estimes más conveniente. 请用适当的连词将给出的两个单句改写为主句和结果状语从句。

1. Es muy alto / se le salen los pies de la cama.

   Es tan alto que se le salen los pies de la cama.

2. La fruta estaba muy cara / compramos yogures.

   _____.

3. En casa no se puede jugar con la pelota / vete a jugar al parque.

   _____.

4. No ganan bastante dinero para comprarse un piso / viven con los padres.

   _____.

5. Tenemos mucho trabajo en la oficina / este año no me van a dar vacaciones.

   _____.

Repaso V 复习 V

A **Une las dos frases para formar una sola de relativo.** 请将给出的两个单句连成一个定语从句。

1. Dime la hora. Tengo que llamarte a esa hora.

    Dime la hora a la que tengo que llamarte.

2. Aquí están las cartas. Me refería a estas cartas.

    _____.

3. Encontré a Julián García. No veía a J. García hacía años.

    _____.

4. Dieron un premio a una muchacha. Hablamos de esa muchacha antes.

    _____.

5. Aquí está el estadio de fútbol. En este estadio se disputó la Copa de Europa.

    _____.

6. No conozco a esa mujer. Juan está hablando con ella.

    _____.

7. Compré el reloj en la tienda. Tú me hablaste de esa tienda.

    _____.

8. Este es mi amigo Pepe. Estudié con él en la Universidad de Sevilla.

    _____.

9. Ella trabaja para una empresa. La empresa es americana.

    _____.

B **En los siguientes ejemplos, analiza el significado de la perífrasis.** 请分析以下句子中动词短语的含义。

1. Estas elecciones *deberían ser* un ejemplo para los países vecinos. *Obligación*

2. Ya *va siendo* hora de que te cases, hijo mío, tienes 35 años y yo no voy a durar siempre. _____

3. El teléfono no *dejó de sonar* en toda la mañana. _____

4. El presidente de la sala *volverá a ser* nombrado dentro de 20 días. _____

5. Hasta este momento *llevamos revisados* más de la mitad de los zapatos, no sé si hoy acabaremos de revisarlos todos. _____

6. Pepe venía de la mano de su profesora, pero cuando vio a su madre, se soltó y *echó a correr* hacia ella. _____

7. Tienes una voz malísima. *Deberías ir* al médico. _____

8. Entre unas cosas y otras, el alquiler del apartamento *viene a salir*
por unos 450 euros. _____

9. A medida que *van vendiendo* la mercancía, *van reponiendo* existencias. _____

10. No te preocupes más, tu problema *estará solucionado* en unos días. _____

C En los párrafos que siguen hemos omitido los conectores. Reescríbelos en el lugar correspondiente con ayuda del recuadro. 以下段落中的连词被拿掉了，请重新将它们补回到相应的位置上。

| mejor dicho (2) | al fin y al cabo | en particular | en realidad (2) |

A

Para Marañón, la libertad, o *mejor dicho*[(1)], el liberalismo, no es cuestión de ideas, sino de conducta, y él se sitúa entre los liberales cuya actitud –dice– "se funda en la fidelidad más estricta a su actitud y su conducta de siempre".

B

Entonces hubo un bombardeo y mis amigos murieron. ¿Por qué sucedió así? ¿Por qué tuve yo la suerte de salvarme? No hay una respuesta. La vida _____ [(2)] es una tomadura de pelo, aunque nos la adornan un poco. Por eso me la tomo con sentido del humor. Un mundo en el que desde antes de nacer estás condenado a morir no te lo puedes tomar en serio.

C

Es preciso reconocer que nadie antes que Freud ha formulado desde el seno de la psiquiatría o de la psicología denuncias tan precisas, tan violentas y que a la vez lograsen un impacto tan intenso sobre la sociedad en general y sobre el hombre occidental _____ [(3)].

D

–¿Eso de vivir de lo que escribe es lo que usted quería siempre?
–Sí, aunque _____ [(4)], yo lo quería de otra manera, pero es lo que me ha tocado. Estoy contento, porque yo no tengo dificultades para publicar.

E

Realmente, lo que hoy consideramos pulsión creadora o _____ [(5)], transformadora, porque sólo trasformamos, puede ser resultante de una lucha anterior por la supervivencia. Así, por ejemplo, las pinturas primitivas no están tan relacionadas con el placer estético como con la supervivencia misma.

F

En un momento del libro, Elisa y Ansúrez muestran su nobleza y capacidad de rebeldía, pero pronto todo vuelve a disolverse en la anécdota y en el mal gusto. Hay mucho aquí de Cela, pero en Cela la procacidad y la exaltación goliardesca le impiden caer en la vulgaridad. El mal gusto es _____ [(6)], aquí, la nota dominante.

D De las frases siguientes, 8 son incorrectas. Encuentra los errores y corrígelos. 下列句子有八句不正确，请指出错误并改正。

1. Miguel, no se _hablan_ con la boca llena.   _habla_
2. Desde aquí se ve perfectamente los detalles del cuadro. _____
3. La catedral de Santiago fue construida en el siglo XII. _____
4. A causa de la alfombra no se oyó los pasos del ladrón. _____
5. ¿Sabes?, Ricardo ha sido robado en el metro. _____
6. Luisa, hija, cuando te regalan algo se dice "gracias". _____
7. Últimamente no se ven tanta gente fumando en el metro. _____
8. Estos dulces se hacen en Sevilla. _____
9. Para venir a España no es necesitada mucha ropa de abrigo. _____
10. El inglés se habla en muchos países. _____
11. Ha dicho en la radio que van a subir las temperaturas. _____
12. Este año no se lleva nada las botas altas. _____

E Completa el texto con los verbos del recuadro en la forma *se* + verbo activo. 请将方框中的动词变为自复被动形式填空。

deshojar	convertirse	lavar	someter	transportar
separar	mezclar	moler	batir	recoger

El aceite de oliva

La elaboración del aceite sigue diferentes etapas que van desde la recolección de la aceituna hasta el envasado del aceite para su venta y consumo.

La aceituna *se recoge* (1) en los meses de diciembre y enero y _____ (2) a la almazara donde _____ (3) en aceite de diferentes clases después de un proceso mecánico.

En la almazara los frutos _____ (4) y _____ (5) hasta que queden limpios. El proceso sigue con la molturación o triturado de la aceituna: _____ (6) la aceituna hasta que queda convertida en una pasta, es decir, una masa compuesta de bolsas de aceite, huesos y elementos sólidos. En la siguiente etapa, llamada de batido, esta masa _____ (7) continuamente y muy despacio para romper la emulsión de aceite y agua. Tras el batido, la aceituna _____ (8) a otro proceso con el fin de separar los líquidos contenidos en la pasta (aceite y alpechín) del conjunto sólido (pulpa y hueso). El proceso consiste básicamente en filtrar la pasta a través de unas esteras para extraer el aceite.

No todo el aceite resultante tienen la misma calidad, así que en último lugar _____ (9) o _____ (10) los diferentes tipos de aceite que tendrán usos diversos, algunos para el consumo y otros no aptos para consumir.

F Escribe las tildes necesarias. 请在适当的位置加上重音符号。

Ale apareció con el mismo vestido que llevaba en el avión (no tendrá otro penso Benja, pero enseguida se avergonzo de su frivolidad), estaba linda y parecia contenta. El saludo, todavia formal, fue el pretexto para que las manos se reconocieran y lo celebraran. Hubo una ojeada de inspeccion reciproca y decidieron aprobarse con muy bueno sobresaliente.

Mientras esperaban el te y la torta de limon, ella le dijo que te parece si empezamos desde el principio. ¿Por ejemplo? Por ejemplo por que te decidiste a tocar mis manos. No se, tal vez fue pura imaginacion, pero pense que tus manos me llamaban, era un riesgo, claro, pero un riesgo sabroso, asi que resolvi correrlo. Hiciste bien, dijo ella, porque era cierto que mis manos te llamaban. ¿Y eso?, balbuceo el numero ocho. Sucede que para vos soy una desconocida, yo en cambio te conozco, sos una figura publica que aparece en los diarios y en la television, te he visto jugar varias veces en el Estadio y en tu barrio, leo tus declaraciones, se que opinas del deporte y de tu mundo y siempre me ha gustado tu actitud, que no es comun entre los futbolistas. No reniego de mis compañeros, mas bien trato de comprenderlos. Ya se, ya se, pero ademas de todo eso, probablemente el punto principal es que me gustas, y mas me gusto que te atrevieras con mis manos, ya que, dadas las circunstancias, se precisaba un poquito de coraje para que tu cerebro le diera esa orden a tus largos dedos.

Mario Benedetti, *El césped*

G Forma frases uniendo las dos columnas con un nexo de relativo. 请用适当的连词将两栏中的单句连成一个句子。

1. Recibió una carta de Luis	en la que	a) cenamos ayer.
2. Me gustó mucho el restaurante	cuyo	b) más te guste.
3. Cómprate el coche	la cual	c) le gustara el tenis.
4. Me gustaría salir con alguien	donde	d) nombre comienza por f.
5. Es un actor	a quien	e) había conocido en Benidorm.
6. Vive en una casa cerca de	que	f) hay un pantano.
7. Ya no volví a ver a los turistas		g) le pedía 3.000 euros.

Vocabulario
词汇

第1单元 *Prefijación* 加前缀构词法

A **Relaciona las imágenes con las palabras.** 请将下列单词和图片对应。

1. antibiótico   *b*
2. transatlántico   ____
3. extraterrestre   ____
4. autoservicio   ____

▶ 西班牙语中最常用的前缀有：

in-/im-/i-	en-/em-	de-/des-/dis-	re-	ex-	sub-	tras-/trans-
imposible	encarcelar	descargar	reconstruir	expedir	subterráneo	transbordo
ilegal	enterrar	disconforme	renovar	exculpar	subcultura	transatlántico
increíble	encerrar	degenerar	reforzar	extraer	subrayar	trastienda
indeciso	embarcar	desalar	relimpio	extender	subgrupo	trasplantar

▶ **In- (im-, i-)** 和 **des- (de-, dis-)** 是最常用的反义前缀。

hacer → **des**hacer   abrochar → **des**abrochar   pegar → **des**pegar

justo → **in**justo   seguro → **in**seguro   comestible → **in**comestible

▶ 其他前缀：

Ante- *anteponer, antebrazo, anteayer*
Anti- *antiaéreo, antiarrugas, antibiótico*
Auto- *autoservicio, autocontrol, autoescuela*
Entre-/inter- *intercontinental, entreacto, interdental*
Extra- *extraordinario, extraoficial, extraterrestre*
Mono- *monoparental, monosílaba, monogamia*
Poli- *politeísmo, políglota, policlínica*
Post-/pos- *postmodernidad, posponer, posparto*
Pre- *precocinado, preinscripción, precalentamiento*

B Escribe la palabra correspondiente a la definición. Todas las palabras están en la exposición anterior. 请根据释义写出相应的单词，所有词汇均出现在上一个表格中。

1. *Antibiótico.*   Sustancia química que destruye las bacterias.

2. _____   Que combate o evita las arrugas

3. _____   Establecimiento donde se enseña a conducir automóviles.

4. _____   Que está o procede de fuera del planeta Tierra.

5. _____   Intermedio o descanso en una representación dramática.

6. _____   Alimento que ya está algo elaborado para cocinarlo rápidamente.

7. _____   Persona que conoce varias lenguas.

8. _____   Quitar la sal a una cosa.

9. _____   Que está por decidir.

10. _____   Embarcación de gran tamaño destinada a viajes largos de pasajeros.

11. _____   Sacar (a una persona) una cosa que está dentro de un lugar.

12. _____   Familia que sólo cuenta o con el padre o con la madre.

13. _____   Tiempo que sigue al parto.

14. _____   Librar de culpa o responsabilidad a una persona.

15. _____   Hacer que una cosa (o persona) sea más fuerte.

C Escribe el contrario. Utiliza los prefijos *im-/i-/in-* y *des-/dis-*. 请在词语前加上前缀 *im-/i-/in-* 或 *des-/dis-*，构成相应的反义词。

1. perfecto   *imperfecto*   7. contento   _____

2. visible   _____   8. continuo   _____

3. prudente   _____   9. explicable   _____

4. oportuno   _____   10. presentable   _____

5. agradable   _____   11. lógico   _____

6. legal   _____   12. recuperable   _____

第2单元 *Sufijos nominalizadores* 名词后缀

A **Elige el sustantivo adecuado.** 请选用适当的名词。

1. Rafa y Mayte tuvieron que cambiarse de casa por culpa de la *humedad* / *rivalidad*.

2. En España el proceso de *invención* / *adopción* de niños tarda alrededor de tres años.

3. Las *exigencias* / *resistencias* para encontrar un buen trabajo son cada vez más grandes.

4. Tuve que comprarme una *grapadora* / *secadora* nueva porque a la vieja se le rompió el motor.

► 最常用的名词后缀有：

-ción/-sión	**-dad/-tad**	**-eza**	**-cia/-nza**
perfección	*bondad*	*bajeza*	*demencia*
preocupación	*igualdad*	*grandeza*	*paciencia*
complicación	*humedad*	*fortaleza*	*exigencia*
división	*amistad*	*pereza*	*residencia*
invención	*rivalidad*	*belleza*	*asistencia*
canción	*facilidad*	*simpleza*	*matanza*
adopción	*dificultad*	*pureza*	*enseñanza*
agresión	*libertad*	*agudeza*	*confianza*

-mento/-miento	**-ería**	**-ista**	**-or/-ora**
pegamento	*zapatería*	*socialista*	*pintor*
aburrimiento	*perfumería*	*artista*	*promotor*
calentamiento	*cristalería*	*madridista*	*agresor*
estacionamiento	*cervecería*	*independentista*	*revisor*
llamamiento	*pajarería*	*budista*	*reproductor*
salvamento	*orfebrería*	*separatista*	*lavadora*
sentimiento	*ganadería*	*juerguista*	*secadora*
compartimento	*albañilería*	*bromista*	*grapadora*

► 后缀 **-ismo** 用来构成表示意识形态、宗教信仰或艺术流派的名词。例如：

impresionismo, budismo, socialismo, cubismo

► 后缀 **-ista** 构成的词语指某种意识形态、宗教信仰或艺术流派的追随者，也可以指不同的职业或性格，既是名词也是形容词。例如：

*Ernesto es muy **detallista**, siempre se acuerda de traerme un regalito de sus viajes.*
埃内斯托非常细心，每次旅行归来都会记着给我带份小礼物。

B **Relaciona.** 请将下列单词和图片对应。

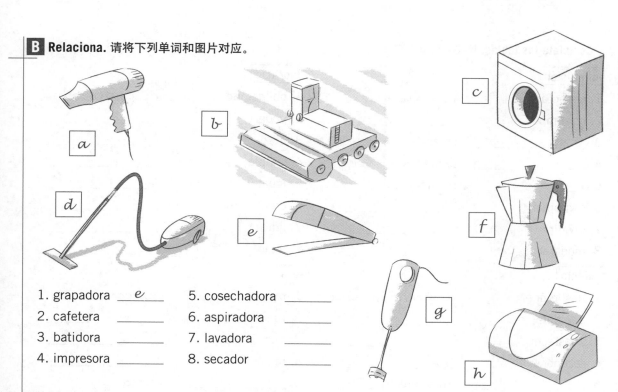

1. grapadora ___e___
2. cafetera _____
3. batidora _____
4. impresora _____
5. cosechadora _____
6. aspiradora _____
7. lavadora _____
8. secador _____

C **Escribe la palabra correspondiente.** 请写出相应的名词。

1. Lugar donde venden carne.   *Carnicería*
2. Lugar donde venden abrigos de piel.   _____
3. Tienda de plantas y cosas para el jardín.   _____
4. Lugar donde realizan limpieza en seco.   _____
5. Mueble donde se colocan los libros.   _____
6. Oficio relacionado con las instalaciones de agua. _____
7. Conjunto de objetos de cristal.   _____
8. Oficio de hacer obras con ladrillos, cemento, etc. _____
9. Lugar donde se hacen muebles de madera.   _____

D **Relaciona cada serie con el sufijo correspondiente.** 请将每组单词与相应的后缀连线。

1. esperar, confiar, elegante   a) -miento/-mento
2. agredir, perder, inventar   b) -sión/-ción
3. enfriar, conocer, apartar   c) -ismo
4. difícil, serio, precioso   d) -eza
5. bello, fuerte, grande   e) -cia/-nza
6. Buda, cristiano, islam   f) -tad/-dad

E Completa las tablas. 请将表格填写完整。

-ción/-sión

1. conectar — *conexión*
2. corromper — _____
3. _____ — creación
4. _____ — prohibición
5. _____ — perdición
6. combinar — _____
7. dividir — _____
8. moderar — _____

-tad/-dad

1. obligatorio — *obligatoriedad*
2. poder — _____
3. libre — _____
4. simple — _____
5. igual — _____
6. cruel — _____
7. grave — _____
8. malo — _____

-miento

1. desprender — *desprendimiento*
2. adelantar — _____
3. abastecer — _____
4. reconocer — _____
5. _____ — pensamiento
6. _____ — salvamento
7. _____ — enfriamiento
8. recibir — _____

-eza

1. raro — *rareza*
2. fuerte — _____
3. rico — _____
4. malo — _____
5. _____ — dureza
6. limpio — _____
7. _____ — pureza
8. perezoso — _____

-cia/-nza

1. inteligente — *inteligencia*
2. creer — _____
3. _____ — demencia
4. _____ — esperanza
5. preferente — _____
6. competir — _____
7. asistir — _____
8. _____ — conveniencia

-ismo

1. real — *realismo*
2. pésimo — _____
3. _____ — nerviosismo
4. _____ — activismo
5. _____ — terrorismo
6. periodista — _____
7. ideal — _____
8. óptimo — _____

F Completa las frases con el derivado de los verbos y adjetivos del recuadro. 请用方框中的动词或形容词的派生词填空。

| honesto esperar competir rival perezoso recibir conectar bello calentar mover |

1. La policía no ha encontrado ninguna *conexión* entre los dos homicidios ocurridos el fin de semana pasado, cree que se deben a autores distintos.

2. Ernesto se ha lesionado el hombro porque ha hecho un mal _____.

3. Todos los espectadores quedan conmovidos por la _____ de la actriz protagonista de la película.

4. La _____ es una virtud, pero hay que saber gestionarla.

5. Dice un refrán español que "la _____ es lo último que se pierde" y otro, que la "_____ es la madre de todos los vicios".

6. A Fernando Alonso sus paisanos le han hecho un _____ multitudinario, todo el pueblo estaba allí para recibirlo.

7. Los ecologistas han advertido de que el _____ del planeta provocará la subida de las temperaturas en los próximos veinte años.

8. En el mundo de los negocios, hay que luchar siempre por ser el mejor, la _____ es feroz.

9. La _____ entre los dos equipos es muy grande y hace que los encuentros de fútbol sean muy emocionantes.

第3单元 *Sufijos adjetivales* 形容词后缀

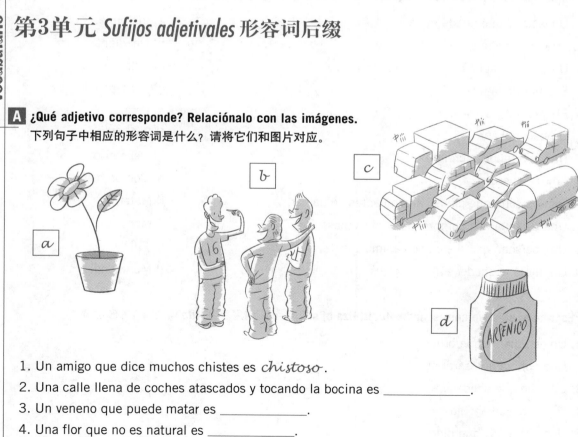

A **¿Qué adjetivo corresponde? Relaciónalo con las imágenes.**
下列句子中相应的形容词是什么？请将它们和图片对应。

1. Un amigo que dice muchos chistes es *chistoso*.
2. Una calle llena de coches atascados y tocando la bocina es _____.
3. Un veneno que puede matar es _____.
4. Una flor que no es natural es _____.

► 最常用的形容词后缀有：

-oso/-a	**-ico/-a**	**-al**	**-able/-ible**
ambicioso	*patético*	*legal*	*recomendable*
chistoso	*alérgico*	*artesanal*	*invisible*
canceroso	*eléctrico*	*manual*	*impresentable*
precioso	*aromático*	*dominical*	*desechable*
ruidoso	*telefónico*	*matinal*	*inolvidable*

-nte	**-dor/-dora**	**-ivo**
deprimente	*encantador*	*comprensivo*
alarmante	*luchador*	*intuitivo*
suavizante	*hablador*	*receptivo*
creciente	*calculador*	*repetitivo*
obediente	*ganador*	*progresivo*
dependiente	*trabajador*	*explosivo*

B **Relaciona cada frase con un adjetivo.** 请将下列每句与一个形容词连线。

1. Un veneno que puede matar.
2. Una persona muy contenta.
3. Un trabajo hecho con las manos.
4. El amor de la madre.
5. El amor de los hijos.
6. Un país del sur.
7. Una noticia poco creíble.
8. Amor de verdad.
9. Una persona que piensa mucho antes de hablar.
10. Una persona que comprende a los demás.
11. Una persona que tiene poco ánimo.
12. Un hijo que obedece a sus padres.

a) Increíble.
b) Obediente.
c) Calculadora.
d) Verdadero.
e) Letal.
f) Eufórica.
g) Depresiva.
h) Comprensiva.
i) Maternal.
j) Manual.
k) Filial.
l) Meridional.

C **Escribe el adjetivo correspondiente. Utiliza el sufijo *-nte*.** 请用后缀 *-nte* 构成相应的形容词。

1. Un estudiante que brilla. *Brillante.*
2. Una noticia que sorprende. _____.
3. Un niño que obedece. _____.
4. Un calor que agobia. _____.
5. Unas palabras que hieren. _____.

6. Unas noticias que alarman. _____.

7. Una persona que combate. _____.

8. Un producto que fertiliza la tierra. _____.

9. Un agua que corre. _____.

10. Una demanda que crece. _____.

11. Una persona que no depende de nadie. _____.

12. Una familia que puede, que tiene bienes económicos. _____.

D **¿Qué adjetivo corresponde a estos nombres y verbos?** 哪些形容词与下列名词和动词相对应？

1. Lluvia   *Lluvioso*
2. Nación   _____
3. Lógica   _____
4. Imagen   _____
5. Filosofía   _____
6. Músculo   _____
7. Repetir   *Repetitivo*
8. Destruir   _____
9. Viento   _____

10. Predecir   _____
11. Aceptar   _____
12. Asco   _____
13. Oír   _____
14. Ver   _____
15. Mano   _____
16. Nube   _____
17. Ganar   _____
18. Explotar   _____

E **Completa las frases con el adjetivo derivado de los nombres o verbos que aparecen entre paréntesis.**
请用括号中名词或动词的派生形容词填空。

1. El aspecto de los perros de mi vecino es *amenazador*. (amenaza)

2. El huerto se riega con un sistema _____ de aljibes y acequias. (ingenio)

3. Elena salió a la calle a la hora más _____ del día. (calor)

4. Augusto tenía una apariencia _____, a pesar de sus 60 años. (joven)

5. Felisa no es muy guapa, pero es _____. (atraer)

6. El hospital era un edificio antiguo y _____, a punto de caerse. (ruina)

7. La exposición del ponente tuvo un tono _____, dado el tema que trataba. (emoción)

8. Todos los objetos que hay en el salón del palacio son muy _____ por su antigüedad. (valor)

9. Lo que peor llevo de Manuel es el tono _____ con que habla a casi todo el mundo. (padre)

10. Los sindicatos creen que las condiciones que ha puesto la empresa a los trabajadores son _____. (aceptar)

第4单元 *Sufijos diminutivos y aumentativos* 指小词和指大词后缀

¡Menuda **casita** se ha comprado Javier!

► 评价后缀（指小词、指大词、贬义词）给词汇加上了不同的感情色彩。尽管指小词起初只用来指称小的物品，但是也有人认为指小词最主要的作用是表示亲昵和评价。指大词也是如此：*una manaza* 可以指"一只非常大的手"，而 *un manazas* 意思是"笨手笨脚的人"。

► 评价后缀可以加在名词、形容词和副词的后面。例如：
*cas**ita**, perr**azo**, gord**ito**, grand**ullón**, despac**ito**, cerqu**ita***

指小词后缀

► 主要的指小词后缀有：**-ito (-cito, -ecito), -ico (-cico, -ecico), -illo (-ecillo), -in (-ina), -uelo (-uela), -ete**：

mesa → *mesita/mesilla*　　　　　nieta → *nietecita/nietecilla*
hombre → *hombrecito*　　　　　 flor → *florecita/florecilla*
pez → *pececito/pececillo*　　　　nariz → *naricita/naricilla*
calle → *callejuela*　　　　　　　pequeño → *pequeñín*

► **-ito** 是构成指小词的标准后缀，**-illo** 多用于西班牙南部安达卢西亚地区，**-ico** 则多用于西班牙北部。

► 在家庭用语中，尤其当和孩子说话时，经常需要用到指小词，有时指的是小的物品，有时则用来传递一丝温情。例如：

*Jorge, ¿te has lavado las **manitas**?* 豪赫，你有没有洗你的小手呀？ / *Andrea, ponte el **abriguito**.* 安德烈，你把外套穿上吧。 / *Clara, mira, un **pajarito**.* 克拉拉，你瞧，是只小鸟。 / *Diego, sécate, que estás **mojadito**.* 迭戈，把你自己擦擦干，瞧你湿的。 / *Dale un beso a la **abuelita**.* 你吻一下奶奶。 / *Guarda tu **ropita** en el armario.* 你把你的小衣服放进衣橱里。 / *Vamos, ya falta **poquito**.* 我们走吧，只有一点点时间了。

► 口语中，说话人想通过指小词表示亲近、传递情感。例如：

*Espera un **momentito**, ya voy.* 你再稍等一小会儿，我这就来了。 / *Nos vemos, hasta **lueguito**.* 再见，我们一会儿见。 / *¿Te apetece una **cervecita fresquita**?* 你想来杯冰啤酒不？

► 指小词也可用于揶揄，表示轻视或反语（以小指大）。例如：

*No me gustaba nada Pedro por el **bigotito** que tenía.* 就因为佩德罗留的那八字胡，我一点儿也不喜欢他。 / *¡Menuda **casita** se ha comprado Javier!* 哈维尔是买了多少房子呀！

► **-illo** 结尾的单词用来降低事物的重要性。例如：

*No puedo ir a trabajar porque tengo un **problemilla** que resolver.* 我没法去上班，因为我有个小问题要解决。

► 许多用评价后缀构成的词语已经失去了本意，变成了"中性"意义的词汇。如：*martillo, cigarrillo, barbilla, bolsillo, bombilla, maletín* 等。

指大词后缀

► 主要的指大词后缀有：**-azo**, **-ón**, **-ote**, **-udo**：

*taz**ón**, zapat**ones**, perr**azo**, papel**ote**, barrig**udo**。*

► 指大词主要表示体积或强度偏大，但同时也会带有一定的褒义或贬义色彩。例如：

*Ricardo es un **buenazo**.* (= muy bueno) 里卡多人非常好。 / *Acabo de ver un **peliculón**, me ha encantado.* 我刚看了一部电影，非常得喜欢。 / *Pepe es un **manazas**, no sabe colgar un cuadro.* 贝贝笨手笨脚的，都不知道怎么把一幅画挂好。 / *Después de dos meses a dieta, se dio el **gustazo** de comerse un cochinillo asado.* 坚持节食两个月后，他吃了一只烤乳猪来开心一下。

► 后缀 **-azo** 也指身体的某个部位或物体的敲击，如：*cañon**azo**, puñet**azo**, port**azo**, bal**azo**, porr**azo**。* 例如：

*Salió de la habitación dando un **portazo**.* 他狠狠摔了一下门，离开了房间。

贬义后缀

► 贬义后缀顾名思义，带贬义色彩，不太常用。主要的贬义后缀有：**-aco**, **-ajo**, **-ejo**, **-ucho**：

*El niño de Marta es más bien **feúcho**, ¿no?* 玛尔塔的儿子长得特别丑，是吗？ / *No sé para qué lees esos **libracos**, deberías leer otras cosas más útiles.* 我不知道你为什么会读这些书，你应该读其他那些更有用的。

Completa con una de las palabras del recuadro. Sobran tres. 请用方框中的词语填空，有三个词用不到。

> montonazo bigotito sueldazo bocazas copita tazón naricilla llavecita bolsillo
> casucha cuadernillo lagrimones tipazo callejuela ventanilla cochecito ratoncito maletín

1. Su novio era un chico joven con un *bigotito* que apenas se le veía y gafas redondas.

2. Lucía se subió a una silla del susto, ¿cómo puede alguien asustarse por un _____?

3. Dimos muchas vueltas por la parte antigua del pueblo y al final nos quedamos atrapados en una _____ sin salida.

4. Ernesto me dijo que estaba muy contento en el nuevo trabajo porque ganaba un _____.

5. El domingo estuvimos en la feria del pueblo de Puri y no nos gustó porque había un _____ de gente.

6. ¿Has visto qué _____ tiene la nueva Miss España?, es guapísima.

7. El médico le ha dicho a Carlos que puede tomarse una _____ de vino en la comida, que es bueno para el corazón.

8. Cuando su padre la regañó, a Isabel le caían los _____ por la cara y no podía evitarlo.

9. Hoy regalan con el periódico un _____ con el calendario de los partidos de fútbol de todo el año.

10. Ana, ¿has visto la _____ de mi joyero? Es que no la encuentro.

11. Ignacio todos los días desayuna un buen _____ de leche con cereales.

12. ¡Menudo _____ se ha comprado mi jefe!

13. El nuevo administrador no me gusta nada, es un _____ que va contando lo que no debe por ahí.

14. En el accidente de ayer, los bomberos no pudieron abrir las puertas del coche y tuvieron que sacar a los heridos por la _____.

15. Luis y Lola se han comprado una _____ a las afueras del pueblo que no vale nada.

B **Señala qué nombre reciben los golpes dados con:** 请写出用以下物品或身体部位敲击的名词形式。

1. bastón	*bastonazo*	7. martillo	_____
2. puño	_____	8. vista	_____
3. puerta	_____	9. codo	_____
4. tijera	_____	10. flecha	_____
5. látigo	_____	11. guante	_____
6. rodilla	_____	12. ladrillo	_____

C **Completa las frases con uno de los nombres anteriores.** 请用上一题中的名词填空。

1. A. ¿Qué le ha pasado a esta pared?

   B. Pues que el vecino está de obras, le ha dado *un martillazo* al tabique y ha hecho ese agujero, ¿qué te parece?

2. El domador que vimos ayer en el circo era estupendo, con sólo un _____ consiguió que el león se subiera a la silla.

3. El árbitro le sacó tarjeta roja a Fidel por haberle dado un _____ en el estómago al defensa contrario.

4. A. ¿Sabes que Susi se va a casar?

   B. No me digas, ¿con quién? Hace unos meses no salía con nadie.

   A. Chica, ha sido un _____, conoció a un hombre por Internet y se enamoraron la primera vez que se vieron.

5. A. Olga, voy a salir un momento, ¿puedes echarle un _____ al cocido que está en el fuego?

   B. Sí, claro.

6. Julia, cierra bien esa ventana, que con el aire está dando _____ y es muy molesto.

第5单元 *Sufijación verbal* 动词后缀

A **Elige el verbo adecuado.** 请选用适当的动词。

1. El rosal ya *ha florecido* / *ha humedecido*.

2. Andrés antes era más bruto, pero ahora el carácter se le *ha dulcificado* / *ha intensificado*.

3. ¿Quién *ha endulzado* / *ha calentado* mi café? A mí me gusta sin azúcar.

4. Lo han metido en la cárcel por *falsear* / *firmar* documentos públicos.

florecer

构成动词的方法有三种。

▶ 直接派生

ánimo → *animar*　　　plancha → *planchar*　　　contento → *contentar*　　　limpio → *limpiar*

▶ 加后缀派生

常用后缀有：

-ear	**-izar**	**-ificar**	**-ecer**
marear	*humanizar*	*deificar*	*florecer*
redondear	*escolarizar*	*fructificar*	*humedecer*
clarear	*industrializar*	*edificar*	*oscurecer*
falsear	*localizar*	*testificar*	*robustecer*
malear	*aterrizar*	*pacificar*	*palidecer*
escasear	*dramatizar*	*dulcificar*	*agradecer*
tontear	*centralizar*	*fortificar*	*favorecer*
coquetear	*familiarizar*	*intensificar*	*languidecer*

▶ 复合派生

前缀 + 词根 + 后缀

en-/em-	**a-**	**des-**
em-baldos-ar	*a-bland-ar*	*des-pedaz-ar*
em-borrach-ar	*a-clar-ar*	*des-troz-ar*
en-trist-ecer	*a-delga-zar*	*des-arm-ar*
en-vej-ecer	*a-cort-ar*	*des-cabez-ar*
en-dulz-ar	*a-barat-ar*	

B Haz el crucigrama. 填字游戏。

1. Poner electricidad a una cosa.

2. Hacer bromas.

3. Ponerse pálida una persona.

4. Dar golpes.

5. Tomar tierra, por ejemplo, los aviones.

6. Volver dulce algo.

7. Dar flores.

8. Mover los párpados.

9. Dar o producir terror.

C **Completa las frases con los verbos anteriores.** 请用上一题中动词的适当形式填空。

1. En los últimos años se ha observado que las plantas *florecen* antes de tiempo debido al calentamiento del planeta.

2. En la finca de mis suegros tuvieron que _____ las vallas para que las vacas no salieran a la carretera.

3. El avión que venía de San Pablo no pudo _____ en El Prat a causa de la niebla y tuvo que volar hasta Zaragoza.

4. No te enfades con Manuel, mujer, es un buen chico, lo que ocurre es que se pasa el día _____.

5. Sara no puede ver películas de miedo, le _____ los monstruos, los fantasmas, los vampiros, incluso los asesinos.

6. A. Mamá, me ha entrado arenilla en el ojo.

   B. ¡Vaya!, _____ varias veces, ya verás cómo sale. Y si no, lávatelo con agua.

7. El homicida _____ varias veces a la víctima con un bastón, hasta que la mató.

8. Antes, de joven, Consuelo era muy mandona y antipática, pero con la edad, parece que se le _____ el carácter.

9. Cuando le contaron a Enrique que a su hijo lo habían detenido por vender droga, todos vimos cómo _____, se quedó sin habla, ¡qué disgusto!

D **Escribe el verbo correspondiente.** 请写出相应的动词形式。

1. delgado   *adelgazar*
2. borracho   _____
3. rojo   _____
4. terror   _____

5. mueble   _____
6. botella   _____
7. rincón   _____
8. oscuro   _____

9. largo   _____
10. loco   _____
11. peor   _____
12. brillante   _____

E **Relaciona cada verbo con los conceptos más adecuados.** 请将动词与可搭配使用的名词连线。

1. Modernizar
2. Amenizar
3. Alargar
4. Intensificar
5. Fortalecer
6. Falsear
7. Analizar

a) la búsqueda, el control, el ataque.
b) una falda, el camino, el tiempo.
c) una fiesta, el trayecto, el aburrimiento.
d) un certificado, una firma, unos resultados.
e) la sangre, unas pruebas, el tiempo.
f) un país, un peinado, una empresa.
g) el corazón, la colaboración, el espíritu.

F **Escribe una frase con cada verbo de la actividad anterior.** 请用上一题中的每个动词造句。

Nuestro país se ha modernizado en los últimos años gracias al tesón de nuestros gobernantes.

_____.

_____.

_____.

_____.

_____.

G **Lee el primer trabalenguas y completa los otros siguiendo la misma estructura.** 请读第一则绕口令，并用同样的结构将后两则绕口令填写完整。

El cielo está enladrillado,

¿quién lo desenladrillará?

el desenladrillador que lo desenladrille

buen desenladrillador será.

La casa está empaquetada,

¿quién la _____?

el _____ que la _____

buen _____ será.

El fregadero está atascado,

_____

_____

_____.

第6单元 *Comidas* 食品

acelga *f.* 甜菜
alcachofa *f.* 洋蓟
alubia *f.* 菜豆
atún *m.* 金枪鱼
bacalao *m.* 大西洋鳕鱼
boquerón *m.* 欧洲鳀鱼
chorizo *m.* 腊肉，熏肉
coliflor *f.* 菜花
costilla de cordero *f.* 羊排
dorada *f.* 鲷鱼

filete *m.* 里脊
gamba *f.* 虾
garbanzo *m.* 鹰嘴豆
jamón de york *m.* 冷餐火腿肉
jamón serrano *m.* 风干火腿
langostino *m.* 龙虾
lenteja *f.* 滨豆
lomo de cerdo *m.* 猪背脊肉
macarrón *m.* 通心粉
mejillón *m.* 扇贝

merluza *f.* 鳕鱼
morcilla *f.* 血肠
ostra *f.* 牡蛎
paella *f.* 海鲜饭
pechuga de pollo *f.* 鸡脯肉
percebe *m.* 海蛏子
salchichón *m.* 腊肠，香肠
solomillo de ternera *m.* 牛背脊肉
trucha *f.* 鳟鱼

---

adornar *tr.* 点缀
añadir *tr.* 添加，添入
asar *tr.* 烤
batir *tr.* 搅拌
calentar *tr.* 加热
cocer *tr.* 煮
cortar *tr.* 切
dorar *tr.* 烤焦，煎炸成金黄色
echar *tr.* 添加，放

escurrir *tr.* 沥干
espolvorear *tr.* 撒（粉状物）
freír *tr.* 煎炸
hervir *tr., intr.* 煮沸；沸腾
mezclar *tr.* 混合
partir *tr.* 切开
pelar *tr.* 削皮
picar *tr.* 切碎
poner en remojo *tr.* 浸泡

quemarse *prnl.* 焦糊
rebozar *tr.* 用…裹
refreír *tr.* 煎熟，煎过火
retirar *tr.* 取出
remover *tr.* 翻动
revolver *tr.* 翻搅
servir *tr.* 摆上桌，端上桌
sofreír *tr.* 稍稍煎一下
verter *tr.* 倒入

CONDIMENTO 调料

azafrán *m.* 藏红花
ajo *m.* 蒜
  diente *de* ~ 蒜瓣
canela *f.* 桂皮
laurel *m.* 月桂
orégano *m.* 牛至

perejil *m.* 欧芹
pimentón *m.* 胡椒面
pimienta *f.* 胡椒
  ~ blanca 白胡椒
  ~ negra 黑胡椒
romero *m.* 迷迭香

ácido *adj.* 酸
agrio *adj.* 酸
amargo *adj.* 苦
dulce *adj.* 甜
insípido *adj.* 无味
salado *adj.* 咸
picante *adj.* 辣

UTENSILIOS Y RECIPIENTES DE COCINA 厨房用具

cacerola *f.* 锅
cazo *m.* 奶锅
cuchara *f.* 勺子
cuchillo *m.* 刀子
fuente *f.* 大盘子

paño de cocina 抹布
plato *m.* 盘子
sartén *f.* 平底煎锅
sopera *f.* 汤碗，汤盘
tenedor *m.* 叉子

---

barra *f.* 根，条
  una ~ de pan 一根长棍面包
cucharada *f.* 一勺（容量）
  una ~ sopera 一汤勺（的容量）

gramo *m.* 克
kilo *m.* 公斤
litro *m.* 升
vaso *m.* 杯子

¿Conoces el nombre de estos condimentos? 你知道这些调料的名称吗？

    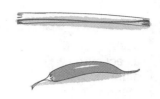

¿Cómo utilizarías los condimentos? Relaciona cada uno con una comida. Hay más de una combinación. 下列调料怎么用？请将它们与菜肴连线，不止一种组合。

1. orégano

2. perejil

3. canela

4. laurel

5. azafrán

6. romero

7. pimentón

8. pimienta blanca (o negra)

a) sopa castellana de ajo

b) macarrones con tomate

c) paella valenciana

d) filete de ternera

e) lentejas estofadas

f) arroz con leche

g) sopa de pescado

h) cordero asado

B **A continuación tienes tres recetas de cocina. Lee los ingredientes y relaciónalos con las explicaciones correspondientes.** 下面有三份食谱，请阅读上面列出的材料，并将它们与相应的做法对应。

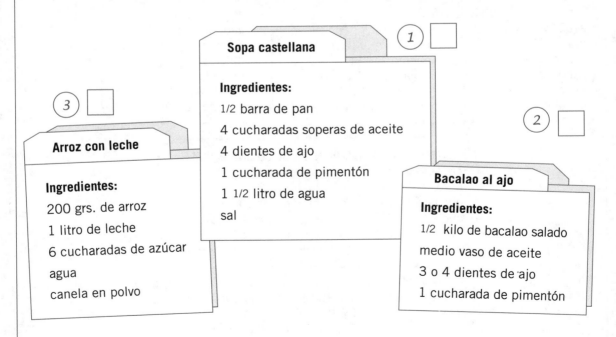

Sopa castellana

1 ☐

Ingredientes:

1/2 barra de pan

4 cucharadas soperas de aceite

4 dientes de ajo

1 cucharada de pimentón

1 1/2 litro de agua

sal

3 ☐

Arroz con leche

Ingredientes:

200 grs. de arroz

1 litro de leche

6 cucharadas de azúcar

agua

canela en polvo

2 ☐

Bacalao al ajo

Ingredientes:

1/2 kilo de bacalao salado

medio vaso de aceite

3 o 4 dientes de ajo

1 cucharada de pimentón

A

En un cazo se pone agua abundante a hervir. Cuando hierve se echa el arroz y se cuece unos diez minutos. Mientras tanto se pone en otro cazo la leche a cocer con la cáscara de limón. Cuando el arroz está medio cocido, se escurre y se echa inmediatamente en la leche cociendo. Se vuelve a dejar que hierva otros doce minutos (tiene que quedar blando, pero sueltos los granos). Se retira del fuego, se añade el azúcar y se revuelve. Se vierte en la fuente donde se vaya a servir y por último se adorna con canela en polvo.

B

Se corta la barra de pan en rebanadas. En una sartén se pone el aceite a calentar; cuando está caliente se echan los dientes de ajo pelados y se refríen bien hasta que se doren por completo. Se añade entonces el pan dejando que se fría bien. Cuando se le ha dado unas vueltas, se espolvorea con el pimentón removiendo bien con una cucharada de madera (cuidado, pues el pimentón se quema con facilidad). Se incorpora entonces el agua y la sal y, a fuego lento, se deja cocer despacio unos diez minutos. Se sirve en sopera.

C

Se parte el bacalao en trozos y se pone en remojo unas cuarenta y ocho horas para que suelte la sal. Se saca y se secan los trozos con cuidado con un paño de cocina. En una cacerola se pone el bacalao y se cubre de agua, se calienta a fuego lento. Cuando empieza a hervir, se retira del fuego.

En una sartén aparte se fríen los ajos, se añade el pimentón y esta salsa se echa por encima del bacalao cuando esté escurrido y en una fuente.

C **Lee otra vez y busca en las recetas nombres de utensilios y recipientes de cocina y los verbos referidos a la acción de cocinar.** 请再看一遍上面的食谱，并从中找出表示厨房用具的名词和表示烹调方法的动词填入下表。

Utensilios		Verbos	
sartén		cortar	

D **¿Qué sabor tienen?** 它们有什么味道?

el yogur	*agrio*
el café sin azúcar	_____
el limón	_____
el melón	_____
la guindilla	_____
el agua	_____

E **Clasifica los siguientes nombres de alimentos.** 请将以下食品分类。

> lentejas   lomo de cerdo   pechuga de pollo   boquerones
> costillas de cordero   trucha   garbanzos   gambas   morcilla
> percebes   langostinos   ostras   chorizo   jamón de york   acelgas
> jamón serrano   salchichón   mejillones   coliflor   alcachofas
> merluza   bacalao   alubias   solomillo de ternera   dorada   atún

Carne	Pescado	Legumbres	Embutidos	Mariscos
Costillas de cordero				

第7单元 *Animales y plantas* 动物和植物

álamo *m.* 杨树	cocodrilo *m.* 鳄鱼	mosquito *m.* 蚊子	plátano *m.* 梧桐
araña *f.* 蜘蛛	conejo, a *m. f.* 兔子	olivo *m.* 橄榄树	rana *f.* 青蛙
avispa *f.* 马蜂	higuera *f.* 无花果树	oso, a *m. f.* 熊	ratón, -a *m. f.* 老鼠
ballena *f.* 鲸	hormiga *f.* 蚂蚁	oveja *f.* 绵羊	roble *m.* 栎树
burro, a *m. f.* 驴子	mariposa *f.* 蝴蝶	paloma *f.* 鸽子	serpiente *f.* 蛇
caballo *m.* 马	mono, a *m. f.* 猴子	pavo, a *m. f.* 火鸡	tiburón *m.* 鲨鱼
camello, a *m. f.* 骆驼	mosca *f.* 苍蝇	pino *f.* 松树	

A **Relaciona cada animal con su nombre.** 请将图片中的每种动物与其名称相对应。

1. camello _a_
2. conejo ____
3. caballo ____
4. serpiente ____
5. rana ____

6. ratón ____
7. oveja ____
8. mono ____
9. burro ____
10. tiburón ____

11. paloma ____
12. oso ____
13. ballena ____
14. pavo ____
15. cocodrilo ____

B De la lista anterior, escribe los nombres de animales que cumplen las características siguientes. 请写出上一题中有以下特点的动物名称。

1. Tienen cuatro patas: *camello, conejo,* _____.

2. Son mamíferos: _____.

3. Viven en el mar: _____.

4. Viven con el hombre: _____.

5. Tienen alas y plumas: _____.

6. Tienen pelo: _____.

7. Son reptiles: _____.

8. Viven en la selva: _____.

9. Nos dan lana: _____.

C Completa las frases con el nombre de un insecto. 请用给出的昆虫名称填空。

araña

mariposa

mosquito

avispa

mosca

hormiga

1. A Ernesto no le gusta nada ir a su pueblo en verano porque hay muchos _____ y le pican en todo el cuerpo.

2. Pues yo conozco a un chico que tiene fobia a las _____, cada vez que ve alguna en el techo de alguna habitación, se pone a gritar.

3. También hay algunas personas que tienen alergia a las picaduras de _____. En la casa de mi abuela había muchas entre las uvas. Una vez me picó una en la mano y tuve que ir al hospital, se me puso la mano fatal.

4. A. ¿A ti te molestan las _____?
   B. Hombre, molestarme, molestarme, no. Me parecen un poco pesadas, y no me dejan descansar, pero vaya, en las casas de campo es inevitable que haya algunas.

5. En el jardín de mi vecino hay muchas _____ y a mi hija pequeña le encanta ver cómo desfilan de un lado para otro transportando granos de comida.

6. ¡Mira qué _____ tan bonita va volando por allí! A mi profesor de Ciencias Naturales le encantaban y tenía una buena colección de ellas.

D **Completa las definiciones.** 请根据释义写出相应的单词。

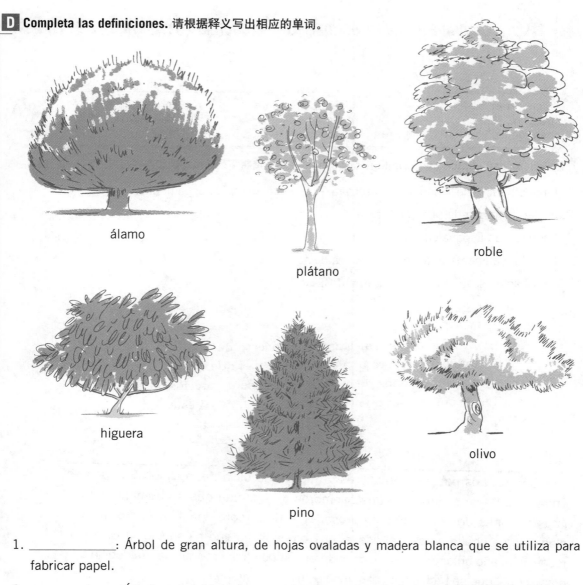

álamo

plátano

roble

higuera

pino

olivo

1. _____: Árbol de gran altura, de hojas ovaladas y madera blanca que se utiliza para fabricar papel.

2. _____: Árbol ornamental que se encuentra en las ciudades, alto, de tronco redondo, hojas palmeadas y fruto de bolas colgantes.

3. _____: Árbol de la familia de las coníferas, de tronco resinoso, hojas agrupadas en forma de aguja y fruto en piña.

4. _____: Árbol muy grande de hojas caducas y una bellota amarga por fruto, de madera muy apreciada en la construcción.

5. _____: Árbol frutal con hojas ásperas, recortadas en forma de estrella y flores en racimo, cuyo fruto es el higo.

6. _____: Árbol de hoja perenne de tronco leñoso, hojas pequeñas y flores blancas.

第8单元 *Lenguaje judicial / periodístico / economía* 司法/报刊/经济词汇

asesinato *m.* 谋杀	falsificación *f.* 造假	robo *m.* 偷盗
atraco *m.* 抢劫	fraude *m.* 诈骗	secuestro *m.* 绑架
chantaje *m.* 讹诈，勒索	homicidio *m.* 凶杀	soborno *m.* 贿赂

A **Relaciona cada titular con la noticia correspondiente.** 请将下列新闻标题和内容相对应。

1. La depuradora de Villanueva reutilizará 110 hectómetros de agua al año. _____

2. Nadal debuta en la pista de hierba. _____

3. La mitad de España sufrirá tormentas. _____

4. La UE no aumentará las importaciones de aceite de oliva. _____

5. La inflación seguirá al alza, según el BCE. _____

A

El Banco Central Europeo advierte de que la inflación seguirá al alza este año y el que viene, con previsiones de subida del índice de precios al consumidor que van del 2,1% al 2,5% en este año y del 1,6% al 2,8% durante el año próximo.

B

BRUSELAS. Los países productores de aceite de oliva de la Unión Europea se enfrentaron ayer a otros estados miembros que pedían que se aumentaran las importaciones de este producto procedente de terceros países. El motivo que alegaban es el alto precio del aceite, que en el último año ha subido un 40% con respecto al año anterior. Entre otros factores, parece que esta subida fue debida a la gran sequía que se padeció en el campo el invierno anterior.

Ante la propuesta de abrir un cupo de importación con el fin de bajar los precios, España y el resto de países productores se opusieron alegando que los precios ya están bajando, y que se espera que bajen más, ante la expectativa de mejores cosechas.

C

Las precipitaciones, que se prolongarán hasta el próximo domingo, afectarán sobre todo a la mitad norte de la península, especialmente en la cornisa cantábrica. Pese a todo, los embalses están al 55% de su capacidad.

D

ALICANTE. El director general de obras públicas inauguró ayer la nueva conducción de aguas desde Villanueva al parque natural de Montañés. El director general afirmó que este proceso "reúne todas las garantías para mantener el agua en plenas condiciones y posibilitará un aprovechamiento máximo de los recursos hídricos de la Comunidad". Por su parte, el alcalde de la localidad agradeció a las autoridades comunitarias esta nueva instalación, ya que "nuestra región es deficitaria en agua y debemos hacer todos los esfuerzos posibles por aprovechar nuestras aguas". Esta actuación se enmarca dentro de un plan más amplio que prevé otras 12 obras de saneamiento y canalizaciones de aguas.

E

El tenista español Pedro Nadal, hasta ahora bicampeón de Roland Garros, comenzará hoy su participación en el torneo de Quenn´s, donde cambiará la pista de tierra batida por la de hierba, una superficie donde no se mueve con demasiada comodidad. Su rival será el estadounidense Tom Fish. También jugará en dobles junto a Feliciano García.

B **Lee las noticias y responde a las preguntas.** 请阅读以上新闻，回答以下问题。

1. ¿Cuánto subirá el índice de precios este año?

2. ¿Por qué subió el precio del aceite un 40% el año anterior?

3. ¿Dónde va a llover próximamente?

4. ¿En qué consiste la obra inaugurada por el director general de obras públicas?

5. ¿Contra quién va a jugar Pedro Nadal en Quenn´s?

C **Relaciona cada delito con su explicación.** 请将各项罪行和释义连线。

1. Asesinato	a) Amenaza de daño que se hace a una persona para obtener algún provecho.
2. Robo	b) Delito que consiste en matar a una persona.
3. Secuestro	c) Muerte que se da a una persona intencionadamente.
4. Homicidio	d) Engaño que se hace en contra de la ley para obtener un beneficio.
5. Atraco	e) Tomar algo en contra de la voluntad de su dueño.
6. Chantaje	f) Acción de tomar a una persona para pedir algo a cambio de su libertad.
7. Fraude	g) Entrega de dinero u otro valor que se hace a una persona para que ésta haga algo ilícito.
8. Soborno	h) Hacer una copia de algo y hacerla pasar por auténtica.
9. Falsificación	i) Atacar un establecimiento o a una persona para robar.

D **Escribe una frase con cada una de las palabras anteriores.** 请用上一题中的每个单词造句。

El administrativo de mi empresa ha sido denunciado por falsificar algunos cheques.

E **Lee el texto y complétalo con las palabras del recuadro.** 请阅读下文，并用方框中的词语将它补充完整。

bancos	juez	sucursal (2)	realizar	caja	caso
fueron apresados	delito	atracadores	armas	banda	

Una banda de atracadores, libre tras ser detenida in fraganti.

La policía les seguía desde hace meses. Atracaban _____ [1] con armas de fuego y amenazando a los empleados. El jueves pasado _____ [2] cuando se disponían a robar una sucursal del Banco Central de Cáceres.

La _____ [3] titular del Juzgado de Instrucción de Cáceres los puso en libertad. Fuentes judiciales aseguran que no tuvo otra opción. Tras el interrogatorio, el fiscal que se hizo cargo del _____ [4] no solicitó ninguna medida preventiva. Según las mismas fuentes, la Policía no aportó suficientes pruebas y datos para imputar algún _____ [5] a los detenidos.

Sin embargo, los policías que realizaron la detención están perplejos por la decisión. Estiman que el mero hecho de que se les sorprendiese robando y con _____ [6] es una prueba concluyente. Además, aseguran que uno de los detenidos disparó en la pierna al director de otra _____ [7] bancaria de otra ciudad durante otro asalto.

Según la Dirección General de la Policía, los cinco _____ [8] fueron sorprendidos in fraganti entrando por el conducto de ventilación de una sucursal de Cáceres. Pretendían acceder al interior de las instalaciones para _____ [9] un robo. En el momento de la detención los atracadores llevaban tres armas de fuego.

La _____ [10] siempre planificaba sus golpes con muchos días de antelación. Estudiaba las canalizaciones y los conductos de ventilación. Elegido el día del asalto, sobre las 6.00 horas, dos o tres componentes del grupo se introducían por las conducciones del aire y esperaban la llegada del director de la _____ [11]. Cuando éste entraba en la oficina, se descolgaban del falso techo y obligaban al director a abrir la _____ [12] fuerte.

174

F Relaciona los términos de las dos columnas. 请在下列两栏词语间连线。

1. Atracar   a) pruebas
2. Armas   b) un banco
3. Aportar   c) de muerte
4. Sucursal   d) in fraganti
5. Pena   e) preventiva
6. Poner   f) de fuego
7. Medida   g) bancaria
8. Sorprender   h) en libertad

G Elige la opción más adecuada de las que se proponen. 请选择适当的词语填空。

Ahorre un 50% de energía con el aislamiento térmico de la fachada.

El sistema disminuye las pérdidas de frío y calor, lo que se nota en la factura.

El teléfono, la cesta de la compra, el agua, la electricidad… todo sube de precio y *además*(1) las familias gastan más energía que hace años. Es precisamente este gasto el que perjudica al medio ambiente. En el mercado _____(2) multitud de opciones para ahorrarla y la protección térmica de fachadas es una de las mejores. La función principal del aislamiento es reducir las emisiones de _____(3) de calor o frío en fachadas, cubiertas y suelos, con el fin de reducir el gasto energético. De hecho, si comparamos un edificio _____(4) aislar con uno aislado, el ahorro de energía es de un 50 por ciento.

Este sistema consiste en recubrir la vivienda con poliuretano rígido (material _____(5) térmico de color amarillo) que permite reducir costes en la calefacción, el aire acondicionado, resiste al impacto y no propaga las llamas en caso de incendio.

El precio de la vivienda, aislada o sin aislar varía _____(6) un uno por ciento. En España se empezaron a instalar edificios con estos acondicionamientos hace 28 años, pero lo cierto es que la mayoría de las viviendas españolas _____(7) no están bien aisladas o su nivel de aislamiento es insuficiente.

Debido a la _____(8) preocupación por el ahorro de energía, en los próximos años, los agentes responsables de edificación estarán _____(9) a tomar medidas oportunas para optimizar el nivel de ahorro de energía de nuestras viviendas, las nuevas y las antiguas.

1. a) además	b) también	c) no obstante	d) por eso
2. a) están	b) aparecen	c) hay	d) son
3. a) perdición	b) salida	c) pérdidas	d) entrada
4. a) sin	b) para	c) por	d) entre
5. a) aislador	b) aislante	c) consistente	d) opaco
6. a) poco	b) ni	c) apenas	d) más
7. a) o bien	b) casi	c) desde	d) por supuesto
8. a) posible	b) creciente	c) repentina	d) adecuada
9. a) impulsados	b) permitidos	c) recomendados	d) obligados

第9单元 *Profesiones* 职业

albañil, la *m. f.* 泥瓦匠
alicates *m. pl.* 钳子
auxiliar de vuelo *com.* 飞机乘务员
bolsonero, a *m. f.* (在超市或车站) 帮人拎包的人
canillita *m.* 沿街叫卖报纸的人
carpintero, a *m. f.* 木匠
carretillero, a *m. f.* 推小车的人
científico, a *m. f.* 科学家
cuidaautos *com.* 看车人
destornillador *m.* 螺丝刀
electricista *com.* 电工
encargado(a) de obra *m. f.* 工程负责人，工程承包商
fonendoscopio *m.* 听诊器
fontanero, a *m. f.* 水管工
guarda forestal *m.* 守林人
guardia urbano *com.* 交通警
ingeniero, a *m. f.* 工程师
lavaautos *com.* 洗车工

limpiaparabrisas *com.* 车前挡风玻璃清洗工
llave inglesa *f.* 扳子
lustrabotas *com.* 擦鞋匠
martillo *m.* 锤子
mecánico(a) dentista *m. f.* 牙齿矫形师
médico, a *m. f.* 医生
microscopio *m.* 显微镜
peluquero, a *m. f.* 理发师
programador(a) informático(a) *m. f.* 电脑程序员
rebuscador, -a *m. f.* 捡拾剩菜水果的人
secador de pelo *m.* 吹风机
sierra *f.* 锯子
soldador, -a *m. f.* 焊接工
soplete *m.* 喷枪
taladradora *f.* 钻子，钻机
vendedor(a) ambulante *m. f.* 流动商贩
vigilante jurado *com.* 保安

A **Mira las imágenes de herramientas y relaciónalas con el nombre. Luego escribe el nombre de un profesional que utilice esa herramienta.** 请看下列图片中的工具并将它们与其名称对应，然后写出使用每件工具的专业人员名称。

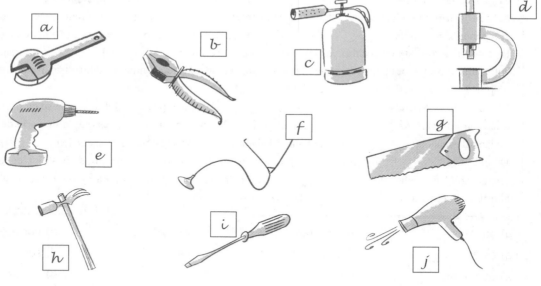

1. llave inglesa   *a*   *fontanero*

2. destornillador   ___   _____

3. soplete   ___   _____

4. fonendoscopio   ___   _____

5. microscopio   ___   _____

6. secador de pelo   ___   _____

7. sierra   ___   _____

8. martillo   ___   _____

9. alicates   ___   _____

10. taladradora   ___   _____

B **Relaciona cada profesión con su función.** 请将具体工作和相应的职业连线。

1. guarda forestal _____
2. guardia urbano _____
3. auxiliar de vuelo _____
4. programador informático _____
5. ingeniero industrial _____

6. vigilante jurado _____
7. técnico de laboratorio _____
8. encargado de obra _____
9. mecánico dentista _____

a) Es una profesión arriesgada especialmente en verano, cuando hay que apagar fuegos en la montaña.

b) Hay que viajar mucho en avión y atender a los pasajeros.

c) A veces es aburrido porque hay que estar muchas horas de pie en la puerta de bancos, oficinas, etc.

d) Es un trabajo artesano, en el que se necesita mucha paciencia para que las dentaduras queden perfectas.

e) En este trabajo se pasan las horas delante de un microscopio.

f) Es el responsable de que los edificios queden bien construidos.

g) Es el responsable de que no haya atascos ni coches mal aparcados.

h) Se encarga de diseñar y supervisar maquinaria.

i) Tiene que pasar muchas horas delante de los ordenadores.

C **Reescribe los términos que hemos eliminado de los anuncios. Utiliza las palabras del recuadro como ayuda.** 请将方框中的单词填回到广告中。

| inmediata | experiencia (2) | carné | en equipo | puestos | solicitudes |
| empresas | venta | dedicada | manuales | contrato | geográfica | incorporación |

Empresa de traducciones busca

REVISORES DE TRADUCCIONES TÉCNICAS
del ALEMÁN, INGLÉS y FRANCÉS al ESPAÑOL

✔ Incorporación *inmediata*[1] en las oficinas de Sevilla.

✔ Imprescindible _____[2] en puesto similar. Se valorará experiencia en traducción y revisión de patentes y _____[3] de maquinaria y automoción.

Interesados enviar CV únicamente por correo electrónico a rrhh@ahora.es, indicando la referencia "Revisor traducciones".

Empresa _____ (4) a la fabricación y comercialización

de sistemas de canalización, precisa incorporar

COMERCIALES DE VENTA DIRECTA
SECTOR CONSTRUCCIÓN

Para sus empresas distribuidoras de material para la construcción, saneamiento, obra civil, riego, etc., en distintos materiales.

Los _____ (5) vacantes están en distintas zonas de España.

Se responsabilizará del desarrollo de negocio y mantenimiento de cartera. Sus clientes son _____ (6) constructoras e instaladores del sector de la construcción.

Perfil:

– Experiencia comercial en _____ (7) de material de construcción.

– Vocación comercial.

Se ofrece incorporación a una empresa importante, desarrollo profesional, formación continuada y retribución económica en función de los valores aportados.

MIRADONA — *supermercados de confianza*

NECESITA
ARQUITECTO TÉCNICO "APAREJADOR"

SE OFRECE:

– Continuidad laboral: _____ (8) FIJO desde el primer día de trabajo.

– _____ (9) inmediata.

– Interesante progresión salarial.

– Promoción interna.

REQUISITOS:

– Titulación: Arquitecto técnico "aparejador".

– Movilidad _____ (10), ámbito nacional.

– _____ (11) de conducir y coche propio.

– Buenas habilidades de comunicación y trabajo _____ (12).

– Se valorará _____ (13) como Jefe de Obra.

INTERESADOS:

Entrega y recogida de _____ (14) en los centros Miradona o por e-mail: anita@ Miradona.es

D **A continuación aparecen algunos trabajos que realizan los menores en algunos países no desarrollados. ¿Existen estas profesiones en tu país?** 下面是不发达国家未成年人所从事的一些工作，你的国家也有这些职业吗？

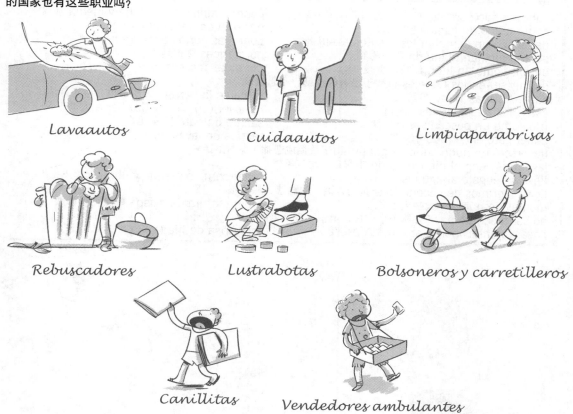

Lavaautos

Cuidaautos

Limpiaparabrisas

Rebuscadores

Lustrabotas

Bolsoneros y carretilleros

Canillitas

Vendedores ambulantes

Completa las explicaciones de cada trabajo con algunos de los nombres anteriores. 请根据释义选用以上词汇填空。

Los *canillitas* [(1)] venden periódicos. Son contratados por un distribuidor, pero no tienen ningún derecho como trabajadores. A veces no pueden devolver ejemplares, por lo que deben pasar muchas horas en la calle.

Los _____ [(2)] limpian zapatos. Necesitan tener un cajón de lustres, betunes y cepillos. A veces comienzan a lustrar con un cajón prestado, trabajando "al partir", es decir, compartiendo el 50% de la ganancia con el dueño del cajón.

Los _____ [(3)] llevan los bolsos de los compradores del mercado o las carretillas con mercancías. Los carretilleros tienen una tarifa de acuerdo con el peso de la mercancía. Los bolsoneros no suelen tener tarifa fija, sino que trabajan a cambio de una propina.

Los _____ [(4)] trabajan también en el mercado. Niños y niñas llegan a las cinco o las seis de la mañana con bolsones o canastos vacíos para buscar en los basureros y puestos de venta verduras y frutas de desecho.

Hermana América (Fundación Cooperación y Educación, FUNCOE)

第10单元 *Expresiones idiomáticas* 惯用语

contrabando hormiga 挟带走私（较小的物品）
correr como un gamo 跑得飞快
darse con un canto en los dientes 感到庆幸
dejar a alguien plantado 放…的鸽子
dormir como un lirón 酣睡，贪睡
dormir(se) en los laureles 沉醉于已有的成就，不思进取
echar chispas 冒火，发脾气
estar hasta las narices 受够了
frío como un pescado 冷静沉着
haber gato encerrado 有猫腻
hacérsele un nudo en la garganta（由于气愤或悲痛）说不出话来
levantarse con el pie izquierdo 走霉运，运气不好
llevarse el gato al agua 胜出
llorar lágrimas de cocodrilo 鳄鱼的眼泪，假慈悲，假悔恨
montar un número 大吵大闹
no ser moco de pavo 并非小事一桩，事情不那么好办
pasar (o entar) por el aro 不情愿地接受

poner a alguien de vuelta y media 痛骂
poner el cascabel al gato 敢于
poner las cartas boca arriba 摊牌
por narices 强迫地
por si las moscas 万一

rascarse la barriga 无所事事，游手好闲
remover (el) cielo y (la) tierra 大动干戈
sangre de pato 冷静沉着
táctica del avestruz 鸵鸟政策，自欺欺人

tener carne o piel de gallina 起鸡皮疙瘩
tener cintura de avispa 蜂腰，杨柳腰
tener risa de hiena 狞笑

A **Relaciona las dos columnas.** 请在下列两栏间连线。

1. Llorar lágrimas de cocodrilo.

2. Haber gato encerrado.

3. Tener carne o piel de gallina.

4. No ser moco de pavo.

5. Tener risa de hiena.

6. Táctica del avestruz.

7. Por si las moscas.

8. Tener cintura de avispa.

a) Por si pasa lo que se imagina, aunque sea poco probable.

b) Haber una cosa oculta o sospechosa.

c) Risa propia de una persona cruel.

d) Actitud de alguien que trata de ignorar o evadirse de una dificultad.

e) No es despreciable, no es tarea fácil.

f) Cintura muy estrecha.

g) Aspecto que toma la piel por efecto del frío o de una emoción.

h) Lágrimas que vierte una persona por un dolor que no siente.

Lágrimas de cocodrilo   Se me pone la carne de gallina   Por si las moscas

Frío como un pescado   Hay gato encerrado   Que no es moco de pavo

Contrabando hormiga   Risa de hiena   Corre como un gamo   Duerme como un lirón

El puerco espín mimoso

Esta mañana –dice el profesor– haremos un ejercicio de zoomiótica. Ustedes ya conocen que en el lenguaje popular hay muchos dichos, frases hechas, lugares comunes, etcétera, que incluyen nombres de animales. Verbigracia: vista de lince, talle de avispa y tantos otros. Bien, yo voy ahora a decirles datos, referencias, conductas humanas y ustedes deberán encontrar la metáfora zoológica correspondiente. ¿Entendido?

–Sí, profesor.

–Veamos entonces. Señorita Silvia. A un político, tan acaudalado como populista, se le quiebra la voz cuando se refiere a los pobres de la tierra.

–*Lágrimas de cocodrilo*[1].

–Exacto. Señor Rodríguez. ¿Qué siente cuando ve en la televisión ciertas matanzas de estudiantes?

–_____ [2].

–Bien, señor Méndez. El nuevo ministro de Economía examina la situación del país y se alarma ante la faena que le espera.

–_____ [3].

–Entre otras cosas. A ver, señorita Ortega. Tengo entendido que a su hermanito no hay quien lo despierte por las mañanas.

–Es cierto, _____ [4].

–Esa era fácil, ¿no? Señor Duarte. Todos saben que A es un oscuro funcionario, uno del montón, y sin embargo, se ha comprado un Mercedes Benz.

–Evidentemente _____ [5].

–No está mal. Ahora usted, señor Risso. En la frontera siempre hay buena gente que pasa ilegalmente pequeños artículos: radios a transistores, perfumes, relojes, cosas así.

–_____ [6].

–Correcto. Señorita Undurraga. A aquel diputado lo insultaban, le mentaban la madre, y él nunca perdía la calma.

–Sangre de pato, o también _____ [7].

–Doblemente adecuado. Señor Arosa. Auita, el fondista marroquí, acaba de establecer una nueva marca mundial.

– _____ (8) .

–Señor Sierra. Cuando aquel hombre se enteró de que su principal acreedor había muerto de un síncope, estalló en carcajadas.

– _____ (9) claro.

–Muy bien. Señorita López, ¿me disculparía si interrumpo sus palabras cruzadas?

–Oh, perdón, profesor.

–Digamos que un gángster, tras asaltar dos bancos en la misma jornada, regresa a su casa y se refugia en el amor y las caricias de su joven esposa.

–Este sí que es difícil, profesor. Pero veamos. ¡El puercoespín mimoso! ¿Puede ser?

–Le confieso que no lo tenía en mi nómina, Señorita Pérez, pero no está mal, no está nada mal. Es probable que algún día ingrese al lenguaje popular. Mañana mismo lo comunicaré a la Academia. Por las dudas, ¿sabe?

–Habrá querido decir _____ (10), profesor.

–También, también. Prosiga con sus palabras cruzadas, por favor.

–Muchas gracias, profesor. Pero no vaya a pensar que ésta es mi táctica del avestruz.

–Touché.

Mario Benedetti

C **Relaciona cada expresión con su significado.** 请将下列短语与相应的释义连线。

1. Montar un número

2. Por narices

3. Pasar (o entrar) por el aro

4. Poner las cartas boca arriba

5. Rascarse la barriga

6. Remover (el) cielo y (la) tierra

7. Dejar a alguien plantado

8. Dormirse en los laureles

9. Echar chispas

a) Estar muy enfadado, indignado o colérico.

b) Dar un escándalo.

c) A la fuerza.

d) No acudir a una cita o abandonar a alguien en mitad de un proyecto.

e) No hacer nada, no trabajar.

f) Hacer muchas gestiones para tratar de solucionar un problema.

g) Ceder, tener que aceptar algo en contra de la propia voluntad.

h) Exponer claramente lo que se ocultaba.

i) Dejar de esforzarse después de haber conseguido un éxito.

D En los contextos siguientes, señala la expresión más adecuada, de las presentadas en la actividad anterior. 请根据上下文，选用上题中适当的短语填空。

1. A. ¿Vas a ir a la reunión del miércoles?

   B. Claro que sí, y pienso _____, para que todo el mundo se entere de lo que están haciendo desde la Dirección.

      a) poner las cartas boca arriba   b) remover cielo y tierra   c) dejar a alguien plantado

2. A. Hola, Rosalía, ¿qué tal tus hijos?

   B. Bien. Bueno, el mayor está trabajando y tiene un sueldo estupendo, pero el pequeño se pasa el día _____, ni trabaja, ni estudia, ni ayuda en casa.

      a) durmiéndose en los laureles   b) echando chispas   c) rascándose la barriga

3. A. ¿Qué haces, Roberto, estás estudiando?

   B. A ver, tengo que estudiar _____, si no mi madre se cabrea y no me da ni un duro.

      a) montando el número   b) pasando por el aro   c) por narices

4. A. ¿Qué pasa?, ¿por qué grita tanto el jefe?

   B. Es que ha llegado a las diez y ha encontrado a todo el departamento de nóminas alrededor del ordenador, viendo un partido del Mundial de fútbol, y claro, _____.

      a) ha montado un número   b) ha removido cielo y tierra   c) ha pasado por el aro

5. A. ¿Qué le pasa a Enrique? Parece que está muy afectado por algo.

   B. Claro, es que su novia acaba de _____.

      a) remover el cielo y la tierra   b) dejarle plantado   c) ponerle las cartas boca arriba

6. A. ¿Has visto a tu padre?

   B. No, ¿qué le pasa?

   A. Está que _____ porque le has devuelto el coche con una abolladura.

      a) monta el número   b) echa chispas   c) pasa por el aro

7. A. A mí me gusta el profesor de Literatura, ¿a ti no?

   B. No está mal, pero yo creo que desde que consiguió la cátedra, _____.

      a) ha puesto las cartas boca arriba

      b) se ha dormido en los laureles

      c) se ha rascado la barriga.

183

E **Completa las conversaciones con las expresiones del recuadro.** 请用方框中的短语将下列对话填写完整。

> Llevarse el gato al agua Ponerle el cascabel al gato <u>Darse con un canto en los dientes</u>
>
> Hacérsele un nudo en la garganta Levantarse con el pie izquierdo
>
> Poner a alguien de vuelta y media Estar hasta las narices

1. A. ¿Sabes? Pablo y Rosa se han comprado un piso pequeño, lejos de Madrid.

   B. Pues ya pueden *darse con un canto en los dientes* si pueden pagarlo, otros jóvenes de su misma edad no tienen la más mínima posibilidad de comprar una vivienda.

2. Ayer, cuando vi en el telediario las imágenes del terremoto en Irán, _____ de ver tanta gente sufriendo y sin casa.

3. A. No hay derecho, aquí cada día trabajamos más horas, se nos exige más y el sueldo no sube. Tenemos que protestar.

   B. Sí, tienes razón, pero a ver quién es el valiente que _____.

4. A. Bueno, al final, ¿cómo terminó anoche la discusión de los presupuestos?

   B. Al final _____ Rodrigo, el jefe de Departamento Comercial, como siempre.

5. A. Hola, Vicente, ¿qué tal?

   B. Vaya, regular, hoy parece que _____. Primero no funcionaba el agua caliente, luego se me ha derramado el café en la camisa, y al venir al trabajo he pillado un atasco tremendo en la carretera por culpa de unas obras.

6. El martes pasado, Lucía aprovechó que no había venido su compañero Vicente y lo _____, nos contó que era un déspota, un vago, un incompetente, que no la ayudaba en nada, en fin, un número.

7. A. Hola, ¿qué tal estás?

   B. Pues si te digo la verdad, regular. _____ de intentar ser buena trabajadora, buena madre, buena esposa, buena amiga de mis amigas; yo también me canso, me hundo, me equivoco, necesito que me mimen, como todo el mundo.

Índice de conjunciones y nexos
连词和联系词索引

		单元
A condición de que	condicional	19
Además	conector discursivo	24
A fin de que	final	17
A medida que	temporal	18
A menos que	condicional	19
A no ser que	condicional	19
Antes (de) que	temporal	18
A pesar de (que)	concesiva	20
Así pues	consecutiva	26
Así que	consecutiva	26
Aunque	concesiva	20
Aun cuando	concesiva	20
Cada vez que	temporal	18
Como	causal	16
Como	condicional	19
Como si	condicional-comparativa	19
Con el fin de que	final	17
Con el objeto de que	final	17
Con que	consecutivo	26
Con tal de que	condicional	19
Cuando	temporal	18
Cuyo	relativo	21
Dado que	causal	16
De ahí que	consecutiva	26
De forma / manera / modo que	consecutiva	26
Desde que	temporal	18
El/La cual / Los/Las cuales	relativo	21

En cuanto	temporal	18
En (el) caso de que	condicional	19
Excepto que	condicional	19
Hasta que	temporal	18
Luego	consecutivo	26
Luego	temporal	18
Mientras	temporal	18
Mientras (que)	condicional	19
Para que	final	17
Porque	final	17
Porque	causal	16
Por + adverbio + que	concesivo	20
Por consiguiente	consecutiva	26
Por eso	consecutiva	26
Por lo tanto	consecutivo	26
Por más / mucho ...que	concesiva	20
Por muy + adjetivo + que	concesiva	20
Pues	consecutiva	26
Pues	causal	16
Puesto que	causal	16
Quien, -es	relativo	21
Salvo que	condicional	19
Según	temporal	18
Si	condicional	19
Si bien	concesivo	20
Siempre que	condicional	19
Siempre que	temporal	18
Siempre y cuando	condicional	19
Tan pronto como	temporal	18
Ya que	causal	16

Verbos
动词

Verbos regulares 规则动词

► TRABAJAR

陈述式

现在时	简单过去时	过去未完成时	将来时
trabajo	trabajé	trabajaba	trabajaré
trabajas	trabajaste	trabajabas	trabajarás
trabaja	trabajó	trabajaba	trabajará
trabajamos	trabajamos	trabajábamos	trabajaremos
trabajáis	trabajasteis	trabajabais	trabajaréis
trabajan	trabajaron	trabajaban	trabajarán

命令式

现在完成时	过去完成时	肯定／否定	
he trabajado	había trabajado	trabaja / no trabajes	(tú)
has trabajado	habías trabajado	trabaje / no trabaje	(Vd.)
ha trabajado	había trabajado	trabajad / no trabajéis	(vosotros)
hemos trabajado	habíamos trabajado	trabajen / no trabajen	(Vds.)
habéis trabajado	habíais trabajado		
han trabajado	habían trabajado		

虚拟式

现在时	现在完成时	过去未完成时
trabaje	haya trabajado	trabajara / trabajase
trabajes	hayas trabajado	trabajaras / trabajases
trabaje	haya trabajado	trabajara / trabajase
trabajemos	hayamos trabajado	trabajáramos / trabajásemos
trabajéis	hayáis trabajado	trabajarais / trabajaseis
trabajen	hayan trabajado	trabajaran / trabajasen

► COMER

陈述式

现在时	简单过去时	过去未完成时	将来时
como	comí	comía	comeré
comes	comiste	comías	comerás
come	comió	comía	comerá
comemos	comimos	comíamos	comeremos
coméis	comisteis	comíais	comeréis
comen	comieron	comían	comerán

命令式

现在完成时	过去完成时	（肯定 ／ 否定）
he comido	había comido	come / no comas (tú)
has comido	habías comido	coma / no coma (Vd.)
ha comido	había comido	comed / no comáis (vosotros)
hemos comido	habíamos comido	coman / no coman (Vds.)
habéis comido	habíais comido	
han comido	habían comido	

虚拟式

现在时	现在完成时	过去未完成时
coma	haya comido	comiera / comiese
comas	hayas comido	comieras / comieses
coma	haya comido	comiera / comiese
comamos	hayamos comido	comiéramos / comiésemos
comáis	hayáis comido	comierais / comieseis
coman	hayan comido	comieran / comiesen

► VIVIR

陈述式

现在时	简单过去时	过去未完成时	将来时
vivo	viví	vivía	viviré
vives	viviste	vivías	vivirás
vive	vivió	vivía	vivirá
vivimos	vivimos	vivíamos	viviremos
vivís	vivisteis	vivíais	viviréis
viven	vivieron	vivían	vivirán

命令式

现在完成时	过去完成时	（肯定／否定）
he vivido	había vivido	vive / no vivas (tú)
has vivido	habías vivido	viva / no viva (Vd.)
ha vivido	había vivido	vivid / no viváis (vosotros)
hemos vivido	habíamos vivido	vivan / no vivan (Vds.)
habéis vivido	habíais vivido	
han vivido	habían vivido	

虚拟式

现在时	现在完成时	过去未完成时
viva	haya vivido	viviera / viviese
vivas	hayas vivido	vivieras / vivieses
viva	haya vivido	viviera / viviese
vivamos	hayamos vivido	viviéramos / viviésemos
viváis	hayáis vivido	vivierais / vivieseis
vivan	hayan vivido	vivieran / viviesen

Verbos irregulares 不规则动词

► ACORDAR(SE)

	陈述式		命令式		虚拟式	
现在时	简单过去时	将来时			现在时	过去未完成时
(me) acuerdo	acordé	acordaré	acuérda(te)	(tú)	acuerde	acordara/acordase
(te) acuerdas	acordaste	acordarás	acuérde(se)	(Vd.)	acuerdes	acordaras/acordases
(se) acuerda	acordó	acordará	acorda(os)	(vos.)	acuerde	acordara/acordase
(nos) acordamos	acordamos	acordaremos	acuérden(se)	(Vds.)	acordemos	acordáramos/acordásemos
(os) acordáis	acordasteis	acordaréis			acordéis	acordarais/acordaseis
(se) acuerdan	acordaron	acordarán			acuerden	acordaran/acordasen

► ACOSTAR(SE)

	陈述式		命令式		虚拟式	
现在时	简单过去时	将来时			现在时	过去未完成时
(me) acuesto	acosté	acostaré	acuésta(te)	(tú)	acueste	acostara/acostase
(te) acuestas	acostaste	acostarás	acuéste(se)	(Vd.)	acuestes	acostaras/acostases
(se) acuesta	acostó	acostará	acosta(os)	(vos.)	acueste	acostara/acostase
(nos) acostamos	acostamos	acostaremos	acuésten(se)	(Vds.)	acostemos	acostáramos/acostásemos
(os) acostáis	acostasteis	acostaréis			acostéis	acostarais/acostaseis
(se) acuestan	acostaron	acostarán			acuesten	acostaran/acostasen

► ANDAR

	陈述式		命令式		虚拟式	
现在时	简单过去时	将来时			现在时	过去未完成时
ando	anduve	andaré	anda	(tú)	ande	anduviera/anduviese
andas	anduviste	andarás	ande	(Vd.)	andes	anduvieras/anduvieses
anda	anduvo	andará	andad	(vos.)	ande	anduviera/anduviese
andamos	anduvimos	andaremos	anden	(Vds.)	andemos	anduviéramos/anduviésemos
andáis	anduvisteis	andaréis			andéis	anduvierais/anduvieseis
andan	anduvieron	andarán			anden	anduvieran/anduviesen

► APROBAR

	陈述式		命令式	虚拟式	
现在时	简单过去时	将来时		现在时	过去未完成时
apruebo	aprobé	aprobaré	aprueba (tú)	apruebe	aprobara/aprobase
apruebas	aprobaste	aprobarás	apruebe (Vd.)	apruebes	aprobaras/aprobases
aprueba	aprobó	aprobará	aprobad (vos.)	apruebe	aprobara/aprobase
aprobamos	aprobamos	aprobaremos	aprueben (Vds.)	aprobemos	aprobáramos/aprobásemos
aprobáis	aprobasteis	aprobaréis		aprobéis	aprobarais/aprobaseis
aprueban	aprobaron	aprobarán		aprueben	aprobaran/aprobasen

► CERRAR

	陈述式		命令式	虚拟式	
现在时	简单过去时	将来时		现在时	过去未完成时
cierro	cerré	cerraré	cierra (tú)	cierre	cerrara/cerrase
cierras	cerraste	cerrarás	cierre (Vd.)	cierres	cerraras/cerrases
cierra	cerró	cerrará	cerrad (vos.)	cierre	cerrara/cerrase
cerramos	cerramos	cerraremos	cierren (Vds.)	cerremos	cerráramos/cerrásemos
cerráis	cerrasteis	cerraréis		cerréis	cerrarais/cerraseis
cierran	cerraron	cerrarán		cierren	cerraran/cerrasen

► CONOCER

	陈述式		命令式	虚拟式	
现在时	简单过去时	将来时		现在时	过去未完成时
conozco	conocí	conoceré	conoce (tú)	conozca	conociera/conociese
conoces	conociste	conocerás	conozca (Vd.)	conozcas	conocieras/conocieses
conoce	conoció	conocerá	conoced (vos.)	conozca	conociera/conociese
conocemos	conocimos	conoceremos	conozcan (Vds.)	conozcamos	conociéramos/conociésemos
conocéis	conocisteis	conoceréis		conozcáis	conocierais/conocieseis
conocen	conocieron	conocerán		conozcan	conocieran/conociesen

▶ DAR

	陈述式		命令式		虚拟式	
现在时	简单过去时	将来时			现在时	过去未完成时
doy	di	daré	da	(tú)	dé	diera/diese
das	diste	darás	dé	(Vd.)	des	dieras/dieses
da	dio	dará	dad	(vos.)	dé	diera/diese
damos	dimos	daremos	den	(Vds.)	demos	diéramos/diésemos
dais	disteis	daréis			deis	dierais/dieseis
dan	dieron	darán			den	dieran/diesen

▶ DECIR

	陈述式		命令式		虚拟式	
现在时	简单过去时	将来时			现在时	过去未完成时
digo	dije	diré	di	(tú)	diga	dijera/dijese
dices	dijiste	dirás	diga	(Vd.)	digas	dijeras/dijeses
dice	dijo	dirá	decid	(vos.)	diga	dijera/dijese
decimos	dijimos	diremos	digan	(Vds.)	digamos	dijéramos/dijésemos
decís	dijisteis	diréis			digáis	dijerais/dijeseis
dicen	dijeron	dirán			digan	dijeran/dijesen

▶ DESPERTAR(SE)

	陈述式			命令式		虚拟式	
现在时	简单过去时	将来时				现在时	过去未完成时
(me) despierto	desperté	despertaré	despierta	(tú)		despierte	despertara/despertase
(te) despiertas	despertaste	despertarás	despierte	(Vd.)		despiertes	despertaras/despertases
(se) despierta	despertó	despertará	desperta(os)	(vos.)		despierte	despertara/despertase
(nos) despertamos	despertamos	despertaremos	despierten	(Vds.)		despertemos	despertáramos/despertásemos
(os) despertáis	despertasteis	despertaréis				despertéis	despertarais/despertaseis
(se) despiertan	despertaron	despertarán				despierten	despertaran/despertasen

► DIVERTIR(SE)

	陈述式			命令式		虚拟式	
现在时	简单过去时	将来时				现在时	过去未完成时
(me) divierto	divertí	divertiré	diviérte(te)	(tú)		divierta	divirtiera/divirtiese
(te) diviertes	divertiste	divertirás	diviérta(se)	(Vd.)		diviertas	divirtieras/divirtieses
(se) divierte	divirtió	divertirá	divertí(os)	(vos.)		divierta	divirtiera/divirtiese
(nos) divertimos	divertimos	divertiremos	diviértan(se)	(Vds.)		divirtamos	divirtiéramos/divirtiésemos
(os) divertís	divertisteis	divertiréis				divirtáis	divirtierais/divirtieseis
(se) divierten	divirtieron	divertirán				diviertan	divirtieran/divirtiesen

► DORMIR

	陈述式			命令式		虚拟式	
现在时	简单过去时	将来时				现在时	过去未完成时
duermo	dormí	dormiré	duerme	(tú)		duerma	durmiera/durmiese
duermes	dormiste	dormirás	duerma	(Vd.)		duermas	durmieras/durmieses
duerme	durmió	dormirá	dormid	(vos.)		duerma	durmiera/durmiese
dormimos	dormimos	dormiremos	duerman	(Vds.)		durmamos	durmiéramos/durmiésemos
dormís	dormisteis	dormiréis				durmáis	durmierais/durmieseis
duermen	durmieron	dormirán				duerman	durmieran/durmiesen

► EMPEZAR

	陈述式			命令式		虚拟式	
现在时	简单过去时	将来时				现在时	过去未完成时
empiezo	empecé	empezaré	empieza	(tú)		empiece	empezara/empezase
empiezas	empezaste	empezarás	empiece	(Vd.)		empieces	empezaras/empezases
empieza	empezó	empezará	empezad	(vos.)		empiece	empezara/empezase
empezamos	empezamos	empezaremos	empiecen	(Vds.)		empecemos	empezáramos/empezásemos
empezáis	empezasteis	empezaréis				empecéis	empezarais/empezaseis
empiezan	empezaron	empezarán				empiecen	empezaran/empezasen

▶ ENCONTRAR

陈述式			命令式	虚拟式	
现在时	简单过去时	将来时		现在时	过去未完成时
encuentro	encontré	encontraré	encuentra (tú)	encuentre	encontrara/encontrase
encuentras	encontraste	encontrarás	encuentre (Vd.)	encuentres	encontraras/encontrases
encuentra	encontró	encontrará	encontrad (vos.)	encuentre	encontrara/encontrase
encontramos	encontramos	encontraremos	encuentren (Vds.)	encontremos	encontráramos/encontrásemos
encontráis	encontrasteis	encontraréis		encontréis	encontrarais/encontraseis
encuentran	encontraron	encontrarán		encuentren	encontraran/encontrasen

▶ ESTAR

陈述式			命令式	虚拟式	
现在时	简单过去时	将来时		现在时	过去未完成时
estoy	estuve	estaré	está/no estés (tú)	esté	estuviera/estuviese
estás	estuviste	estarás	esté/no esté (Vd.)	estés	estuvieras/estuvieses
está	estuvo	estará	estad/no estéis (vos.)	esté	estuviera/estuviese
estamos	estuvimos	estaremos	estén/no estén (Vds.)	estemos	estuviéramos/estuviésemos
estáis	estuvisteis	estaréis		estéis	estuvierais/estuvieseis
están	estuvieron	estarán		estén	estuvieran/estuviesen

▶ HACER

陈述式			命令式	虚拟式	
现在时	简单过去时	将来时		现在时	过去未完成时
hago	hice	haré	haz/no hagas (tú)	haga	hiciera/hiciese
haces	hiciste	harás	haga/no haga (Vd.)	hagas	hicieras/hicieses
hace	hizo	hará	haced/no hagáis (vos.)	haga	hiciera/hiciese
hacemos	hicimos	haremos	hagan/no hagan (Vds.)	hagamos	hiciéramos/hiciésemos
hacéis	hicisteis	haréis		hagáis	hicierais/hicieseis
hacen	hicieron	harán		hagan	hicieran/hiciesen

▶ HABER

陈述式			命令式		虚拟式	
现在时	简单过去时	将来时			现在时	过去未完成时
he	hube	habré	he/no hayas	(tú)	haya	hubiera/hubiese
has	hubiste	habrás	haya/no haya	(Vd.)	hayas	hubieras/hubieses
ha	hubo	habrá	habed/no hayáis	(vos.)	haya	hubiera/hubiese
hemos	hubimos	habremos	hayan/no hayan	(Vds.)	hayamos	hubiéramos/hubiésemos
habéis	hubisteis	habréis			hayáis	hubierais/hubieseis
han	hubieron	habrán			hayan	hubieran/hubiesen

▶ IR

陈述式			命令式		虚拟式	
现在时	简单过去时	将来时			现在时	过去未完成时
voy	fui	iré	ve/no vayas	(tú)	vaya	fuera/fuese
vas	fuiste	irás	vaya/no vaya	(Vd.)	vayas	fueras/fueses
va	fue	irá	id/no vayáis	(vos.)	vaya	fuera/fuese
vamos	fuimos	iremos	vayan/no vayan	(Vds.)	vayamos	fuéramos/fuésemos
vais	fuisteis	iréis			vayáis	fuerais/fueseis
van	fueron	irán			vayan	fueran/fuesen

▶ JUGAR

陈述式			命令式		虚拟式	
现在时	简单过去时	将来时			现在时	过去未完成时
juego	jugué	jugaré	juega/no juegues	(tú)	juegue	jugara/jugase
juegas	jugaste	jugarás	juegue/no juegue	(Vd.)	juegues	jugaras/jugases
juega	jugó	jugará	jugad/no juguéis	(vos.)	juegue	jugara/jugase
jugamos	jugamos	jugaremos	jueguen/no jueguen	(Vds.)	juguemos	jugáramos/jugásemos
jugáis	jugasteis	jugaréis			juguéis	jugarais/jugaseis
juegan	jugaron	jugarán			jueguen	jugaran/jugasen

▶ LEER

陈述式			命令式	虚拟式	
现在时	简单过去时	将来时		现在时	过去未完成时
leo	leí	leeré	lee /no leas (tú)	lea	leyera/leyese
lees	leíste	leerás	lea/no lea (Vd.)	leas	leyeras/leyeses
lee	leyó	leerá	leed/no leáis (vos.)	lea	leyera/leyese
leemos	leímos	leeremos	lean/no lean (Vds.)	leamos	leyéramos/leyésemos
leéis	leísteis	leeréis		leáis	leyerais/leyeseis
leen	leyeron	leerán		lean	leyeran/leyesen

▶ OÍR

陈述式			命令式	虚拟式	
现在时	简单过去时	将来时		现在时	过去未完成时
oigo	oí	oiré	oye/no oigas (tú)	oiga	oyera/oyese
oyes	oíste	oirás	oiga/no oiga (Vd.)	oigas	oyeras/oyeses
oye	oyó	oirá	oíd/no oigáis (vos.)	oiga	oyera/oyese
oímos	oímos	oiremos	oigan/no oigan (Vds.)	oigamos	oyéramos/oyésemos
oís	oísteis	oiréis		oigáis	oyerais/oyeseis
oyen	oyeron	oirán		oigan	oyeran/oyesen

▶ PEDIR

陈述式			命令式	虚拟式	
现在时	简单过去时	将来时		现在时	过去未完成时
pido	pedí	pediré	pide/no pidas (tú)	pida	pidiera/pidiese
pides	pediste	pedirás	pida/no pida (Vd.)	pidas	pidieras/pidieses
pide	pidió	pedirá	pedid/no pidáis (vos.)	pida	pidiera/pidiese
pedimos	pedimos	pediremos	pidan/no pidan (Vds.)	pidamos	pidiéramos/pidiésemos
pedís	pedisteis	pediréis		pidáis	pidierais/pidieseis
piden	pidieron	pedirán		pidan	pidieran/pidiesen

► PREFERIR

陈述式			命令式		虚拟式	
现在时	简单过去时	将来时			现在时	过去未完成时
prefiero	preferí	preferiré	prefiere/no prefieras	(tú)	prefiera	prefiriera/prefiriese
prefieres	preferiste	preferirás	prefiera/no prefiera	(Vd.)	prefieras	prefirieras/prefirieses
prefiere	prefirió	preferirá	preferid/no prefiráis	(vos.)	prefiera	prefiriera/prefiriese
preferimos	preferimos	preferiremos	prefieran/no prefieran	(Vds.)	prefiramos	prefiriéramos/prefiriésemos
preferís	preferisteis	preferiréis			prefiráis	prefirierais/prefirieseis
prefieren	prefirieron	preferirán			prefieran	prefirieran/prefiriesen

► PODER

陈述式			命令式		虚拟式	
现在时	简单过去时	将来时			现在时	过去未完成时
puedo	pude	podré	puede/no puedas	(tú)	pueda	pudiera/pudiese
puedes	pudiste	podrás	pueda/no pueda	(Vd.)	puedas	pudieras/pudieses
puede	pudo	podrá	poded/no podáis	(vos.)	pueda	pudiera/pudiese
podemos	pudimos	podremos	puedan/no puedan	(Vds.)	podamos	pudiéramos/pudiésemos
podéis	pudisteis	podréis			podáis	pudierais/pudieseis
pueden	pudieron	podrán			puedan	pudieran/pudiesen

► PONER

陈述式			命令式		虚拟式	
现在时	简单过去时	将来时			现在时	过去未完成时
pongo	puse	pondré	pon/no pongas	(tú)	ponga	pusiera/pusiese
pones	pusiste	pondrás	ponga/no ponga	(Vd.)	pongas	pusieras/pusieses
pone	puso	pondrá	poned/no pongáis	(vos.)	ponga	pusiera/pusiese
ponemos	pusimos	pondremos	pongan/no pongan	(Vds.)	pongamos	pusiéramos/pusiésemos
ponéis	pusisteis	pondréis			pongáis	pusierais/pusieseis
ponen	pusieron	pondrán			pongan	pusieran/pusiesen

▶ QUERER

	陈述式		命令式	虚拟式	
现在时	简单过去时	将来时		现在时	过去未完成时
quiero	quise	querré	quiere/no quieras (tú)	quiera	quisiera/quisiese
quieres	quisiste	querrás	quiera/no quiera (Vd.)	quieras	quisieras/quisieses
quiere	quiso	querrá	quered/no queráis (vos.)	quiera	quisiera/quisiese
queremos	quisimos	querremos	quieran/no quieran (Vds.)	queramos	quisiéramos/quisiésemos
queréis	quisisteis	querréis		queráis	quisierais/quisieseis
quieren	quisieron	querrán		quieran	quisieran/quisiesen

▶ RECORDAR

	陈述式		命令式	虚拟式	
现在时	简单过去时	将来时		现在时	过去未完成时
recuerdo	recordé	recordaré	recuerda/no recuerdes (tú)	recuerde	recordara/recordase
recuerdas	recordaste	recordarás	recuerde/no recuerde (Vd.)	recuerdes	recordaras/recordases
recuerda	recordó	recordará	recordad/no recordéis (vos.)	recuerde	recordara/recordase
recordamos	recordamos	recordaremos	recuerden/no recuerden (Vds.)	recordemos	recordáramos/recordásemos
recordáis	recordasteis	recordaréis		recordéis	recordarais/recordaseis
recuerdan	recordaron	recordarán		recuerden	recordaran/recordasen

▶ SABER

	陈述式		命令式	虚拟式	
现在时	简单过去时	将来时		现在时	过去未完成时
sé	supe	sabré	sabe/no sepas (tú)	sepa	supiera/supiese
sabes	supiste	sabrás	sepa/no sepa (Vd.)	sepas	supieras/supieses
sabe	supo	sabrá	sabed/no sepáis (vos.)	sepa	supiera/supiese
sabemos	supimos	sabremos	sepan/no sepan (Vds.)	sepamos	supiéramos/supiésemos
sabéis	supisteis	sabréis		sepáis	supierais/supieseis
saben	supieron	sabrán		sepan	supieran/supiesen

► SALIR

陈述式			命令式		虚拟式	
现在时	简单过去时	将来时			现在时	过去未完成时
salgo	salí	saldré	sal/no salgas	(tú)	salga	saliera/saliese
sales	saliste	saldrás	salga/no salga	(Vd.)	salgas	salieras/salieses
sale	salió	saldrá	salid/no salgáis	(vos.)	salga	saliera/saliese
salimos	salimos	saldremos	salgan/no salgan	(Vds.)	salgamos	saliéramos/saliésemos
salís	salisteis	saldréis			salgáis	salierais/salieseis
salen	salieron	saldrán			salgan	salieran/saliesen

► SEGUIR

陈述式			命令式		虚拟式	
现在时	简单过去时	将来时			现在时	过去未完成时
sigo	seguí	seguiré	sigue/no sigas	(tú)	siga	siguiera/siguiese
sigues	seguiste	seguirás	siga/no siga	(Vd.)	sigas	siguieras/siguieses
sigue	siguió	seguirá	seguid/no sigáis	(vos.)	siga	siguiera/siguiese
seguimos	seguimos	seguiremos	sigan/no sigan	(Vds.)	sigamos	siguiéramos/siguiésemos
seguís	seguisteis	seguiréis			sigáis	siguierais/siguieseis
siguen	siguieron	seguirán			sigan	siguieran/siguiesen

► SER

陈述式			命令式		虚拟式	
现在时	简单过去时	将来时			现在时	过去未完成时
soy	fui	seré	sé/no seas	(tú)	sea	fuera/fuese
eres	fuiste	serás	sea/no sea	(Vd.)	seas	fueras/fueses
es	fue	será	sed/no seáis	(vos.)	sea	fuera/fuese
somos	fuimos	seremos	sean/no sean	(Vds.)	seamos	fuéramos/fuésemos
sois	fuisteis	seréis			seáis	fuerais/fueseis
son	fueron	serán			sean	fueran/fuesen

► SERVIR

	陈述式		命令式		虚拟式	
现在时	简单过去时	将来时			现在时	过去未完成时
sirvo	serví	serviré	sirve/no sirvas	(tú)	sirva	sirviera/sirviese
sirves	serviste	servirás	sirva/no sirva	(Vd.)	sirvas	sirvieras/sirvieses
sirve	sirvió	servirá	servid/no sirváis	(vos.)	sirva	sirviera/sirviese
servimos	servimos	serviremos	sirvan/no sirvan	(Vds.)	sirvamos	sirviéramos/sirviésemos
servís	servisteis	serviréis			sirváis	sirvierais/sirvieseis
sirven	sirvieron	servirán			sirvan	sirvieran/sirviesen

► TRADUCIR

	陈述式		命令式		虚拟式	
现在时	简单过去时	将来时			现在时	过去未完成时
traduzco	traduje	traduciré	traduce/no traduzcas	(tú)	traduzca	tradujera/tradujese
traduces	tradujiste	traducirás	traduzca/no traduzca	(Vd.)	traduzcas	tradujeras/tradujeses
traduce	tradujo	traducirá	traducid/no traduzcáis	(vos.)	traduzca	tradujera/tradujese
traducimos	tradujimos	traduciremos	traduzcan/no traduzcan	(Vds.)	traduzcamos	tradujéramos/tradujésemos
traducís	tradujisteis	traduciréis			traduzcáis	tradujerais/tradujeseis
traducen	tradujeron	traducirán			traduzcan	tradujeran/tradujesen

► VENIR

	陈述式		命令式		虚拟式	
现在时	简单过去时	将来时			现在时	过去未完成时
vengo	vine	vendré	ven/no vengas	(tú)	venga	viniera/viniese
vienes	viniste	vendrás	venga/no venga	(Vd.)	vengas	vinieras/vinieses
viene	vino	vendrá	venid/no vengáis	(vos.)	venga	viniera/viniese
venimos	vinimos	vendremos	vengan/no vengan	(Vds.)	vengamos	viniéramos/viniésemos
venís	vinisteis	vendréis			vengáis	vinierais/vinieseis
vienen	vinieron	vendrán			vengan	vinieran/viniesen

► VOLVER

	陈述式		命令式		虚拟式	
现在时	简单过去时	将来时			现在时	过去未完成时
vuelvo	volví	volveré	vuelve/no vuelvas	(tú)	vuelva	volviera/volviese
vuelves	volviste	volverás	vuelva/no vuelva	(Vd.)	vuelvas	volvieras/volvieses
vuelve	volvió	volverá	volved/no volváis	(vos.)	vuelva	volviera/volviese
volvemos	volvimos	volveremos	vuelvan/no vuelvan	(Vds.)	volvamos	volviéramos/volviésemos
volvéis	volvisteis	volveréis			volváis	volvierais/volvieseis
vuelven	volvieron	volverán			vuelvan	volvieran/volviesen

Clave
答案

Gramática 语法

第1单元

Situaciones:

A. 1. *a: ha ganado;* **2.** *b: ganó.* **B. 1.** *vivía;* **2.** *tenía;* **3.** *llamaba;* **4.** *necesitaba;* **5.** *quería o quiso;* **6.** *dijo;* **7.** *era.*

A **1.** *robaron / salía / acercó / agarró / llevaba / salió;* **2.** *quería / fue;* **3.** *equivocó / cogió / iba;* **4.** *casé / hacía / había separado;* **5.** *llamó / dijo / podía / estaba;* **6.** *han dicho / ha habido / han muerto;* **7.** *ha habido;* **8.** *ibas / practicabas;* **9.** *compramos / vivíamos / ahorrábamos;* **10.** *ha salido / quería;* **11.** *han ido.*

B **1.** *¿Has escrito un poema alguna vez?* **2.** *¿Has subido en avión alguna vez?* **3.** *¿Has tenido novio/a alguna vez?* **4.** *¿Has bebido alcohol alguna vez?* **5.** *¿Has montado en moto alguna vez?* **6.** *¿Has conducido un coche alguna vez?* **7.** *¿Has salido al extranjero alguna vez?* **8.** *¿Has tenido un hijo?* **9.** *¿Has salido en la televisión alguna vez?* **10.** *¿Has ganado un premio alguna vez?*

1. *he escrito;* **2.** *Subí;* **3.** *he tenido;* **4.** *bebí;* **5.** *he montado;* **6.** *he conducido;* **7.** *he salido;* **8.** *he tenido;* **9.** *salí;* **10.** *he ganado.*

C **1.** *Has probado;* **2.** *Habías estado;* **3.** *había visto o ha visto;* **4.** *había visto;* **5.** *Habías estado / vine;* **6.** *he encontrado / ha dicho / ha tenido;* **7.** *había enamorado;* **8.** *ha llegado / habían escapado.*

D **1.** *preguntó / conocía / era / había visto;* **2.** *murió / viajaba;* **3.** *ha estado;* **4.** *estudiaba / gustaba;* **5.** *ha escrito / ha tenido / ha ganado;* **6.** *llamó / estaba;* **7.** *conoció / había terminado.*

E **1.** *conquistó;* **2.** *hicieron;* **3.** *Nació;* **4.** *eran;* **5.** *vio;* **6.** *olvidó;* **7.** *salió;* **8.** *actuó;* **9.** *rio;* **10.** *fue;* **11.** *embarcó;* **12.** *estaba;* **13.** *ocurrían;* **14.** *ocurrió;* **15.** *estaba;* **16.** *rodó o hizo;* **17.** *llegó;* **18.** *declinó;* **19.** *estaba;* **20.** *tuvo;* **21.** *hizo o rodó;* **22.** *hubo;* **23.** *conoció;* **24.** *tenía;* **25.** *se casaron;* **26.** *tuvieron;* **27.** *se trasladó;* **28.** *murió.*

第2单元

Situaciones:

1. *b: Hum… qué bien* <u>huelen</u> *estas flores;* **2.** *a: El perro* <u>está oliendo</u> *la droga en la maleta;* **3.** *c: Estoy cansada, ayer* <u>trabajé</u> */* <u>estuve trabajando</u> *hasta las tantas.*

A **1.** *estuve viendo / salí / estábamos mirando / puso / quedamos;* **2.** *he estado trabajando / estoy trabajando / llamó / estoy durmiendo;* **3.** *piensas / están saliendo;* **4.** *estoy pensando;* **5.** *ha estado tomando;* **6.** *hacemos / sabrán;* **7.** *estaré esquiando;* **8.** *falta / estoy terminando;* **9.** *vivía;* **10.** *conocí / estaba haciendo;* **11.** *ha estado sonando / he terminado.*

B **1.** *estoy escribiendo;* **2.** *Estoy;* **3.** *estoy aprendiendo;* **4.** *estoy;* **5.** *hemos estado hablando;* **6.** *ha sido;* **7.** *se siente;* **8.** *toca;* **9.** *parecen;* **10.** *somos;* **11.** *estábamos saliendo;* **12.** *se ha acercado;* **13.** *ha invitado;* **14.** *hemos estado hablando o hemos hablado;* **15.** *He quedado;* **16.** *me estoy enamorando.*

Situaciones:

1. *d;* **2.** *a;* **3.** *b;* **4.** *c.*

A **Hacer:** *haz / no hagas; haga / no haga; haced / no hagáis; hagan / no hagan;* **Decir:** *di / no digas; diga / no diga; decid / no digáis; digan / no digan;* **Cerrar:** *cierra / no cierres; cierre / no cierre; cerrad / no cerréis; cierren / no cierren;* **Ir:** *ve / no vayas; vaya / no vaya; id / no vayáis; vayan / no vayan.*

B **1.** *No la compres;* **2.** *No se lo envíes;* **3.** *No las pruebes;* **4.** *No los hagas;* **5.** *No la traigas;* **6.** *No lo pruebes;* **7.** *No la cierres;* **8.** *No me la des;* **9.** *No se lo digas;* **10.** *No me las pagues;* **11.** *No se lo pongas;* **12.** *No me lo diga;* **13.** *No se la des;* **14.** *No nos las des.*

C **1.** *Siéntate;* **2.** *No te cases;* **3.** *Peinaos;* **4.** *No te preocupes;* **5.** *No se relajen;* **6.** *No te bañes;* **7.** *No os calléis;* **8.** *Acuéstate;* **9.** *No os levantéis;* **10.** *Báñate;* **11.** *No se tumbe;* **12.** *Decidíos.*

D **1.** *g);* **2.** *h);* **3.** *f);* **4.** *a);* **5.** *c);* **6.** *d);* **7.** *e);* **8.** *b).*

E **1.** *Sí, díselo ya. / No, no se lo digas todavía;* **2.** *Sí, pónselos ya. / No, no se los pongas todavía;* **3.** *Sí, tráeselo ya. / No, no se lo traigas todavía;* **4.** *Sí, dásela ya. / No, no se la des todavía;* **5.** *Sí, tráemelas ya. / No, no me las traigas todavía;* **6.** *Sí, cuéntanoslo ya. / No, no nos lo cuentes todavía;* **7.** *Sí, regálaselo ya. / No, no se lo regales todavía;* **8.** *Sí, cuéntanoslo ya. / No, no nos lo cuentes todavía;* **9.** *Sí, páganoslo ya. / No, no nos lo pagues todavía;* **10.** *Sí, explícanoslo ya. / No, no nos lo expliques todavía.*

F **1.** *Perdone;* **2.** *abrid;* **3.** *dejen;* **4.** *bajen;* **5.** *Participe;* **6.** *ven;* **7.** *Reserva;* **8.** *Disfruta / pagues;* **9.** *deje.*

G **1.** *Evite;* **2.** *Beba;* **3.** *Refrésquese;* **4.** *Protéjase / salga;* **5.** *Utilice / proteja;* **6.** *deje;* **7.** *utilice;* **8.** *Cuide.*

Situaciones:

Tendrá hambre. Estará mojado. Le dolerá la tripa / la boca. No tendrá sueño. Estará aburrido.

A **1.** *e);* **2.** *f);* **3.** *g);* **4.** *a);* **5.** *h);* **6.** *d);* **7.** *c);* **8.** *b).*

B **1.** *habré terminado;* **2.** *habrán pintado;* **3.** *traeré / habré leído;* **4.** *tendré;* **5.** *habrán llegado;* **6.** *iré;* **7.** *pediremos;* **8.** *habré acostado / podremos;* **9.** *tendré;* **10.** *habrá quemado.*

C Semilibre. Posibles opciones. **1.** *Habrá problemas de tráfico;* **2.** *Habrán salido a cenar;* **3.** *Se habrá quedado en el parque jugando;* **4.** *Estará averiado;* **5.** *Estarán de vacaciones;* **6.** *Se le habrá olvidado;* **7.** *Estará estresado.*

D **1.** *iniciará;* **2.** *tendrá;* **3.** *ofreció;* **4.** *comprobará;* **5.** *suministrará;* **6.** *renunciaremos.*

E **1.** *estaré tomando el sol;* **2.** *seré;* **3.** *estaré casado;* **4.** *será madre.*

Situaciones:

1. *b:* A. *No sé qué le <u>pasará</u> a Toby: no come, no ladra...* B. <u>*Estará*</u> *deprimido o enfermo.* <u>*Deberías*</u> *llevarlo al veterinario;* **2.** *a:* A. *¿Has visto lo delgada que está Paloma?* B. *Sí, <u>habrá</u> hecho alguna dieta especial;* **3.** *c:* A.

¿Sabes que el viernes pasado el director llamó a Pérez a su despacho? B. Bueno, tendría alguna pregunta que hacerle, es normal.

A 1. *llegaría*; 2. *se llevarían*; 3. *gustaría*; 4. *habrán discutido*; 5. *preocuparía*; 6. *estará enamorado*; 7. *me habré jubilado*; 8. *será*; 9. *pasará / Estará / tendrá*.

复习I

A 1. *empezó*; 2. *Fue*; 3. *había*; 4. *me apunté*; 5. *bajábamos*; 6. *pisábamos*; 7. *escalábamos*; 8. *era*; 9. *teníamos*; 10. *ha sido o fue*; 11. *hizo*; 12. *pensé*; 13. *llegué*; 14. *iba*; 15. *habían impedido*; 16. *llegué*; 17. *estaba*; 18. *pensaba*; 19. *llegaría*; 20. *llevaba*; 21. *iba*; 22. *sentí o sentía*; 23. *caían*; 24. *veíamos*; 25. *sabíamos*; 26. *estuve*; 27. *estaba*; 28. *vi*; 29. *llevábamos*; 30. *estaba*; 31. *hacía*; 32. *dormíamos*; 33. *comía*; 34. *encontramos*; 35. *había visto*.

B 1. *Ayer mi familia y yo estuvimos pescando todo el día en el río*; 3. *Antes mi marido fumaba mucho*; 4. *Mis tíos han estado/estuvieron viviendo en París muchos años*; 5. *Mis tíos se conocieron cuando estuvieron viviendo en París*; 6. *Paco me dijo que estaría trabajando en esa empresa hasta marzo*; 7. *Cuando estábamos hablando con el médico, llegó una enfermera para llevárselo a Urgencias*; 8. *Ayer estuve jugando al tenis con Elena*; 9. *Me encontré con Rodolfo y me dijo que estaba harto de todo*; 12. *A. ¿Qué tal te ha ido el verano? B. Bien, viajé por Europa todo el mes de julio*; 13. *Óscar estuvo/ha estado trabajando conmigo mucho tiempo en mi departamento*; 14. *Ayer, cuando el Real Madrid estaba ganando por uno a cero, Raúl se cayó y al final, perdieron.*

C 1. *Haga*; 2. *eche / hierva*; 3. *Haga*; 4. *Procure*; 5. *entre*; 6. *Suba / ponga*; 7. *Tenga*.

第6单元

Situaciones:

1. *El capital / La capital*; 2. *El pendiente / La pendiente*; 3. *El cometa / La cometa*; 4. *El cura / La cura*.

A **Masculino:** *el hotel, el coche, el poema, el pijama, el teorema, el problema, el diploma, el paisaje, el garaje, el viaje, el crucigrama, el idioma*; **Femenino:** *la luz, la carne, la reacción, la moto, la foto, la sal, la colección, la virtud.*

B 1. *un ramo*; 2. *la bolsa*; 3. *una cura*; 4. *el capital*; 5. *una rama*; 6. *un bolso / uno / bonito / negro / lo*; 7. *un pendiente*; 8. *el cólera*; 9. *la guía*; 10. *el orden*; 11. *la ciruela*; 12. *una pendiente*; 13. *el cabeza*; 14. *El guía.*

C *Un color oscuro. Una habitación luminosa. Un panorama agotador. Unos temas polémicos. Unas fotos desenfocadas. Una juventud alocada. Unas excursiones guiadas por la ciudad. Un viaje maravilloso. Unas paredes agrietadas. Una región pantanosa.*

D Semilibre. Posibles opciones. *Ha pintado la habitación de un color oscuro; La casa tiene una habitación luminosa; La gira americana que harán tiene un panorama agotador; El presidente trató unos temas polémicos; El fotógrafo nos hizo unas fotos desenfocadas; Los principales problemas se deben a una juventud alocada; El ayuntamiento ha organizado unas excursiones guiadas por la ciudad; El verano pasado hicimos un viaje maravilloso; Al entrar en el piso nos encontramos con unas paredes agrietadas; Tuvimos que pasar por una región pantanosa.*

E **A.** 1. *el*; **2.** *el*; **3.** *el*; **4.** *una*; **5.** *la*; **6.** *un*; **7.** *la*; **8.** *un*; **9.** *el*; **B.** 1. *el*; **2.** *piloto*; **3.** *la*; **4.** *directora*; **5.** *la*; **6.** *bióloga*; **7.** *el*; **8.** *actor*; **C.** 1. *El*; **2.** *la*; **3.** *las*; **4.** *un*; **5.** *la*; **6.** *la*; **7.** *los*.

第7单元

Situaciones:

1. *a*; **2.** *d*; **3.** *b*; **4.** *f*; **5.** *c*; **6.** *e*.

1. *Abrelatas*; **2.** *Tragaperras*; **3.** *Altavoces*; **4.** *Champús anticaspa*.

A **1.** *camiones*; **2.** *disfraces*; **3.** *meses*; **4.** *déficit*; **5.** *sofás*; **6.** *tren*; **7.** *ballet*; **8.** *mamá*; **9.** *regímenes*; **10.** *tijeras*; **11.** *chalé*; **12.** *iraníes*; **13.** *tesis*; **14.** *menú*; **15.** *análisis*; **16.** *países*; **17.** *carnés*; **18.** *álbum*; **19.** *faxes*; **20.** *souvenir*.

B **1.** *álbumes*; **2.** *tren*; **3.** *análisis*; **4.** *déficit*; **5.** *regímenes*; **6.** *menús*; **7.** *ballet*; **8.** *tijeras*; **9.** *tesis*; **10.** *iraníes*; **11.** *faxes*; **12.** *souvenirs*.

C **1.** *b)*; **2.** *g)*; **3.** *h)*; **4.** *a)*; **5.** *f)*; **6.** *d)*; **7.** *i)*; **8.** *e)*; **9.** *c)*.

第8单元

Situaciones:

1. *la / un / Ø*; **2.** *lo / Lo / el / la*.

A **1.** *No puedes imaginarte lo que come mi hijo mayor*; **2.** *No puedes imaginarte lo guapa que es la novia de Ángel*; **3.** *No puedes imaginarte lo lejos que viven Eduardo y María*; **4.** *No puedes imaginarte lo que viajan Paola y Mario*; **5.** *No puedes imaginarte lo nerviosa que está Laura por el examen de conducir*; **6.** *No puedes imaginarte lo bien que dibuja la hija de Pedro*; **7.** *No puedes imaginarte lo mal que conduce Ernesto*; **8.** *No puedes imaginarte lo lento que es este autobús*; **9.** *No puedes imaginarte lo trabajadora que es Rosalía*.

B **1.** *el / una / un / un / lo / las / una*; **2.** *Ø / el*; **3.** *un / la / El / un / la*; **4.** *Lo / La / Ø / las / el / la / lo / Lo / una / el*; **5.** *lo / un / Ø / Ø*; **6.** *Unos / El / unos / una / el*; **7.** *El / lo / Ø / lo / lo / los*; **8.** *Ø / una*; **9.** *lo / lo / lo / lo*; **10.** *el / el / el / lo / lo*.

C **1.** *c)*; **2.** *e)*; **3.** *b)*; **4.** *f)*; **5.** *g)*; **6.** *a)*; **7.** *d)*.

D **1.** *la*; **2.** *el*; **3.** *un*; **4.** *una*; **5.** *un*; **6.** *el*; **7.** *Ø*; **8.** *los*; **9.** *La*; **10.** *un*; **11.** *los*; **12.** *los*; **13.** *los*; **14.** *las*; **15.** *el*.

第9单元

Situaciones:

1. *c*; **2.** *a*; **3.** *b*.

A **1.** *b)*; **2.** *a)*; **3.** *b)*; **4.** *b)*; **5.** *a)*; **6.** *b)*; **7.** *b)*; **8.** *b)*; **9.** *a)*; **10.** *b)*.

B **1.** A. ¿Diga? B. Hola, Julia, tu madre está en la oficina y no tiene las llaves de casa, tienes que llevárselas antes de las cuatro, ¿vale? A. Vale, papá, no te preocupes, se las llevaré; **2.** ¿Le has dado las fotos a Paco? Te dije que se las dieras; **3.** El otro día llevaba la cartera en el bolsillo de atrás y me la robaron. Tengo que *ir a la comisaría a denunciar el robo;* **4.** *A. ¿Le has enviado los libros a Rocío? B. No, se los enviaré mañana, hoy no puedo;* **5.** *A. ¡Vaya restaurante tan malo! ¿Quién te lo ha recomendado? B. Me lo recomendó Susana. Me dijo que era muy bueno;* **6.** *A. Paloma, Rosa dice que quiere verte. B. Sí, pero yo no quiero verla, estoy enfadada con ella;* **7.** *A. Pedro, ¿dónde está mi diccionario de inglés? B. Se lo presté. A. Pues pídeselo porque lo necesito yo;* **8.** *A. ¿Se las has dado? B. No, no lo he visto desde el viernes. A. Pues dáselas cuando venga esta tarde.*

C **1.** *Jacinto recogió los platos sucios y los llevó a la cocina;* **2.** *Olalla se fue a EE.UU. a estudiar el bachillerato y ya no volvió a España;* **3.** *Rafa y Mayte le compraron un coche a su hijo porque acabó los estudios con muy buenas notas;* **4.** *¿A quién se le ha ocurrido aparcar ese camión aquí? No podemos pasar;* **5.** *El director general de industria que visitó la fábrica se interesó por los procesos de producción de maquinaria agrícola;* **6.** *¿Le has preguntado a Roberto si va a venir con nosotros al fútbol?;* **7.** *Paola es la mayor, le lleva tres años a Pablo;* **8.** *¿Le has llevado las camisas a Luisa para que las planche?;* **9.** *¿Te has dado cuenta de que Diego se parece mucho a su padre?;* **10.** *Yo no sé si Juan estudia algo, se pasa todo el día en el ordenador;* **11.** *El domingo salimos de casa con retraso y llegamos tarde al aeropuerto;* **12.** *No tenemos agua porque ayer alguien se bebió la última que quedaba;* **13.** *Mi vecino es ludópata. Todos los fines de semana va al casino y se gasta el sueldo en jugar;* **14.** *¿A ti te parece bien que Ángel se vaya todos los sábados a jugar al casino?;* **15.** *Yo, a mis amigos no los llamo todos los días, pero les escribo correos y estoy pendiente de ellos;* **16.** *Este libro no te lo lleves, por favor, no lo he leído todavía;* **17.** *Quedamos con Álex y Elena en vernos el día de Navidad, pero al final no pudimos vernos porque Álex se puso enfermo;* **18.** *Natalia y Tatiana tenían que arreglar papeles para ir a EE.UU. y los arreglaron gracias a un amigo en la embajada;* **19.** *Para Navidad a la profesora de religión le regalaron una Biblia en piel;* **20.** *A los chicos se les explicó la situación económica de la familia cuando terminaron de cenar.*

D **1.** *se me ha estropeado;* **2.** *se me ha olvidado;* **3.** *se me ha escapado;* **4.** *se me han olvidado;* **5.** *se me ha estropeado;* **6.** *se me ha perdido;* **7.** *se le olvida;* **8.** *se le olvidó ;* **9.** *se le han perdido;* **10.** *se le pasa.*

E **1.** *Olvidó el móvil en la mesilla de noche;* **2.** *Ella nunca se olvida de llamar a sus amigos por su cumpleaños;* **1.** *Enrique sale de la oficina a las siete;* **2.** *Enrique siempre se sale por la puerta de atrás;* **1.** *El año pasado fuimos a Viena a conocer a sus padres;* **2.** *Nos fuimos del teatro en cuanto acabó la función;* **1.** *La gente todavía se ríe de las películas de Charlot;* **2.** *La gente está harta y ya no le ríe los chistes a Fernando;* **1.** *Hasta ahora se ha tomado lo que le ha mandado el médico;* **2.** *Eduardo nunca ha tomado antibióticos.*

F **1.** *se;* **2.** *se;* **3.** *la;* **4.** *la;* **5.** *la;* **6.** *la;* **7.** *le;* **8.** *le;* **9.** *se;* **10.** *la;* **11.** *le;* **12.** *se;* **13.** *se;* **14.** *la;* **15.** *se;* **16.** *se;* **17.** *la;* **18.** *la;* **19.** *le;* **20.** *se;* **21.** *la;* **22.** *me;* **23.** *se;* **24.** *la;* **25.** *se;* **26.** *le;* **27.** *la;* **28.** *se;* **29.** *la;* **30.** *se;* **31.** *Le;* **32.** *la;* **33.** *Le;* **34.** *se;* **35.** *la;* **36.** *se;* **37.** *le;* **38.** *se;* **39.** *se;* **40.** *le;* **41.** *te;* **42.** *te;* **43.** *le;* **44.** *le;* **45.** *le.*

第10单元

Situaciones:

1. *con;* **2.** *en;* **3.** *de;* **4.** *Por.*

A **1.** *con / en / a / a / de;* **2.** *de / en / de / a (al) / sin;* **3.** *a / con / a / de / de;* **4.** *de / a / de (del) / a / en / en / en / a / de (del) / por / a / en;* **5.** *de / con / sin / sin / de;* **6.** *a / de / a / en;* **7.** *por / a (al) / sin / con / de (del);* **8.** *con / de / Por / de;* **9.** *a / sin / contra / por / en;* **10.** *Por / a / por / por / a / a;* **11.** *Para / para / por;* **12.** *de / para / Para;* **13.** *de / por;* **14.** *con / a / con / con.*

B **1.** *a finales de;* **2.** *a punto de;* **3.** *en vez de;* **4.** *a causa del;* **5.** *A lo largo de;* **6.** *en medio de;* **7.** *a favor del.*

C 1. *en / hasta;* **2.** *en / hasta;* **3.** *con / para / de;* **4.** *por / con / Porque / en / en / a / A / en / de (del).*

D 1. *en;* **2.** *con;* **3.** *con;* **4.** *de;* **5.** *con;* **6.** *sin;* **7.** *sin;* **8.** *entre;* **9.** *en;* **10.** *a;* **11.** *en;* **12.** *sin;* **13.** *sin;* **14.** *por;* **15.** *por;* **16.** *a;* **17.** *de;* **18.** *a;* **19.** *de (del);* **20.** *de;* **21.** *a;* **22.** *a;* **23.** *a;* **24.** *a;* **25.** *en o por.*

复习II

A 1. *lo necesario;* **2.** *lo suficiente;* **3.** *lo imprescindible o lo justo;* **4.** *lo posible;* **5.** *lo justo o lo imprescindible;* **6.** *a lo lejos;* **7.** *en lo sucesivo / lo antes posible;* **8.** *en lo posible;* **9.** *A lo largo de.*

B 1. *me;* **2.** *te;* **3.** *te;* **4.** *se / se;* **5.** *os;* **6.** *les / les;* **7.** *le / le;* **8.** *se;* **9.** *les / les;* **10.** *me;* **11.** *me;* **12.** *te;* **13.** *te / me;* **14.** *Se / se;* **15.** *se.*

C 1. *A Jorge le aburren los dibujos animados;* **2.** *Andrés se relaja jugando al pádel con sus socios del bufete;* **3.** *Alguna gente se divierte con las películas violentas, pero yo no;* **4.** *He dormido sólo cuatro horas y estoy que no me tengo en pie;* **5.** *Rosalía es muy susceptible, se molesta con cualquier cosa;* **6.** *Daos prisa, se va a hacer tarde y vas a perder el tren;* **7.** *Todos los compañeros nos sorprendimos mucho cuando Eduardo dejó el trabajo;* **8.** *Ha ganado el premio de poesía y se le ha subido la fama a la cabeza.*

D 1. *de;* **2.** *de;* **3.** *en;* **4.** *de;* **5.** *en;* **6.** *de;* **7.** *de;* **8.** *con;* **9.** *con;* **10.** *por;* **11.** *por;* **12.** *a;* **13.** *por;* **14.** *a;* **15.** *de;* **16.** *a;* **17.** *en.*

第11单元

Situaciones:

1. *Estás / es;* **2.** *es / estamos.*

A 1. *está / soy o estoy;* **2.** *estáis / es / está;* **3.** *están;* **4.** *es;* **5.** *Estás / estoy;* **6.** *es / seas;* **7.** *es / ser;* **8.** *estás / estaba;* **9.** *es / es / son;* **10.** *Estoy;* **11.** *será;* **12.** *Es / está / está;* **13.** *está / era;* **14.** *somos o estamos.*

B 1. *era;* **2.** *estaba;* **3.** *estaba;* **4.** *Era;* **5.** *era;* **6.** *era;* **7.** *era;* **8.** *era;* **9.** *estaba;* **10.** *estaban.*

C 2. *A las siete de la tarde muchos millones de espectadores estaban atentos a la final de la Copa del Mundo en Brasil;* **5.** *En agosto no pudimos ir de vacaciones porque Federica no estaba buena;* **6.** *Doctor, el paciente de la habitación 35 ya está consciente, ha vuelto en sí;* **8.** *Cuando quieras, salimos, nosotros estamos listos;* **9.** *He llamado a Paola pero me ha dicho que hoy no va a salir porque no está muy católica;* **10.** *Mis padres estaban muy orgullosos de que yo estudiara Medicina.*

第12单元

Situaciones:

quería / terminara / casaríamos / tendríamos.

A 1. *Dile a Pepe que te deje el diccionario de inglés;* **2.** *Dile a Carlota que no se coma tus macarrones;* **3.** *Dile a Diego que deje de ver la tele y estudie;* **4.** *Dile a Carlota que recoja la mesa;* **5.** *Dile a papá que venga a comer;* **6.** *Dile a Carlota que te devuelva el mando de la tele.*

B 1. *Cristina me preguntó si quería más café y yo le contesté que ya había tomado bastante;* **2.** *Ellos me preguntaron si iba a ir con ellos a la playa y yo les contesté que iría la semana siguiente;* **3.** *Mi madre me* preguntó si *había hecho ya los deberes y yo le contesté que los haría más tarde*; **4.** *Celia le preguntó a Laura si* *había visto la última película de Almodóvar, y Laura le contestó que sí, pero que no le había gustado mucho*; **5.** *Yo le pregunté a Miguel que* *dónde estaban los papeles del banco, y él me dijo que los había dejado en la carpeta roja*.

C 1. *No me gusta la música clásica*; **2.** *Quiero vivir contigo*; **3.** *¿Cómo te sientes?*; **4.** *Ana, ¿has visto a tu hermano?*; **5.** *Te he mentido, no he estado con Pepe el domingo anterior*; **6.** *¿Cuándo vendrás a mi casa?*; **7.** *¿Tenéis problemas de dinero?*; **8.** *Tenemos para el primer año, pero para el próximo año tendremos que pedir un préstamo al banco*; **9.** *Quiero cambiar de trabajo porque la empresa cada vez va peor y no hay esperanzas de mejorar*; **10.** *Conocí a tu abuelo en la fiesta de mi pueblo y me enamoré de él el primer día que lo vi*; **11.** *Puede venir a recoger el coche mañana, que ya estará arreglado*; **12.** *Voy a ver a unos clientes de Oviedo*.

D 1. *Mi mujer tenía mucho trabajo y por eso me ha pedido que hoy lleve yo el pan*; **2.** *Antes de entrar al quirófano, el médico me dijo que* *no me preocupara, que todo iría bien*; **3.** *Julia anoche me dijo que* *no hiciera comida para ella, que hoy comería en casa*; **4.** *Clara no quería salir de casa y yo le dije que* *se diera prisa, que llegaríamos tarde*; **5.** *Lucía me ha pedido que* *fuera pronto, que teníamos que ir al médico con Pablo*; **6.** *Ayer Mario se olvidó la cartera en casa y me pidió que* *le prestara 50 euros*; **7.** *Luis no tenía tiempo y me* *pidió que llamara a Telefónica*; **8.** *Fui al médico porque no podía dormir bien y el médico me* *recomendó que me tomara la vida con calma*; **9.** *Ayer estuve aquí y usted me dijo que* *volviera hoy*; **10.** *En diciembre, Óscar me pidió que le* *prestara mi diccionario de árabe* *y todavía no me lo ha devuelto*; **11.** *Yo llevaba la camisa abierta, pero mi madre dijo que* *me la pusiera bien*.

E 1. *diga*; **2.** *se olvide*; **3.** *compre*; **4.** *pase*; **5.** *saque*; **6.** *podría*; **7.** *tendría*; **8.** *llamaras*; **9.** *contaras*; **10.** *cambió* o *había cambiado*; **11.** *trabajaba*; **12.** *ganaba*; **13.** *querían*; **14.** *quería*; **15.** *se casaran*; **16.** *dejaron* o *habían dejado*; **17.** *está*.

F 1. *a), b)*; **2.** *a); c)*; **3.** *b), c)*; **4.** *a), c)*; **5.** *b), c)*; **6.** *b), c)*; **7.** *a), c)*.

G 1. *esperara*; **2.** *deje*; **3.** *tome*; **4.** *hiciera*; **5.** *cambiara*; **6.** *colocara*; **7.** *envolviera*; **8.** *hablara*; **9.** *pagara*; **10.** *tome*; **11.** *tome*; **12.** *viajemos*; **13.** *fuera*.

H Le tenía advertido:
–*que no* **viniera**: transmite una advertencia o sugerencia que hizo el hablante en el pasado.
–*que la vida* **es** *muy dura, que si en el pueblo* **es** *difícil…* **hay** *que buscársela…*: se puede considerar como una verdad general válida ahora y siempre.
–*que ya* **era** *muy mayor…*: transmite una información que dio en pasado.
–*que sólo* **quieren** *mozos nuevos*: presente para hablar de una verdad general, válida en el presente, ahora.
–*que* **iba** *a andar a la busca… que nunca* **encontraría**…: transmite una información que se dio en el pasado.

第13单元

A 1. *Me gustaría que fuéramos andando*; **2.** *¿Te gustaría tener una casa así?*; **3.** *Quisiera casarme con un hombre como tú*; **4.** *Le gustaría que esa historia no acabase nunca*; **5.** *Les gustaría que su hija estudiara otra carrera*; **6.** *A los profesores les gustaría que sus estudiantes trabajaran*; **7.** *A Maribel le gustaría tener más tiempo libre*.

B 1. *Esperaba que Eugenio estuviera/hubiera estado en casa*; **2.** *Le agradecí mucho que* *me atendiera/hubiera* atendido tan amablemente; **3.** ¿No te importaba *lo que dijera/hubiera dicho la gente*; **4.** Está harto de *que en la oficina se rían/hayan reído/rieran de él*; **5.** No quiso que *fuéramos a verlo al hospital*; **6.** A Irene no le gustará que *le cuentes la noticia a su madre.* / A Irene no le ha gustado que *le cuentes/hayas contado/ contaras la noticia a su madre;* **7.** ¿Quieres que tu padre *te compre el coche?;* **8.** Hemos sentido que no *puedas/hayas podido/pudieras venir de vacaciones con nosotros.* / Sentimos *que no puedas/hayas podido/ pudieras venir de vacaciones con nosotros.* / Sentiremos *que no puedas venir de vacaciones con nosotros.*

C Respuesta libre.

D **1.** *quieras;* **2.** *alimentes;* **3.** *cuides;* **4.** *eduques;* **5.** *lleves;* **6.** *cepilles;* **7.** *saques;* **8.** *lleves;* **9.** *busques;* **10.** *juegues;* **11.** *estés;* **12.** *abandones.*

第14单元

Situaciones:

han subido / subirán / hayan subido / subirán / subirán / subirían.

A **1.** *e);* **2.** *b);* **3.** *a);* **4.** *f);* **5.** *d);* **6.** *g);* **7.** *c);* **8.** *h).*

B **1.** *No pensé que fueras al concierto con tus compañeros de la universidad;* **2.** *No creía que ya hubieras terminado el proyecto de los americanos;* **3.** *Ellos no veían que la empresa fuera mal;* **4.** *La policía no supuso que el ladrón fuera el vecino de la víctima;* **5.** *No creían que los pisos dejaran de subir de precio;* **6.** *No imaginé que Roberto quisiera casarse con Olga;* **7.** *No imaginaba que en Galicia tuvieran problemas de sequía;* **8.** *Nadie sabía que en febrero hubiera habido un golpe de Estado en ese país;* **9.** *Nadie informó de que nuestro director fuera corrupto.*

C **1.** *reflejan;* **2.** *existiera;* **3.** *sea;* **4.** *haber;* **5.** *van / vayan;* **6.** *estuviera;* **7.** *tiene;* **8.** *denuncia;* **9.** *moriría;* **10.** *importe / viene / venga;* **11.** *estuviera;* **12.** *se relajara;* **13.** *debía;* **14.** *estaba;* **15.** *conocías;* **16.** *ha sido.*

第15单元

Situaciones:

1. *suban;* **2.** *haga;* **3.** *hagan;* **4.** *tengamos.*

A **1.** *se dedique;* **2.** *arreglaría;* **3.** *se cayó;* **4.** *autorizara;* **5.** *se separara;* **6.** *haya bajado;* **7.** *haya dejado;* **8.** *ser / encontrar / llueva / llamen / valore.*

B **1.** *diga;* **2.** *permitan;* **3.** *implante;* **4.** *recaiga;* **5.** *hagamos;* **6.** *pueda;* **7.** *puedan.*

C **1.** *a), c);* **2.** *b), c);* **3.** *b), c);* **4.** *c);* **5.** *b);* **6.** *a), b);* **7.** *b);* **8.** *b);* **9.** *c);* **10.** *c).*

复习III

A **1.** *fue;* **2.** *estaban;* **3.** *está;* **4.** *ha sido;* **5.** *ha sido;* **6.** *están;* **7.** *fue;* **8.** *son;* **9.** *está;* **10.** *está.*

B **1.** *salga;* **2.** *esté;* **3.** *haya encontrado;* **4.** *consultaran;* **5.** *fuera;* **6.** *cuente;* **7.** *se entere;* **8.** *volviera;* **9.** *tuviera;* **10.** *hayas ido;* **11.** *pidiera / se quedaran;* **12.** *llamaras;* **13.** *deje;* **14.** *fallen;* **15.** *sean;* **16.** *lanzara;* **17.** *ayudes;* **18.** *talaran;* **19.** *llamáramos;* **20.** *pusieras;* **21.** *siguiéramos;* **22.** *esperáramos;* **23.** *llamaras;* **24.** *fuéramos.*

C 1. *pasó;* **2.** *preparara;* **3.** *hiciera;* **4.** *era;* **5.** *atendió* o *había atendido;* **6.** *interesó;* **7.** *persistía;* **8.** *había aquejado;* **9.** *confiaba;* **10.** *habían servido;* **11.** *veía;* **12.** *Podría;* **13.** *Creía;* **14.** *había;* **15.** *encontraba;* **16.** *pensaba;* **17.** *liquide;* **18.** *esté;* **19.** *iré;* **20.** *esperaré;* **21.** *salga;* **22.** *volveré.*

第16单元

Situaciones:

1. *d);* **2.** *b);* **3.** *a);* **4.** *c).*

Primer dibujo, *4;* **segundo dibujo:** *1,* **tercer dibujo:** *3;* **cuarto dibujo:** *2.*

A 1. *pues* o *que;* **2.** *pues* o *porque;* **3.** *Ya que* o *Puesto que;* **4.** *que;* **5.** *porque* o *pues;* **6.** *Ya que* o *Dado que;* **7.** *pues* o *ya que;* **8.** *que* o *porque;* **9.** *porque* o *ya que;* **10.** *ya que* o *porque;* **11.** *Como;* **12.** *Puesto que* o *Como;* **13.** *ya que* o *pues;* **14.** *Ya que* o *Puesto que;* **15.** *Dado que* o *Puesto que.*

B 1. *me gustara / obligó;* **2.** *habían enseñado;* **3.** *tenga;* **4.** *quiera / estoy;* **5.** *tengan / han comprado;* **6.** *viene;* **7.** *prefirió;* **8.** *decía;* **9.** *reaccionara;* **10.** *ignoren;* **11.** *era;* **12.** *quería;* **13.** *quisiera / necesitaba.*

C 1. *por qué;* **2.** *Por qué;* **3.** *por qué;* **4.** *porqué;* **5.** *por qué;* **6.** *por que* o *porque;* **7.** *por que;* **8.** *por qué;* **9.** *porqué;* **10.** *por que* o *porque;* **11.** *por que;* **12.** *por qué / por qué.*

第17单元

Situaciones:

1. *a: has comprado / hacer;* **2.** *b: vino / llevarse;* **3.** *c: te olvides.*

A 1. *ver;* **2.** *quedara;* **3.** *echar;* **4.** *ahuyentar;* **5.** *que puedas;* **6.** *avisar;* **7.** *que venga;* **8.** *escribir;* **9.** *que volviera;* **10.** *poder;* **11.** *puedan;* **12.** *que saliera.*

第18单元

A 1. *después de que;* **2.** *mientras* o *a medida que;* **3.** *En cuanto;* **4.** *hasta que;* **5.** *Al;* **6.** *después de que;* **7.** *Mientras;* **8.** *A medida que* o *Según;* **9.** *Antes de que* o *Después de que;* **10.** *Desde que;* **11.** *Según* o *A medida que;* **12.** *siempre que* o *cada vez que;* **13.** *en cuanto* o *así que;* **14.** *Mientras;* **15.** *A medida que* o *Según;* **16.** *nada más* o *al;* **17.** *mientras;* **18.** *Al* o *Nada más;* **19.** *A medida que* o *Mientras;* **20.** *Cada vez que* o *Siempre que.*

B 1. *vayan / haya hablado;* **2.** *dejar;* **3.** *intente;* **4.** *pudiera;* **5.** *apareciera;* **6.** *conocerse;* **7.** *ver;* **8.** *empiezas;* **9.** *se despertó;* **10.** *vuelva;* **11.** *llegara;* **12.** *fue / llevó;* **13.** *llegar;* **14.** *oyó;* **15.** *dio;* **16.** *volviera;* **17.** *bajar;* **18.** *esté;* **19.** *lleguen* o *hayan llegado;* **20.** *mejore;* **21.** *tengas;* **22.** *aplaudieran / pidieran / se enfrentaran;* **23.** *cerraran / se fueran;* **24.** *necesitaste.*

C 1. *palpiten;* **2.** *vista;* **3.** *haya;* **4.** *sepa;* **5.** *haya;* **6.** *prosigan;* **7.** *exista;* **8.** *haya.*

D 1. *Al principio;* **2.** *cuando;* **3.** *entonces;* **4.** *Ahora;* **5.** *después;* **6.** *entonces;* **7.** *antes;* **8.** *De pronto;* **9.** *Luego;* **10.** *después.*

E Libre.

Situaciones:

1. a: queda; 2. b: regalamos; 3. c: vas; 4. d: puedes.

A 1. han extraviado; 2. hubiera construido; 3. solicitó; 4. creería; 5. denunciarían; 6. amaras; 7. hubiera sido; 8. llenas; 9. seguir; 10. haber sido.

B 1. Si Roberto quisiera a Lucía, se casaría con ella; 2. Si Enrique hubiera respetado el stop, no le hubieran o habrían puesto una multa; 3. Si Javier no hubiera bebido tanto el sábado, no hubiera o habría tenido un accidente con el coche; 4. Si Lucía le hubiera contado toda la verdad al médico, éste hubiera o habría acertado el diagnóstico; 5. Si hubieras escrito a la compañía telefónica, te hubieran o habrían dado de baja; 6. Si Ismael hubiera estudiado cuando era joven, ahora no tendría que trabajar en cualquier cosa; 7. Si no se hubiera gastado los ahorros en un crucero, ahora podría pagar el alquiler del piso; 8. Si hubiera reservado el hotel en la playa, ahora tendría donde dormir.

C 1. a no ser que; 2. Con tal de que; 3. En el caso de que; 4. a no ser que; 5. Como; 6. como si; 7. con tal de; 8. siempre que; 9. como si; 10. Si; 11. siempre que; 12. como; 13. En el caso de que; 14. Si.

D 1. dispusiera; 2. se presentara; 3. se entretuviera; 4. vendieran; 5. apagara; 6. estuviera; 7. confirmaran; 8. formaran; 9. pusieran; 10. ocurriera; 11. cantaría.

E 1. hubiera oído u oyera; 2. hubiera sentado; 3. hubiera estado o estuviera; 4. fuera; 5. pasara o hubiera pasado; 6. acabara o hubiera acabado; 7. importara; 8. diera o hubiera dado.

F 1. hubieras oído; 2. sentiría; 3. sabe; 4. hubiera salido; 5. hubiera preparado; 6. moriríamos; 7. pudiera o pueda; 8. viene; 9. surja; 10. se asomara / viera; 11. necesiten; 12. hubiera estado; 13. enterara; 14. hubiera acompañado; 15. quieres; 16. morirían; 17. hubiera o habría caído; 18. hubiera / evitarían; 19. invites; 20. preguntaba; 21. haya percatado; 22. abandonara o abandona.

G 1. a); 2. f); 3. c); 4. i); 5. b); 6. j); 7. d); 8. k); 9. h); 10. g); 11. e); 12. l).
Si canto soy un cantueso. Si leo soy un león. Si emano soy una mano. Si amo soy un amasijo. Si lucho soy un serrucho. Si como soy como soy. Si río soy un río de risa. Si duermo enfermo de dormir. Si fumo me fumo hasta el humo. Si hablo me escucha el diablo. Si miento invento una verdad. Si me hundo me Carlos Edmundo.

H Respuesta libre.

第20单元

Situaciones:

1. hace / bañan; 2. hiciera / bañaría; 3. hubiera hecho / habría bañado.

A 1. j); 2. f); 3. k); 4. b); 5. a); 6. g); 7. h); 8. i); 9. e); 10. c); 11. d).

B Semilibre. Posibles opciones. 1. Por más que buscamos las llaves de Pedro por todas partes, no las encontramos; 2. A pesar de que Eugenio hace mucha gimnasia, no consigue adelgazar; 3. Aunque este coche es muy barato, no puedo comprármelo; 4. Por mucho que te empeñes, no vas a convencerme de que vaya contigo a Canarias; 5. Aunque a Olalla le gusta estar morena y toma el sol todos los días, sigue casi blanca; 6. Por más que le dio vueltas al problema de Lola, no encontró ninguna solución; 7. Por *muchos años que vivieras, nunca podrías hacer todo lo que deseas;* **8.** *Por más que intento olvidar a Jaime, no lo consigo;* **9.** *Aunque buscamos al perrito de Lorena mucho tiempo, no lo encontramos;* **10.** *A pesar de que ha estudiado muy poco, yo confío en que aprobará;* **11.** *Aunque tenía o tuviera razones para matarlo, no debería haberlo hecho.*

C **1.** *tenía;* **2.** *sigan;* **3.** *advirtieron;* **4.** *eran;* **5.** *había viajado;* **6.** *había dejado;* **7.** *terminó;* **8.** *era;* **9.** *maltrataba;* **10.** *utilizaba;* **11.** *era;* **12.** *haya viajado.*

D **1.** *vaya;* **2.** *creía o creyera;* **3.** *estuviera o estaba;* **4.** *dijera;* **5.** *haya terminado o ha terminado;* **6.** *estuviera;* **7.** *cueste o cuesta;* **8.** *hayas contado;* **9.** *encontrara;* **10.** *hubieran invitado;* **11.** *presentara o presentaba;* **12.** *trabaje.*

E Semilibre. Posibles opciones.**1.** *aunque le quería;* **2.** *a pesar de que lo intentó;* **3.** *por mucho que lo intente;* **4.** *por más vueltas que le doy.*

复习IV

A **1.** *ya que;* **2.** *por qué / Porque;* **3.** *Como;* **4.** *que;* **5.** *ya que.*

B *Ayer me llamó Mario* <u>para</u> *pedirme que salga con él. No sé* <u>por qué</u> *estoy nerviosa. Lo conozco desde hace tres años y me gusta mucho* <u>porque</u> *es trabajador, inteligente y además tiene sentido del humor. Pero no me gusta tanto como* <u>para</u> *salir con él, porque no estoy realmente enamorada de él. He llamado a Celia* <u>para que me aconseje</u> *y me ha dicho que no debo preocuparme,* <u>ya que</u> *Mario es un chico muy majo y no se enfadará si le digo que no.*

C **1.** *pensaba;* **2.** *esté;* **3.** *haya viajado / haya visto / haya vivido;* **4.** *traían o trajeran;* **5.** *inviertas;* **6.** *contemplaba o contemplara;* **7.** *quedaba;* **8.** *comiera o coma;* **9.** *sea;* **10.** *vino o ha venido;* **11.** *hubiéramos encontrado;* **12.** *adentraras;* **13.** *tengas.*

第21单元

Situaciones:

1. *Los que;* **2.** *en el que o donde;* **3.** *al que;* **4.** *el que.*

A **1.** *guste;* **2.** *trata o trate;* **3.** *había robado;* **4.** *gustaría o gustara;* **5.** *escuchase;* **6.** *vivían;* **7.** *fue adaptada;* **8.** *terminen o terminan;* **9.** *vayan o van.*

B **1.** *enseñen;* **2.** *tengan;* **3.** *guste o haya gustado;* **4.** *he escuchado;* **5.** *acordara;* **6.** *dictan / toman;* **7.** *gustan;* **8.** *recibiera;* **9.** *se preocupaban;* **10.** *tuviera;* **11.** *tenía;* **12.** *sepa;* **13.** *sepan.*

C **1.** *con el que;* **2.** *con los que;* **3.** *en la que o en donde;* **4.** *al que o al cual;* **5.** *en los que o en los cuales;* **6.** *a las que;* **7.** *con las que;* **8.** *en la que o en la cual;* **9.** *en los que o en los cuales;* **10.** *en la que o en la cual;* **11.** *en el que o en el cual;* **12.** *de la que o por la cual / en el que o en el cual o en donde;* **13.** *por donde;* **14.** *en la que o en la cual;* **15.** *con el que;* **16.** *del que o del cual;* **17.** *en la que o en la cual;* **18.** *por la que;* **19.** *con el que.*

D **1.** *con la que;* **2.** *con el que o con quien;* **3.** *del que;* **4.** *que;* **5.** *lo que;* **6.** *que;* **7.** *con el que;* **8.** *donde;* **9.** *en la que;* **10.** *en las que;* **11.** *en los que;* **12.** *a quien;* **13.** *con la que;* **14.** *que;* **15.** *que;* **16.** *que;* **17.** *que;* **18.** *por el que;* **19.** *que.*

E **1.** *Olalla se ha casado con un chico que trabaja en la oficina;* **3.** *La policía ha hallado el* <u>dinero que</u> *se llevaron los ladrones en Vigo;* **4.** *Fueron a pedir información al médico* <u>que</u> *había operado a su padre;* **5.** *Denunció al que* *lo atropelló al cruzar el paso de cebra; **6.** En el hospital me encontré a Gema, con la que había estudiado el Bachillerato; **7.** Mira, te presento a mi primo Roberto, del que te he hablado muchas veces; **9.** Yo creo que las personas que tienen que tratar con el público deben tener mucha paciencia; **10.** Pepe, con el que trabajé un tiempo, me ha llamado para pedirme dinero; **11.** Yo creo que Lorena no tiene nada que la distinga de otra chica de su edad; **12.** Paula trajo una pierna de cordero que preparó la noche anterior; **15.** Acamparon a la orilla de un río, en el que podían pescar y bañarse; **16.** Hemos recibido más noticias de los secuestrados según las cuales están bien de salud; **17.** SOFINSA, la empresa en la que trabajaba antes, ha cerrado por quiebra*

F 1. *g)*; **2.** *j)*; **3.** *a)*; **4.** *h)*; **5.** *b)*; **6.** *c)*; **7.** *d)*; **8.** *e)*; **9.** *i)*; **10.** *f)*.

第22单元

Situaciones:

1. *c*; **2.** *a*; **3.** *b*.

A 1. *a)*; **2.** *a)*; **3.** *a), b)*; **4.** *b)*; **5.** *b), c)*; **6.** *a)*; **7.** *c)*; **8.** *a), b)*; **9.** *c)*.

B Semilibre. Posibles opciones. **1.** *El Córdoba volverá a ganar la liga este año, como el año pasado*; **2.** *Alfonso lleva trabajando en la misma empresa desde el 2000*; **3.** *Hasta ahora llevo leídos la mitad de los libros que ha mandado el profesor de literatura*; **4.** *El traumatólogo le ha dicho a María que debe hacer ejercicios especiales*; **5.** *A. ¿Qué hora es? B. No lo sé, deben de ser las dos, más o menos*; **6.** *Según las nuevas normas de circulación, los niños tienen que ir siempre en una silla especial*; **7.** *Cuando estábamos tomando el sol en la playa, empezó a llover*; **8.** *Me acaban de decir que la mujer del príncipe Felipe va a tener un hijo, ¿es verdad?*; **9.** *Antes Andrés era muy callado, pero a medida que se va haciendo mayor, es más hablador*; **10.** *Andan diciendo que la nueva Ministra de Sanidad está pensando prohibir el alcohol. ¿Será verdad?*; **11.** *¿Todavía sigues pintando cuadros de flores?*; **12.** *Es una vergüenza que no podamos dormir por el ruido del bar de abajo. Yo creo que las autoridades deberían tomar alguna medida*; **13.** *Antes yo me preocupaba mucho por cosas pequeñas, ahora he dejado de preocuparme*; **14.** *A. ¿Tú sabes cuánto gana Rafael? B. Pues no estoy seguro, pero debe de ganar bastante porque vive como un rey*; **15.** *Roberto, te tengo dicho que no debes comer tantos dulces, no son buenos*; **16.** *A. ¿Ya has terminado de corregir los exámenes? B. No, sólo llevo corregidos la mitad.*

第23单元

Situaciones:

1. *se oye*; **2.** *Se dan*; **3.** *Se bordan*; **4.** *Se prohíbe*; **5.** *Se compra y vende*; **6.** *fue restaurado.*

A 1. *se dan*; **2.** *se plantan*; **3.** *se subdivide*; **4.** *se cortan*; **5.** *se extraen*; **6.** *se ponen*; **7.** *se colocan*; **8.** *se tuestan*; **9.** *se muelen*; **10.** *se siguen*; **11.** *se elimina*; **12.** *se muele*; **13.** *Se obtienen*; **14.** *se hacen*; **15.** *se parte*; **16.** *se añade*; **17.** *se amasa*; **18.** *se refina*; **19.** *se somete*; **20.** *se remueve*; **21.** *se enfría*; **22.** *se moldea.*

B 1. *Diariamente 350 conductores son denunciados por beber demasiado*; **2.** *Un abogado de 39 años fue detenido por la policía cuando fue sorprendido dando hachazos contra un cajero automático para recuperar por la fuerza su tarjeta bancaria, retenida tras una malograda extracción de dinero*; **3.** *La reforma del Estatuto de Aragón fue aprobada ayer por las Cortes regionales de Aragón. Ahora deberá ser aceptada por el Parlamento español*; **4.** *Un estudiante de 18 años ha sido expulsado por el director de un instituto por acusar al centro en su página personal de internet de tener las instalaciones abandonadas*; **5.** *La plantación de chopos de Villanueva será fumigada hoy para acabar con los mosquitos*; **6.** *Varios autobuses fueron incendiados por unos alborotadores el domingo en protesta por el cierre de los bares a las cuatro de la mañana*; **7.** *Ana González ha sido detenida y enviada a prisión acusada de tentativa de asesinato.*

C 1. *se tiene que llevar / no se puede dar marcha atrás;* **2.** *han cantado / se han ido;* **3.** *no puedes dar / cuentas con… / debes tener cuidado / si cantas mucho / no tienes una técnica buena / no sabes lo que estás haciendo;* **4.** *alguien canta;* **5.** *hay que trabajar / hay que tener claro / hay que dejar / hay que rodearse.*

D 1. *se le pregunta;* **2.** *hay que hacer;* **3.** *se puede llegar;* **4.** *se tiene;* **5.** *se dispone;* **6.** *se podrá seguir;* **7.** *Es posible;* **8.** *es fácil;* **9.** *hay que despreciar.*

第24单元

A 1. *sin embargo;* **2.** *por eso;* **3.** *ahora bien;* **4.** *incluso;* **5.** *Pues;* **6.** *Así las cosas;* **7.** *al fin y al cabo;* **8.** *de todos modos;* **9.** *mientras que;* **10.** *mejor dicho.*

B 1. *en el fondo;* **2.** *mejor dicho;* **3.** *por cierto;* **4.** *en realidad;* **5.** *Pues;* **6.** *encima;* **7.** *e incluso;* **8.** *pues;* **9.** *por eso;* **10.** *es decir;* **11.** *de todos modos;* **12.** *encima;* **13.** *por fin;* **14.** *Pues.*

C 1. *a);* **2.** *c);* **3.** *c);* **4.** *a);* **5.** *c);* **6.** *d);* **7.** *a);* **8.** *c);* **9.** *b);* **10.** *b);* **11.** *a);* **12.** *c);* **13.** *d);* **14.** *d).*

第25单元

Situaciones:

1. *¡Que tengáis buen viaje! Conjunción: b;* **2.** *En mi casa todos tomamos <u>té</u>, no café. Sustantivo: c;* **3.** *Ella es estupenda, pero <u>él</u> me cae fatal. Pronombre personal: a;* **4.** *No <u>sé</u> si podré ir a la excursión con vosotros. Verbo saber: d;* **5.** *Cuando Julia volvió en <u>sí</u> después del accidente, no reconoció a su padre. Pronombre reflexivo: e.*

Relaciona:

1. *a;* **2.** *d;* **3.** *b;* **4.** *e;* **5.** *f;* **6.** *c.*

A **Agudas:** *ca-mión, ven-drá, es-cri-bir, es-cri-bí, cai-mán, ciu-dad, rió, reu-nión, guión;* **Llanas:** *in-vier-no, mó-vil, há-bil, sa-bio, die-ci-séis, pa-í-ses, deu-da, fe-o, vi-no;* **Esdrújulas:** *far-ma-céu-ti-co, au-to-má-ti-co, rá-pi-do, cláu-su-la, ve-hí-cu-lo, es-pon-tá-ne-o, dí-me-lo, gua-pí-si-mo, qué-de-se.*

B 1. *líos;* **2.** *diez;* **3.** *río;* **4.** *secretaria / acentuó;* **5.** *píe;* **6.** *rió;* **7.** *pie;* **8.** *secretaría;* **9.** *Díez;* **10.** *tenia;* **11.** *hacia;* **12.** *hacía;* **13.** *acentúo;* **14.** *lio.*

C 1. *publicó;* **2.** *habitó;* **3.** *arbitró;* **4.** *limité;* **5.** *jubiló;* **6.** *público;* **7.** *Tráfico;* **8.** *júbilo;* **9.** *termino;* **10.** *solicito;* **11.** *hábitos;* **12.** *terminó;* **13.** *traficó.*

D 1. *Adiós, que tengáis buen viaje;* **2.** *A. Ayer me encontré a Ángel en la estación de Atocha. B. Ah, ¿sí?, ¿y qué te contó? A. Nada especial, que está muy contento con su trabajo nuevo y que un día de estos nos llamará para presentarnos a su novia;* **3.** *A. Yo no sé nada de biología, ¿y tú? B. Yo sí, estudié algo durante el Bachillerato, pero no me encantó, la verdad;* **4.** *A. ¿Qué tal le fue la operación a tu madre? B. Bien, cuando volvió en sí después de la anestesia, lo primero que hizo fue preguntar por sus hijos;* **5.** *A. ¡Qué bonita fue la película!, ¿verdad? B. A mí no me gustó tanto como la otra, la de Antonio Banderas;* **6.** *A. Álvaro me pidió que lo acompañara a esquiar, pero no quiero ir. B. Si tienes miedo, no vayas con él, quédate aquí;* **7.** *A. ¿Qué te pasó el otro día? Me dijeron que habías tenido un accidente. B. Sí, el coche que iba delante se paró de golpe y yo choqué contra él, pero no fue nada grave, íbamos muy despacio;* **8.** *¡Que te estés quieto, Álvaro!;* **9.** *A. ¿Qué tal el viaje? B. Bien, pero para poder llevar nuestro pájaro de un país a otro tuvimos que hacer un montón de trámites;* **10.** *¡Qué guapa está hoy Ángela!*

E *1. El secretario y número dos del Ministerio de Industria dimitió por diferencias con el ministro;* **2.** *La investigación del atentado determina que la explosión no ocurrió cuando decía el primer informe, sino un poco más tarde;* **3.** *Los países mediterráneos acusan a la UE de desinterés en el tema de la inmigración;* **4.** *El ex alcalde de Villanueva ingresó el sábado en prisión por prevaricación;* **5.** *Hoy el termómetro alcanzará los 40 grados centígrados en gran parte del país;* **6.** *Los farmacéuticos de Córdoba no están de acuerdo con el Colegio de Médicos en cuanto al tratamiento de las alergias.*

F *¿Tiene usted algún problema? ¿Le han cobrado de más en la factura del teléfono? ¿Sabría cómo actuar si le quitan puntos del carné de conducir? ¿Le gustaría reclamar por algo y no sabe cómo hacerlo? ¿Qué haría si de madrugada le llaman por teléfono desde la comisaría y le dicen que su hijo está detenido? Estos y otros problemas pueden ocurrirle a usted y a cualquiera. Nosotros le ayudamos a resolverlos, con una simple llamada telefónica. No lo dude, hágase socio de nuestra compañía de abogados.*

第26单元

Situaciones:

1. *d);* **2.** *a);* **3.** *b);* **4.** *c).*

A *1. tan... que;* **2.** *así que o de tal manera que;* **3.** *así que o de tal manera que;* **4.** *de ahí que;* **5.** *tan... que;* **6.** *de tal manera que;* **7.** *así que;* **8.** *de tal manera que;* **9.** *por consiguiente;* **10.** *así que;* **11.** *de tal manera que;* **12.** *conque o así que.*

B *1. Es tan alto que se le salen los pies de la cama.* **2.** *La fruta estaba tan cara que compramos yogures.* **3.** *En casa no se puede jugar con la pelota así que vete a jugar al parque.* **4.** *No ganan bastante dinero para comprarse un piso, por eso viven con sus padres.* **5.** *Tenemos tanto trabajo en la oficina que este año no me van a dar vacaciones.*

复习V

A *1. Dime la hora a la que tengo que llamarte;* **2.** *Aquí están las cartas a las que me refería;* **3.** *Encontré a Julián García al que no veía hacía años;* **4.** *Dieron un premio a la muchacha de la que hablamos antes;* **5.** *Aquí está el estadio de fútbol en el que se disputó la Copa de Europa;* **6.** *No conozco a esa mujer con la que Juan está hablando;* **7.** *Compré el reloj en la tienda de la que tú me hablaste;* **8.** *Este es mi amigo Pepe con el que estudié en la Universidad de Sevilla;* **9.** *Ella trabaja para una empresa que es americana.*

B *1. Obligación;* **2.** *Acción en desarrollo;* **3.** *Interrupción de la acción;* **4.** *Repetición;* **5.** *Sucesión de acciones acabadas que pueden acumularse;* **6.** *Comienzo repentino de la acción;* **7.** *Obligación;* **8.** *Aproximación;* **9.** *Acción en desarrollo;* **10.** *Estado resultante de una acción pasiva o media.*

C 1. *mejor dicho;* **2.** *en realidad;* **3.** *en particular;* **4.** *en realidad;* **5.** *mejor dicho;* **6.** *al fin y al cabo.*

D *1. Miguel, no se habla con la boca llena;* **2.** *Desde aquí se <u>ven</u> perfectamente los detalles del cuadro;* **4.** *A causa de la alfombra no se <u>oyeron</u> los pasos del ladrón;* **5.** *¿Sabes? <u>Han robado a Ricardo</u> en el metro;* **7.** *Últimamente no se <u>ve</u> tanta gente fumando en el metro;* **9.** *Para venir a España no se <u>necesita</u> mucha ropa de abrigo;* **11.** *<u>Han</u> dicho en la radio que van a subir las temperaturas;* **12.** *Este año no se <u>llevan</u> nada las botas altas.*

E 1. *se recoge;* **2.** *se transporta;* **3.** *se convierte;* **4.** *se deshojan;* **5.** *se lavan;* **6.** *se muele;* **7.** *se bate;* **8.** *se somete;* **9.** *se separan;* **10.** *se mezclan.*

F *Ale apareció con el mismo vestido que llevaba en el avión (no tendrá otro pensó Benja, pero enseguida se avergonzó de su frivolidad), estaba linda y parecía contenta. El saludo, todavía formal, fue el pretexto para que las manos reconocieran y lo celebraran. Hubo una ojeada de inspección recíproca y decidieron aprobarse con muy bueno sobresaliente.*

Mientras esperaban el té y la torta de limón, ella le dijo qué te parece si empezamos desde el principio. ¿Por ejemplo? Por ejemplo por qué te decidiste a tocar mis manos. No sé, tal vez fue pura imaginación, pero pensé que tus manos me llamaban, era un riesgo, claro, pero un riesgo sabroso, así que resolví correrlo. Hiciste bien, dijo ella, porque era cierto que mis manos te llamaban. ¿Y eso?, balbuceó el número ocho. Sucede que para vos soy una desconocida, yo en cambio te conozco, sos una figura pública que aparece en los diarios y en la televisión, te he visto jugar varias veces en el Estadio y en tu barrio, leo tus declaraciones, sé qué opinas del deporte y de tu mundo y siempre me ha gustado tu actitud, que no es común entre los futbolistas. No reniego de mis compañeros, más bien trato de comprenderlos. Ya sé, ya sé, pero además de todo eso, probablemente el punto principal es que me gustas, y más me gustó que te atrevieras con mis manos, ya que, dadas las circunstancias, se precisaba un poquito de coraje para que tu cerebro le diera esa orden a tus largos dedos.

G **1.** *Recibió una carta de Luis en la que le pedía 3.000 euros;* **2.** *Me gustó mucho el restaurante donde cenamos ayer;* **3.** *Cómprate el coche que más te guste;* **4.** *Me gustaría salir con alguien a quien le gustara el tenis;* **5.** *Es un actor cuyo nombre comienza por f;* **6.** *Vive en una casa cerca de la cual hay un pantano;* **7.** *Ya no volví a ver a los turistas que había conocido en Benidorm.*

Clave

Vocabulario 词汇

第1单元

A **1.** *b;* **2.** *a;* **3.** *d;* **4.** *c.*

B **1.** *Antibiótico;* **2.** *Antiarrugas;* **3.** *Autoescuela;* **4.** *Extraterrestre;* **5.** *Entreacto;* **6.** *Precocinado;* **7.** *Políglota;* **8.** *Desalar;* **9.** *Indeciso;* **10.** *Transatlántico;* **11.** *Extraer;* **12.** *Monoparental;* **13.** *Posparto;* **14.** *Exculpar;* **15.** *Reforzar.*

C **1.** *imperfecto;* **2.** *invisible;* **3.** *imprudente;* **4.** *inoportuno;* **5.** *desagradable;* **6.** *ilegal;* **7.** *descontento;* **8.** *discontinuo;* **9.** *inexplicable;* **10.** *impresentable;* **11.** *ilógico;* **12.** *irrecuperable.*

第2单元

A **1.** *humedad;* **2.** *adopción;* **3.** *exigencias;* **4.** *secadora.*

B **1.** *e;* **2.** *f;* **3.** *g;* **4.** *h;* **5.** *b;* **6.** *d;* **7.** *c;* **8.** *a.*

C 1. *Carnicería;* **2.** *Peletería;* **3.** *Jardinería;* **4.** *Tintorería;* **5.** *Librería;* **6.** *Fontanería;* **7.** *Cristalería;* **8.** *Albañilería;* **9.** *Carpintería.*

D 1. *e);* **2.** *b);* **3.** *a);* **4.** *f);* **5.** *d);* **6.** *c).*

E **-ción/-sión:** **1.** *conexión;* **2.** *corrupción;* **3.** *crear;* **4.** *prohibir;* **5.** *perder;* **6.** *combinación;* **7.** *división;* **8.** *moderación;* **-tad/-dad:** **1.** *obligatoriedad;* **2.** *potestad;* **3.** *libertad;* **4.** *simplicidad;* **5.** *igualdad;* **6.** *crueldad;* **7.** *gravedad;* **8.** *maldad;* **-miento:** **1.** *desprendimiento;* **2.** *adelantamiento;* **3.** *abastecimiento;* **4.** *reconocimiento;* **5.** *pensar;* **6.** *salvar;* **7.** *enfriar;* **8.** *recibimiento;* **-eza:** **1.** *rareza;* **2.** *fuerza;* **3.** *riqueza;* **4.** *maleza;* **5.** *duro;* **6.** *limpieza;* **7.** *puro;* **8.** *pereza,* **-cia/-nza:** **1.** *inteligencia;* **2.** *creencia;* **3.** *demente;* **4.** *esperar;* **5.** *preferencia;* **6.** *competencia;* **7.** *asistencia;* **8.** *convenir;* **-ismo:** **1.** *realismo;* **2.** *pesimismo;* **3.** *nervioso;* **4.** *activo;* **5.** *terror;* **6.** *periodismo;* **7.** *idealismo;* **8.** *optimismo.*

F 1. *conexión;* **2.** *movimiento;* **3.** *belleza;* **4.** *honestidad;* **5.** *esperanza / pereza;* **6.** *recibimiento;* **7.** *calentamiento;* **8.** *competitividad;* **9.** *rivalidad.*

第3单元

A 1. *b: chistoso;* **2.** *c: ruidosa;* **3.** *d: letal;* **4.** *a: artificial.*

B 1. *e);* **2.** *f);* **3.** *j);* **4.** *i);* **5.** *k);* **6.** *l);* **7.** *a);* **8.** *d);* **9.** *c);* **10.** *h);* **11.** *g);* **12.** *b).*

C 1. *Brillante;* **2.** *Sorprendente;* **3.** *Obediente;* **4.** *Agobiante:* **5.** *Hirientes;* **6.** *Alarmantes;* **7.** *Combatiente;* **8.** *Fertilizante;* **9.** *Corriente;* **10.** *Creciente;* **11.** *Independiente;* **12.** *Pudiente.*

D 1. *Lluvioso;* **2.** *Nacional;* **3.** *Lógico;* **4.** *Imaginativo;* **5.** *Filosófico;* **6.** *Musculoso;* **7.** *Repetitivo;* **8.** *Destructivo;* **9.** *Ventoso;* **10.** *Predecible;* **11.** *Aceptable;* **12.** *Asqueroso;* **13.** *Audible / Oíble;* **14.** *Visible;* **15.** *Manual;* **16.** *Nuboso;* **17.** *Ganador;* **18.** *Explosivo.*

E 1. *amenazador;* **2.** *ingenioso;* **3.** *calurosa;* **4.** *juvenil;* **5.** *atractiva;* **6.** *ruinoso;* **7.** *emotivo;* **8.** *valiosos;* **9.** *paternal;* **10.** *aceptables.*

第4单元

A 1. *bigotito;* **2.** *ratoncito;* **3.** *callejuela;* **4.** *sueldazo;* **5.** *montonazo;* **6.** *tipazo;* **7.** *copita;* **8.** *lagrimones;* **9.** *cuadernillo;* **10.** *llavecita;* **11.** *tazón;* **12.** *cochecito;* **13.** *bocazas;* **14.** *ventanilla;* **15.** *casucha.*

B 1. *bastonazo;* **2.** *puñetazo;* **3.** *portazo;* **4.** *tijeretazo;* **5.** *latigazo;* **6.** *rodillazo;* **7.** *martillazo;* **8.** *vistazo;* **9.** *codazo;* **10.** *flechazo;* **11.** *guantazo;* **12.** *ladrillazo.*

C 1. *un martillazo;* **2.** *latigazo;* **3.** *codazo;* **4.** *flechazo;* **5.** *vistazo;* **6.** *portazos.*

第5单元

A 1. *ha florecido;* **2.** *ha dulcificado;* **3.** *ha endulzado;* **4.** *falsear.*

B 1. *Electrificar;* **2.** *Bromear;* **3.** *Palidecer;* **4.** *Golpear;* **5.** *Aterrizar;* **6.** *Dulcificar;* **7.** *Florecer;* **8.** *Parpadear;* **9.** *Aterrar.*

C 1. *florecen;* **2.** *electrificar;* **3.** *aterrizar;* **4.** *bromeando;* **5.** *aterran;* **6.** *parpadea;* **7.** *golpeó;* **8.** *ha dulcificado;* **9.** *palideció.*

D 1. *adelgazar;* **2.** *emborrachar;* **3.** *enrojecer;* **4.** *aterrar;* **5.** *amueblar;* **6.** *embotellar;* **7.** *arrinconar;* **8.** *oscurecer;* **9.** *alargar;* **10.** *enloquecer;* **11.** *empeorar;* **12.** *abrillantar.*

E 1. *f);* **2.** *c);* **3.** *b);* **4.** *a);* **5.** *g);* **6.** *d);* **7.** *e).*

F Semilibre. Posibles opciones. *Nuestro país se ha modernizado en los últimos años gracias al tesón de nuestros gobernantes; Juan puso un anuncio en el periódico para amenizar fiestas; El jefe llamó la atención a sus empleados por alargar tanto el tiempo del desayuno; Esta última semana se ha intensificado la búsqueda de la desaparecida; Lo mejor para fortalecer el corazón es hacer ejercicio; En veterinario fue denunciado por falsear un certificado; Le han recomendado que vaya al médico para que le analicen la sangre.*

G *La casa está empaquetada ¿quién la desempaquetará? el desempaquetador que la desempaquete buen desempaquetador será; El fregadero está atascado ¿quién lo desatascará? el desatascador que lo desatasque buen desatascador será.*

第6单元

A 1. *b);* **2.** *g);* **3.** *f);* **4.** *e);* **5.** *c);* **6.** *h);* **7.** *a); e);* **8.** *d).*

B 1. B; **2.** C; **3.** A.

C **Utensilios:** *sartén, paño de cocina, cacerola, fuente, cazo, cuchara de madera, sopera;* **Verbos:** *cortar, partir, poner en remojo, calentar, hervir, freír, escurrir, cocer, retirar, añadir, revolver, vertir, servir, adornar, refreír, dorar, añadir, espolvorear, remover, quemarse.*

D 1. *agrio;* **2.** *amargo;* **3.** *ácido;* **4.** *dulce;* **5.** *picante;* **6.** *insípido.*

E **Carne:** *costillas de cordero, lomo de cerdo, pechuga de pollo, jamón de york, jamón serrano, solomillo de ternera;* **Pescado:** *boquerones, trucha, merluza, bacalao, dorada, atún;* **Legumbres:** *lentejas, garbanzos, acelgas, coliflor, alcachofas, alubias;* **Embutidos:** *morcilla, chorizo, salchichón;* **Mariscos:** *gambas, percebes, langostinos, ostras, mejillones.*

第7单元

A 1. *a;* **2.** *c;* **3.** *e;* **4.** *f;* **5.** *g;* **6.** *d;* **7.** *b;* **8.** *l;* **9.** *ñ;* **10.** *n;* **11.** *i;* **12.** *k;* **13.** *m;* **14.** *h;* **15.** *j.*

B 1. *camello, conejo, caballo, rana, ratón, oveja, burro, oso, cocodrilo;* **2.** *camello, conejo, caballo, ratón, oveja, mono, burro, oso, ballena;* **3.** *tiburón, ballena;* **4.** *camello, conejo, caballo, ratón, oveja, burro, paloma, pavo;* **5.** *paloma, pavo;* **6.** *camello, conejo, caballo, ratón, mono, burro, oso;* **7.** *serpiente, cocodrilo;* **8.** *serpiente, mono, cocodrilo;* **9.** *oveja.*

C 1. *mosquitos;* **2.** *arañas;* **3.** *avispas;* **4.** *moscas;* **5.** *hormigas;* **6.** *mariposa.*

D 1. *Álamo;* **2.** *Plátano;* **3.** *Pino;* **4.** *Roble;* **5.** *Higuera;* **6.** *Olivo.*

第8单元

A 1. *D*; 2. *E*; 3. *C*; 4. *B*; 5. *A*.

B 1. *Del 2,1% al 2,5%*; 2. *A la gran sequía que se padeció en el campo el invierno anterior*; 3. *En la mitad norte de la península*; 4. *La conducción de aguas desde Villanueva al parque natural de Montañés*; 5. *El estadounidense Tom Fish.*

C 1. *c)*; 2. *e)*; 3. *f)*; 4. *b)*; 5. *i)*; 6. *a)*; 7. *d)*; 8. *g)*; 9. *h).*

D Libre.

E 1. *bancos*; 2. *fueron apresados*; 3. *juez*; 4. *caso*; 5. *delito*; 6. *armas*; 7. *sucursal*; 8. *atracadores*; 9. *realizar*; 10. *banda*; 11. *sucursal*; 12. *caja.*

F 1. *b)*; 2. *f)*; 3. *a)*; 4. *g)*; 5. *c)*; 6. *h)*; 7. *e)*; 8. *d).*

G 1. *además*; 2. *hay*; 3. *pérdidas*; 4. *sin*; 5. *aislante*; 6. *apenas*; 7. *casi*; 8. *creciente*; 9. *obligados.*

第9单元

A 1. *a: fontanero*; 2. *i: electricista*; 3. *c: soldador*; 4. *f: médico*; 5. *d: científico*; 6. *j: peluquero*; 7. *g: carpintero*; 8. *h: albañil*; 9. *b: electricista*; 10. *e: albañil.*

B 1. *a)*; 2. *g)*; 3. *b)*; 4. *i)*; 5. *h)*; 6. *c)*; 7. *e)*; 8. *f)*; 9. *d).*

C 1. *inmediata*; 2. *experiencia*; 3. *manuales*; 4. *dedicada*; 5. *puestos*; 6. *empresas*; 7. *venta*; 8. *contrato*; 9. *Incorporación*; 10. *geográfica*; 11. *Carné*; 12. *en equipo*; 13. *experiencia*; 14. *solicitudes.*

D 1. *canillitas*; 2. *lustrabotas*; 3. *bolsoneros y carretilleros*; 4. *rebuscadores.*

第10单元

A 1. *h)*; 2. *b)*; 3. *g)*; 4. *e)*; 5. *c)*; 6. *d)*; 7. *a)*; 8. *f).*

B 1. *Lágrimas de cocodrilo*; 2. *Se me pone la carne de gallina*; 3. *Que no es moco de pavo*; 4. *duerme como un lirón*; 5. *hay gato encerrado*; 6. *Contrabando hormiga*; 7. *frío como un pescado*; 8. *Corre como un gamo*; 9. *Risa de hiena*; 10. *por si las moscas.*

C 1. *b)*; 2. *c)*; 3. *g)*; 4. *h)*; 5. *e)*; 6. *f)*; 7. *d)*; 8. *i)*; 9. *a).*

D 1. *poner las cartas boca arriba*; 2. *rascándose la barriga*; 3. *por narices*; 4. *ha montado un número*; 5. *dejarle plantado*; 6. *echa chispas*; 7. *se ha dormido en los laureles.*

E 1. *darse con un canto en los dientes*; 2. *se me hizo un nudo en la garganta*; 3. *pone el cascabel al gato*; 4. *se llevó el gato al agua*; 5. *me he levantado con el pie izquierdo*; 6. *puso de vuelta y media*; 7. *Estoy hasta las narices.*